よくわかるACT（アクト）（アクセプタンス＆コミットメント・セラピー）

〈改訂第２版〉

上

明日から使えるACT入門

著

ラス・ハリス

監訳

武藤 崇，嶋 大樹，坂野 朝子

訳

武藤 崇，嶋 大樹，川島 寛子

星和書店

ACT Made Simple
Second Edition
An Easy-to-Read Primer on Acceptance and Commitment Therapy

by

Russ Harris

Translated from English

by

Takashi Muto

Taiki Shima

Asako Sakano

Hiroko Kawashima

献　辞

わが兄弟、ジンギスへ——長年にわたる愛、サポート、インスピレーション、そして励ましに。私が後押しを必要としていたとき背中を押してくれたことに。私が安定を必要としていたとき碇となって支えてくれたことに。私が迷子になったとき道を示してくれたことに。そして私の人生にたくさんの光と愛と笑いをもたらしてくれたことに。

本文デザイン：林利香

序　文

あなたのチョイスポイント

アクセプタンス＆コミットメント・セラピー（acceptance and commitment therapy：ACT（アクト））は、一般的にわかりにくいと言われる。この本では、その理由のいくつかについて触れている――ACTのベースとなっている認知の基礎理論は技術的に精密であるし、ACTのさまざまな方法は一方向的ではない。しかし、理由はもうひとつあると思う。それは「論理的なマインドは、その王座から降ろされるのがイヤ」だからだ。そのため、自分の精神的なアジェンダを「問題解決」から「生き生きとした人生」へと変更するのに抵抗する。

ACTではクライエントに、新しく有意義なやり方で世界を体験することを求める。その新しい世界では、人生の核となるのは日が沈むのを見て美しいと感じるようなことであって、数学の問題を解くことではない。そして、そこでは、数え切れないほどの思いがけないことが可能となる。たとえば、以下に挙げるようなことだ。

- 痛みに向き合えるようになることで、人生の扉が開かれる。
- 相反する考えを、どちらが正しいのかを決めることなく意識的に受け入れることができ、結果として優れた一貫性と理解を見出すことができる。
- 自身を空っぽのような器（うつわ）のようなもの（no-thing）と考えることができるようになり、それによってとてつもなく大きな心の安らぎと目的が見つかる。
- 自分がとても大切に思うものは、自分の痛みや喜び、また、何かに対して感心する気持ちや自分らしいと思うことのすぐそばにあると気づく。
- 選択ができるようになる。たとえマインドが絶え間なく、選択を論理的でもっともらしい理由づけへと向けようとしているときであっても。

このような旅を可能にするのは、心理的柔軟性がもたらす生きる活力である。それはクライエントにとってもセラピストにとっても同様に「ビーコン（道しるべ）」となる――ひとたび心に茂る藪（やぶ）を必要なだけ切り開き、それを見ることができれば。ラス・ハリスは、セラピストがまさにそうするのを素早く効果的に手助けするツールとして、この新版『よくわかるACT』（*ACT Made Simple*）を完全にリメイクした。

ラス・ハリス、ジョー・チャロッキ、そしてアン・ベイリーが数年前に作った**チョイスポイント**（*choice point*）という臨床ツールは、心理的柔軟性モデルの本質的な中核へと素早く掘り下げてくれる。私もこのツールを何度となく使ったが、その優雅さ、簡潔さ、そしてその力に深く感銘を受けてきた。チョイスポイントを用いると、セラピストとクライエントの双方が、痛みに背を向けても助けにはならないこと、有効性（workability）がもっともらしい理由づけに勝ること、そして選択は可能であることを、素早くつかむことができる。ラスの手にかかると、チョイスポイントというツールは、物事をシンプルにしてくれるものになる。決して何かを端折ったりしているわけでない。つまり、それは理解を促進するが、読者を過小評価しているわけではない。チョイスポイントは、レベルを下げるのではなく、深く掘り下げてくれるのである。

ラスの「藪を切り開くスキル」は世界的にも有名である。もちろんACTが持っている詳細な理論も重要であるが、すべての人にとって最初からそうであるわけではない。あなたがACTを実践で用いることに関心を持っているなら、とくに重要なのは「始めること」である。そうすれば、そこから学び始めることができる。ビーコンを見つけ出すことが大切なのだ。この本で、ラスは、彼のよく通る声で、初学者を立ち上がらせ、動きださせようとしている。

これまで、ACTをシンプルにしようという努力を他にも見てきた。それらは、やがて実践家たちがすべてを自力で理解してくれることを願いながら、ACTを「切り売り」することにすぎなかった。私の経験では、ラスが関わることにおいて、そういうことは起こらない。彼のやり方と文章には、常に真実の響きがある。臨床での知恵、熱意、そしてスキルに満ちている。

ラスはACTを深く理解し、誠実に応用し、拡張している。この本では、その多大な才能をもってACTモデルの明快な表現と定式化を目指し、さらには新しい手法、ツール、そしてよくあるクライエントとの問題の核心へ至る方法に、その臨床的な創造性を取り入れている。この改訂第2版は、怒り、エクスポージャーの使い方、感情の内に潜む叡智など、ときに十分な注意が向けられない分野に関する有用な拡張情報であふれている。

この本は、あなたが探索を始められるよう、非常に巧みにACTモデルの扉を開いている。もし関連書籍のラインアップを見たことがあるなら、ACTが今や広大な領域をカバーしていることがわかるだろう。そのため、これからACTを始めようというセラピストは、その事実にたじろいでしまうかもしれない。しかし、そう感じるのはあなただけではない――。ACTを最初に始めたのは私なのだが、それを発展させたのは（私ではなく）大きなACTコミュニティなのだ。正直に言えば、私も、ときどき、同じようにたじろいでしまいそうになるくらいだ。

いずれにせよ――前へと向かうシンプルな方法がある。あなたは今まさに、それを手にしている。

今、この瞬間、あなた自身がチョイスポイントに立っている。あなたは、この本を手にした。それは、ACTを学び始めるときが来たと、あなたが感じたからだ（私も、そうだと感じる）。そして、あなたがすべきことはただひとつ、ページをめくって、始めることなのだ。

ネバダ大学
スティーブン・C・ヘイズ博士

バージョン２（改訂第２版）では何が変わったか

この本の初版である『よくわかるACT』（*ACT Made Simple*；Harris, 2009a）を購入された方はおそらく、「わざわざ改訂第2版にお金を払う価値が本当にあるのだろうか」と考えていることでしょう。ふむ、もし私がそのような質問をされたら、次のような答えになると思います。

「はい、もちろん。金額に見合うだけの価値が十分ありますし、おそらく今年一番の賢い買い物になること、まちがいなしです」

確かに、私の意見は少しバイアスがかかっていると思います。それでは、この難しい判断の一助となるように、以下に初版と改訂第2版との主な違いをまとめてみましょう。

A. 膨大な新しい資料を用意した。エクスポージャー、人間関係の問題、柔軟な思考、感情の力の活用、セルフ・コンパッション（self-compassion：自己への思いやり）、恥や絶望の克服などなど……。他にも、とにかくたくさんの話題をカバーしている。実際のところ、この本の60％以上が新しい内容である――そして残りも大幅に書き直している。初版が出版されてからの10年で、私はACTの実践方法も、その教え方もすっかり変えてしまった（実は、まったく新しいテキストとして『もっと、よくわかるACT（*ACT Made Even Simpler*）』を一から執筆したかったのだが、出版社からの説得により断念した）。そういうわけで、この本を開けば、新しいエクササイズ、メタファー、ツール、テクニック、セラピーセッションのスクリプト、くだらないジョークなどなどが豊富に見つかるだろう。

B. **チョイスポイント**（*choice point*）を導入した。これは、私が知る限り、もっともシンプルで、簡単で、もっとも影響力のある、素早く効果的なACTの習得と活用を助けるツールである。2015年以降、チョイスポイントは私のあらゆるオフラインワークショップやオンライントレーニングコースの中心的なツールとなっており、目下すべての著書をチョイスポイント中心に書き直し中である。そういうわけなので、もしあなたがまだチョイスポイントについて知らなくても、すぐにその有効性を納得していただけるものと信じている。そしてもしすでに知っているのなら、その効果を最大限に引き出すための使い方について、さらに多くのことを学んでいただけるものと信じている。……とは言ったものの、チョイスポイントは不可欠なツールというわけではない。「ACTを上手に実践するためにはチョイスポイントが必須である」とは考えてほしくない。そのため、チョイスポイントはかなり多くの章に登場するが、それに代わる選択肢もたくさん用意している。

どうでしょうか？　その気になってきましたか？　もしなっていないとしたら、それはそれで仕方がありません（私はやるだけのことはやりました）。もし、逆に、その気になってくれたのなら、“Good on ya !!”（豪英語で「素晴らしい」の意）。そのあなたの選択に後悔はさせません。

この本の使い方

もしACTはまったく初めてということなら、ちょっとでも実際に使ってみるのは保留にして、まずはこの本を端から端まで読むことをお勧めします。というのも、ACTの6つのコアプロセスはすべて持ちつ持たれつの関係にあって、モデル全体の感覚、そしてコアプロセスという「より糸」がどのように織り込まれているかの感覚をしっかり持たないと、混乱して間違った方向に進んでしまう危険性が高いためです。

あなたが、クライエントと共にACTを使う準備ができたら、セラピーをゆるく導くガイドとしてこの本を使ってくれてもよいと思います。また、セッションごとにきめ細やかなコーチングを受けられるよう、プロトコルに基づいたACTのテキストを使いたいと思う人もいるでしょう。その一方で、あなたがすでにACTを実践しているのであれば、読み進めながら各章の内容を応用し、すでにセッションで実施していることの上に、さらに積み上げ、向上させてほしいと思っています。

おまけ（The Extra Bits）

この本を執筆するうえで一番難しかったのは、どの内容を削るかの判断でした。実のところ、改訂第2版の原稿を書き上げたときには、制限を4万語もオーバーしていました。しかし、オーバーした分をすべて削る代わりにそれを *ACT Made Simple*：*The Extra Bits* と呼ぶフリーの電子版資料集にまとめました。これは http://www.actmindfully.com.au の「Free Stuff」ページから誰でも無料でダウンロードできます（英語）。そこには、各章に盛り込みたかったけれども、スペースの都合上かなわなかった内容が載っています。しかし、Q&A、落とし穴とヒント、エクササイズやメタファーの追加スクリプト、ダウンロード可能な音声を入れることはできませんでした。そのほか、この本のそこかしこで触れている、あるいは取り上げているワークシートがすべて載っています。

この本のほとんどの章の終わりには「Extra Bits（おまけ）」というテキ

ストボックスが出てきます。フリーの電子版資料集の対応する章に用意されているおまけの情報は、そこを参照してください。

「スキルアップのために」セクション

「スキルアップのために」のセクション（節）では、ACT スキルを高めるためにできることを提案しています。この本を読むだけでは、ACT を習得することはできません。読み進めながら、掲載されているエクササイズを積極的に練習する必要があります。結局のところ、本を読んだだけでは実際に ACT を運用することはできません。それは、本を読んだだけで、車を運転できるようにはならないのと同じです。実際に車に乗り、ハンドルを握り、それを回してみないことには始まりません。だから、この本では、新しいスキルを家でもセッションでも積極的に練習することを繰り返し勧めています。「スキルアップのために」は多くの章に用意されていますが、すべての章にあるわけではありません。しかし、できれば、練習方法が明記されていない場合でも、ワークシートに記入してみる、スクリプトを読み直してみる、仮想クライエントと介入のリハーサルをしてみる、自分自身にテクニックを使ってみるといった練習をいくつか組み合わせて行ってください――そして、その後は実際に、セッションですべてを実践してください。

「第○章のまとめ」セクション

各章の終わりには、「第○章のまとめ」という重要なポイントやメッセージをまとめたセクションを用意しています。

この本の構成

この本は4部構成になっています。第1部「ACT とは何か？」（第1章から第4章）では、ACT モデルとその根底にある理論を駆け足で概観します。次の第2部「ACT を始める」（第5、6、7章）では、体験的セラピーの実践方法、インフォームドコンセントの取り方、セッションの組み立て方を含め、ACT を始める際の基礎をカバーしています。

第3部「肝心かなめのコト・モノ」（第8章から第29章）では、ACT の

6つのコアプロセスと、それを広範な臨床問題にどのように適用するかを順に見ていきます。各章はシンプルさと実用性に重点を置き、すぐにACTを使い始められるようにしています（ただし、どうか、次のことを肝に銘じておいてください。「初めてACTに触れる人は、まずこの本全体を隅から隅まで読み、それから使い始める」こと！）。

第4部の「まとめ」（第30章から第32章）では、さまざまな重要なトピック――たとえば、クライエント－セラピスト関係の向上、よくあるセラピストの落とし穴、変化に対するバリアの乗り越え方、6つのコアプロセス上でのダンスの仕方、ACTセラピストとしての旅路の次はどこへ向かうべきか――をカバーしています。

すべてのことを適用・修正すること

ACTを始めたばかりの頃、私は大きなミスをしました。一言一句までテキストに沿って、書かれたとおりに実行しようとしたのです。これはうまくいきませんでした。というのも、私の自然な話し方は、本に書いてあったスクリプトとはまったく違っていたからです。その後ACTの創始者であるスティーブン・ヘイズのワークショップに参加した私は、さらに別の大きなミスを犯しました。彼の独特のセラピースタイルに深く感銘を受け、そのマネを始めたのです。これも、あまりうまくいきませんでした。問題は、自分らしく振る舞っていなかったことでした。私は単に、スティーブの出来の悪いモノマネをしていたにすぎなかったからです。

そしてある日、オスカー・ワイルドのある言葉を耳にしました。

「自分自身であれ。他の人には他の人がなっている（Be yourself. Everybody else is taken）」

電球のスイッチが入ったようにひらめいたのは、このときでした。私はスクリプトから離れ、ACTの第一人者たちのモノマネをやめ、私自身のACTのやり方を見つけたのです。私自身のスタイル、私自身の話し方、自然に感じられ、担当するクライエントにも合っているやり方を作り上げたのです。ACTに本当に命を吹き込むことができたと感じられたのは、まさにそのときでした。だから、あなたにも、同じことを強くお勧めします。あなたは、あなた自身でいてください。この本を読み進めながら、自分の創造力を発揮していってください。あなた自身のスタイルになじむよう、この本で紹介するツールやテクニックを自由に適用し、修正し、再発明していってください（ただしACTモデルに忠実であり続けることが条件です）。メタファーやスクリプト、ワークシート、エクササイズが出てきたら、自分の話し方に合うような言葉に変えてください。そして、この本で紹介するメタファーやエクササイズと同じ目的を達成できる、より良いもの、あるいは別の自分に合うものがあれば、代わりにそちらを使っていってください。ACTモデルには、そのような創造性と革新を受け入れることができる懐の深さがあるからです。それを使わない手はないですよね？

上巻の目次

第3部 肝心かなめのコト・モノ 161

『よくわかるACT（アクセプタンス＆コミットメント・セラピー）〈改訂第２版〉』

下巻の内容

第１部

ACTとは何か？

第1章

人類が抱える難題

地獄のまっただ中にいるのなら、そのまま突き進め！

——ウィンストン・チャーチル

幸せになるのは簡単ではない

人生は素晴らしく、そして悲惨でもあります。十分長く生きていれば、喜ばしい成功も、目を見張る失敗も、大いなる愛も、打ちひしがれるような喪失も、感嘆と至福の瞬間も、暗黒と絶望の瞬間も経験することになるでしょう。これは、私たちにとって都合の悪い真実です。つまり、人生を豊かにし、充実させ、有意義にしてくれるもののほとんどは、悲痛なマイナスの側面を伴っているのです。そして残念ながら、これが意味するのは、ずっとハッピーでいるのは難しい、ということです。それどころか、「わずかな間」でさえ幸せでいることは簡単なことではありません。つまり、人生は手ごわくて、盛りだくさんな痛みを私たち全員に分け与えてくれるのです。なぜ、そうなのか。人間のマインドが心理的な苦しみを自然と生み出すよう進化してきたからです（それについては、この後、検討していきます）。そのため、基本的には、長く生きていれば、山ほどの痛みを体験することになります。

うーん、本の書き出しとしては全然、楽観的な感じではありませんね。人生は本当に、こんなに荒涼としたものなのでしょうか。私たちにできることは何もないのでしょうか。人生に希望を見出すことは諦めて、ニヒリズム的な絶望に身投げするしかないのでしょうか。

そう、（お察しのとおり）一連の問いに対する答えは「ノー」です。幸いにも、私たちには、アクセプタンス＆コミットメント・セラピー（acceptance and commitment therapy：ACT）があります。それは、人生に訪れるあまたの艱難辛苦に直面しても、前へと進んでいく道を示してくれます。そして、ACT がそのような名前であるのは、つらい思考や感情が与える直接的あるいは間接的な影響を減らしながら（＝アクセプタンス）、同時に、豊かで充実した有意義な人生を築くために行動する（＝コミットメント）という方法を教えてくれるからです。そして、この本で私がメインに据える目的のひとつはと言えば、次のようになります。「ACT の複雑な理論と実践を、シンプルで、とっつきやすく、楽しいものにすること」

ACT とは何か

私たちは、公称として ACT を「act（アクト）」という単語のように発音し、「A-C-T（エー・シー・ティー）」とは呼びません。これには、れっきとした理由があります。ACT は、基本的に、行動療法だからです。つまり、ACT は、何らかのアクションを起こすこと（act）に関係しています。とはいえ、おなじみのありふれたアクションではありません。あなたが持っている中核的な価値（value）に導かれたアクション——あなたがなりたい自分になるように振る舞うことに関係しているのです。あなたが人生を通じて体現したいことは何でしょうか。心の奥底にある、本当に大切なものは何でしょうか。あなたは、自分自身、他者、自分を取り巻く世界に対してどう接したいと思っているでしょうか。あなたは、自分のお葬式で、出席者の人たちに自分をどのように思い出してもらいたいですか。

ACT があなたに触れさせようとしているのは、「大きな絵」の中にある、とても重要なものなのです。言い換えれば、この惑星で過ごす短い時間のなかで、どのように振る舞いたいのか、そして何をしたいのか、という心のもっとも奥にある願望に触れさせようとしているのです。そして、そのような奥底にあるあなたの「価値」を使って、あなたのすることをガイドし、動機づけ、インスパイアしていくのです。

ACT は、「マインドフルな」アクションに関するものでもあります。つまり、十分な気づきをもって、意識的に選ぶアクション——自分の体験に対してオープンになり、そのときしていることが何であれ、それに意識を向けて関わること――に関係しています。ACTの目的は、マインドフルで、かつ価値に導かれたアクションをとることができるようにすることなのです。このようにできることを専門用語では**心理的柔軟性**（*psychological flexibility*）と呼びます。この用語については後ほど詳しく検討していきますが、その前に、ACTの目的をわかりやすい言葉で説明していくことにしましょう。

ACTはどこからやってきたのか

ACTは1980年代の半ばに、スティーブン・C・ヘイズ教授によって創られました。そしてスティーブの同僚だったケリー・ウィルソンとカーク・ストローサルが、それをさらに発展させました。ACTは、**行動分析学**（*behavioral analysis*）と呼ばれる心理学の一分野から進化し、**関係フレーム理論**（*relational frame theory*：RFT）と呼ばれる認知に関する行動理論を基盤としているのです。（あなたがどうだったかはわかりませんが）私が最初にACTと出会ったとき、こんなにもスピリチュアルで、人間主義的なモデルが**行動主義**（*behaviorism*）から生まれたことが信じられませんでした。行動主義者は、まるで人間をロボットかネズミのように扱うと思っていたし、思考や感情にはまったく興味がないものだと思っていたからです。私は、なんとひどい勘違いをしていたのでしょう！　行動主義にもたくさんの種類があり、ACTは**機能的文脈主義**（*functional contextualism*；「ふぁんくしょなる・こんてきすちゃりずむ」って、なんとも発音しにくい単語！）と呼ばれる一派から生まれたものであることを知りました。そして、機能的文脈主義（「ふぁんくしょなる・こんてきすちゃりずむ」って、早口で10回言ってみて！　噛まずに10回言えたら、すごい！）は、人間の思考や感情に極めて関心を持っているのです！

ACTは、いわゆる行動療法の「第三の波」のひとつです。その「第三の波」には、弁証法的行動療法（dialectical behavior therapy：DBT）、マインドフルネス認知療法（mindfulness-based cognitive therapy：MBCT）、コンパッション・フォーカスト・セラピー（compassion focused therapy：CFT）、機能分析心理療法（functional analytic psychotherapy：FAP）などがあります。これらのセラピーのどれもが、伝統的な行動的介入に加え、アクセプタンス、マインドフルネス、コンパッションをかなり強調しているのです。

ACT の目的は何か

俗っぽい言い方をすれば、ACT の目的は、豊かで有意義な人生を送るための人間のポテンシャルを最大限に引き出すこと、そして同時に、生きていくうえで避けられない痛みに効果的に対応できるようになることです。

そう聞いて、あなたは「生きていくうえで、痛みは避けられないものだって？」と思ったかもしれませんね。ACT では、そのように仮定するのです。人生がどれだけ素晴らしくても、私たちは皆、不満や失望、拒絶、喪失、失敗をたっぷり経験します。そして長く生きていれば、病気、怪我、老いもやってきます。やがては、自分の死にも向き合わなければなりません。その日が訪れるまでには、多くの愛する人の死を目の当たりにもすることでしょう。さらに、これでは不十分だと言わんばかりに、人間の基本的な感情――私たち一人ひとりが一生を通じて何度も体験するノーマルな感情――の多くは、本質的に痛みを伴うものです。たとえば恐怖、悲しみ、罪悪感、怒り、動揺、嫌悪などなど……。

しかし、これにとどまりません。というのも、さらに、私たちはそれぞれ「マインド」を持っていて、これがいつ何時でも痛みを即座に作り出すからです。どこへ行こうと、何をしていようと、私たちは一瞬で痛みを体験することができてしまいます。どんな瞬間でも痛ましい記憶を追体験できてしまいますし、将来の恐ろしい予測が頭から離れず、我を忘れてしまうことすらあります。また、好ましくない比較（「あいつのほうがいい仕事をしている」）やネガティブな自己評価（「太りすぎている」「頭が良くない」などなど」）に飲み込まれてしまうこともあるでしょう。

私たちはマインドのせいで、人生最良の日にさえ、痛みを体験してしまうことがあります。たとえば、今日は、スーザンの結婚式で、彼女の友人や家族が、この喜ばしい新たな縁の成就を祝うべく集まっています。スーザンは、このうえなく幸せです。しかし、次の瞬間、彼女は「お父さんが、ここにいてくれたら……」と思い、彼女がわずか16歳のときに、父親が自殺したことを思い出します。こうなるともう、この人生のもっとも良き日に、スーザンは痛みを感じることになるのです。

私たちは皆、スーザンと同じです。どれだけ良質な人生でも、どれだけ恵まれた状況でも、何か悪いことが起こったときのことを思い出すか、将来何か悪いことが起こることを想像するか、自分を厳しく採点するか、自分の生活を誰かのもっと良く見える生活と比較することだけで瞬時に、私たちは苦しみ始めるのです。

このように、人間のマインドが洗練されたせいで、もっとも恵まれた人生でさえ十分すぎるほどの痛みを味わうことになるのです。そして残念なことに、ほとんどの人は痛みにうまく対応することができません。つらい思考や感情、感覚を体験したとき、人は繰り返し、そして長い間ずっと、自分自身を責め、傷つけるような対応をしてしまうのです。

まとめると、私たちが皆、人生において直面しなければならない大きなチャレンジは、次のようになるでしょう。

A. 人生は、困難だ
B. 充実した人生には、心地良いものも、つらいものも含め、あらゆる感情が伴う
C. ノーマルな人間のマインドは、心理的な苦しみを必然的に増幅させる

そうだとしたら、ACTはどのように役立つのか

ACTでは、豊かで有意義な人生を送るための人間のポテンシャルを最大限に引き出すために、以下のような方法をとります。

- その人にとって、真に重要で意味のあることが何であるかを明確にするのを手伝う――つまり、その人の価値（values）を明確にするのを手伝

う。そして、その人が自分の人生をより良く、より豊かにするようなことを実行できるよう、自分の価値に関する知識を使って、自らを導き、インスパイアし、動機づけるのを手伝う。
- さまざまな心理スキル（「マインドフルネス」スキルなど）を教える。そうしたスキルによって、つらい思考や感情に効果的に対応できるようになる。そして、それが何であれ、そのときしていることに十分に意識を向けて関与することができるようになり、人生の充実した側面を正当に認識して味わうことができるようになる。

ACTは、なぜ「濡れ衣を着せられる」のか

あなたは、身に覚えのないことで責められた経験がありますか？ ACTにはこれが頻繁に起こります。多くの人から「ACTは複雑で、難しい」と言われました。なかには「ACTを理解するには、高いIQが必要だ」というのもありました。うーん、私がACTモデルの「弁護士」だったら、こう言うでしょう。「裁判長、無罪です！」

ACTに、このような残念な評判が立ってしまう背景には、おそらく2つの大きな理由があるのではないかと思っています。ひとつにはACTの根底にある理論、つまり関係フレーム理論（RFT）のせいです。この本ではRFTには触れません。というのも、RFTが非常に専門的で、理解するのには相当の努力を必要とするからです。この本の目的が、あくまで、あなたをACTに迎え入れ、主要なコンセプトをシンプルに説明し、幸先の良いスタートを切ってもらうことだからです。

ここだけの話、RFTについて何も知らなくても、あなたは効果的なACTセラピストになることができます。ACTを車の運転にたとえるなら、RFTはエンジンの仕組みを知るようなものだからです。その構造をまったく何も知らなくても、優秀なドライバーになることはできます（とはいえ、多くのACTセラピストが、RFTを理解できるようになると、臨床での有効性が高まったと報告しています。もし興味があれば、付録C〔下巻〕に詳しい情報を載せたので参照してください）。

ACTが複雑と思われやすいもうひとつの大きな理由は、直線的な（一方向の）セラピーモデルではないからでしょう。ACTは、6つのコアプロセスから成り立っています。しかし、どのクライエントと、どのセッションにおいて、どのタイミングで、どのプロセスを使ってもよいのです。あるプロセスでうまくいかなければ、別のプロセスへ切り替えればよいのです。この点で、ACTは直線的なセラピーモデル――つまり、最初にステップA、次にB、次にC……と、決まった流れに従うモデルのこと――とは、一線を画しているのです。

このようなACTの非直線的な特徴には、大きなメリットがあります。それは、セラピストに信じられないような柔軟性を与えてくれるのです。あるポイントで行き詰まったら別のプロセスへ移ることができるし、そろそろ頃合いだと思ったら、以前やりかけたところへ戻ることもできるのです。一方、この非直線的な特徴のデメリットは、「ステップに従う」モデルと比べると、学び始めの一苦労になる場合が多いことです。

しかし、「絶望する」ことなかれ！　近年では、ACTの習得は、かなり簡単になってきています。それはすべて、シンプルでありながらも強力なツール、**チョイスポイント**（*choice point*）のおかげです。こちらも後ほど紹介しますが、まずは6つのコアプロセスを簡単に見ておきましょう。

ACTの6つのコアとなるセラピープロセス

ACTにおける6つのコア・セラピープロセスは、**「今、この瞬間」との接触、脱フュージョン、アクセプタンス、文脈としての自己、価値、コミットされた行為**です。個別に取り上げる前に、まず以下の図を見てください。これはACTの「ヘキサフレックス（hexaflex）」と呼ばれ、親しまれているものです。

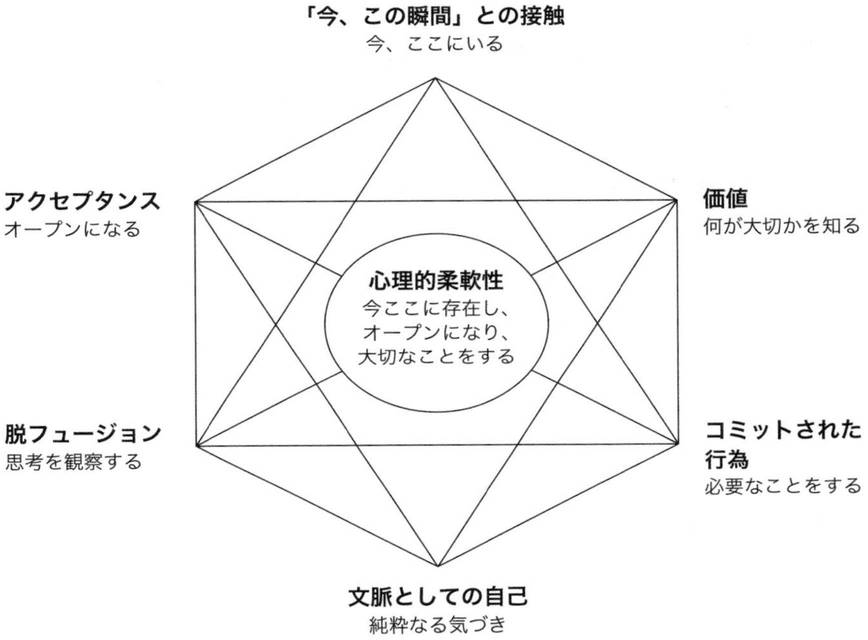

ACT のヘキサフレックス

では、6つのコアプロセスをひとつずつ見ていきましょう。

1.「今、この瞬間」との接触（今、ここにいる）

「今、この瞬間」との接触（*contacting the present moment*）とは、そのとき体験していることに柔軟に注意を向けることです。そのとき、以下のどれがもっとも有効であるかに応じて、注意を狭めたり、広げたり、シフトさせたり、あるいはそのままにしたりするのです。あるときは自分の外側の物理的な世界に、またあるときは自分の内側の精神的な世界に、ときには、その両方に同時に意識的に注意を向けるのです。そして、そのときに体験していることにしっかりと触れ、そこにしっかりと関わるのです。

2. 脱フュージョン（思考を観察する）

脱フュージョン（*defusion*）とは、「一歩下がって」自分の思考、イメージ、記憶から離れる、あるいは距離を置く方法を身につけることです。正式な用語は、**認知的・脱フュージョン**（*cognitive defusion*）です。しかし、普通は、単に脱フュージョンと呼びます。このプロセスでは、自分の思考に巻き込まれて、がんじがらめになってしまう代わりに、一歩下がって、それを観察するのです。思考をあるがままに——言葉や映像以外の何ものでもないものとして——眺めるのです。思考を強く握りしめるのではなく、軽く持っておくのです。いろいろな考えが浮かぶことは浮かぶままにしておきます。しかし、それに支配されないようにするのです。

3. アクセプタンス（オープンになる）

アクセプタンス（*acceptance*）とは、オープンになって、スペースを作り、自分のプライベートな体験——思考や感情、情動、記憶、衝動、欲求、イメージ、感覚——を受け入れることです。そうした体験と戦い、抵抗し、逃げようとするのではなく、オープンになって受け入れるスペースを作るのです。このプロセスでは、思考や感情を自由に流れるままにする——それぞれのタイミングで、思うがままに「来る者は拒まず、去る者は追わず」にしておきます（ただし、それが、有効なアクションをとる助けとなり、生活に改善をもたらす場合に限ります）。

4. 文脈としての自己（気づく自己）

日常的な表現を使うのなら、マインドには2つの異なる要素があります。それは「考える」と「気づく」です。私たちが通常、「マインド」と言っているのは「考える」——思考や信念、記憶、評価判断、空想、計画などなど——のほうを指しています。一方、「気づく」——ある瞬間に、考える、感じる、知覚する、あるいは行っていることを意識している——のほうを指すことはほとんどありません。ACT の専門用語では、後者を**文脈としての自己**（*self-as-context*）と呼びます。クライエントに対しては、明確に「文脈としての自己」という名称を使うことはほとんどありません――もし名前をつけるとしたら、「意識する自分」「観察する自分」、あるいは単に「自分の中の意識している部分」といった呼び方をすることが多いです（注意：それほど一般的ではありませんが、文脈としての自己は「柔軟な視点取得」のプロセスを指しているとも言えます。しかし、今は気にする必要はありません。後ほど検討することにしましょう）。

要注意な用語　脱フュージョン、アクセプタンス、文脈としての自己、「今、この瞬間」との接触（「柔軟な注意」とも呼ばれる）の4つは、ACTの中核的なマインドフルネス・プロセスである。そのため、ACTの中で「マインドフルネス」という言葉に出合った場合、①この4つのいずれか、②この4つすべて、あるいは③4つの任意の組み合わせを指している可能性がある。

5. 価値（何が大切かを知る）

あなたにとって、生涯を通して体現したいものは何でしょうか。この惑星で過ごす短い時間で、何をしたいですか。自分自身、他者、自分を取り巻く世界に対してどう接したいでしょうか。**価値**（*values*）は、目に見える活動、目には見えない精神的な活動いずれもが持っている「このようにありたい」という特徴や質のことです。言い換えると、価値とは、「自分が常にどのように振る舞いたいか」と表現できるかもしれません。私たちはよく、価値をコンパスに喩えます。というのも、価値も、コンパスも、私たちに、ある方向を示し、人生の旅路を導いてくれるからです。

6. コミットされた行為（必要なことをする）

コミットされた行為（*committed action*）とは、価値に導かれた有効なアクションをとることです。これには、物理的な活動（物理的な身体を使って行うこと）と心理的な活動（内的世界で行うこと）の両方が含まれます。自分にとっての価値を知ることは重要なことですが、それを活動に移して初めて人生は豊かになり、充実したものになり、そして意味を持つようになるからです。

そして価値に導かれたアクションをとろうとすると、さまざまな思考や感情が沸き立ってくることでしょう。それには、心地良いものもありますし、ひどく苦しいものもあります。そのため、コミットされた行為とは、「必要なことをする」という意味でもあります。たとえつらい思考や感情を伴おうとも、価値に沿った生き方をするために必要なアクションをとることなのです。コミットされた行為には、ゴール設定、行動計画（アクションプランの立案）、問題解決、スキルトレーニング、行動活性化、そしてエクスポージャーが関わってきます。さらに、ネゴシエーション、コミュニケーション、アサーションのスキルから、自己鎮静（self-soothing）、危機対処（crisis-coping）、マインドフルネスのスキルまで、人生をより良く豊かにしてくれるようなあらゆるスキルの習得と適用も含まれます。

心理的柔軟性：6面のダイヤモンド

ACTの6つのコアプロセスは、ばらばらに存在しているものではありません。同じダイヤモンドの6つのカット面のようなものです。ダイヤモンドそのものは心理的柔軟性、つまり「価値に導かれ、マインドフルにアクションがとれること」になります。心理的柔軟性――その瞬間に十分に意識を向け、体験に対してオープンになり、価値に導かれてアクションできること――が高まれば高まるほど、生活の質（QOL）は高まっていきます。

なぜ、そうなるのでしょうか？　それは、生きていくうえで避けられない問題や課題に対して、とても効果的なやり方で対応できるようになるからです。さらに、人生に十分に意識を向けて関与し、価値が導くままに任せられるようになると、深い意義や目的の感覚が生まれ、活力を感じることもできるようになるのです。

ACTでは、この「活力（vitality）」という言葉がよく使われます。ここでの活力とは、単なる気持ちではない、ということを認識しておく必要があります。活力とは、十全に生きている感覚、「今、ここ」を抱きしめるような感覚のことです。私たちは、死の床においてさえ、あるいはこのうえない悲しみに襲われているときでさえ、活力を感じることができるのです。なぜなら、「痛みの瞬間も、喜びの瞬間と同じくらい『生きている』」(Strosahl, Hayes, Wilson, & Gifford, 2004, p.43) からです。

ACT のトリフレックス

6つのコアプロセスは、私が**トリフレックス**(*triflex*)と呼んでいるものにまとめることもできます(「トライアングル」よりは格好良いと思えたので、こう呼んでいます)。トリフレックスは、以下に示すように、3つの機能的なユニットで構成されています。

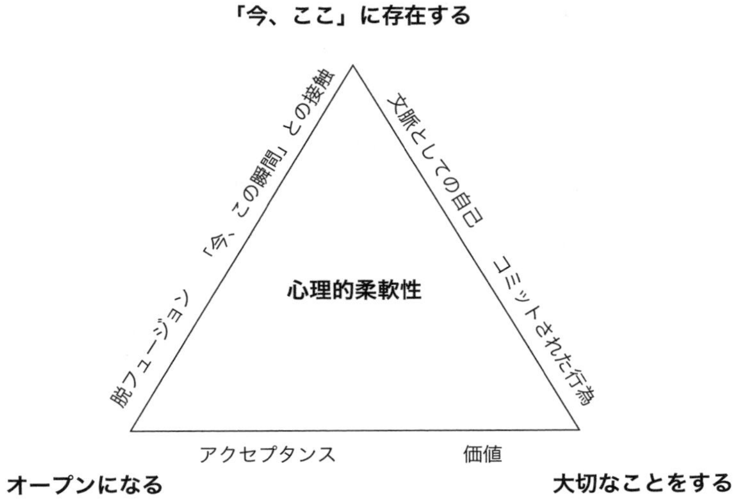

ACT のトリフレックス

文脈としての自己(別名、気づく自己)と「今、この瞬間」との接触は、どちらも、「今、ここ」の体験に柔軟に注意を向け、意識を向けて関与すること(言い換えると、「『今、ここ』に存在する」)に関係しています。

脱フュージョンとアクセプタンスは、思考と感情から離れ、それそのものの姿を眺め、それを受け入れるスペースを作り、自由に行き来させること（言い換えると、「オープンになる」）に関係しています。

価値とコミットされた行為は、人生をより良くするようなアクションに踏み出し、それを維持すること（言い換えると、「大切なことをする」）に関係しています。

だから心理的柔軟性は、「『今、ここ』に存在し、オープンになり、大切なことを」できることと表現できます。

ここまでで、6つのコアプロセスがどのようなものか、それがどのように3つのユニットにまとめられるかを紹介したところで、私の「イチオシ」のACTツールを紹介しましょう。このツールでは、コアプロセスを全部まとめて、わかりやすく、そして使いやすいフォーマットに落とし込みました。

チョイスポイントへようこそ

2009年に『よくわかるACT』（*ACT Made Simple*）の初版を執筆したときには、チョイスポイントはまだ存在していませんでした。私が同僚のジョー・チャロッキとアン・ベイリーと共にこれを作ったのは、2013年のことでした（それを作ったのは、そのとき書いていたACTアプローチを使ったダイエットについての本、*The Weight Escape*〔Ciarrochi, Bailey, & Harris, 2014〕のためでした）。それ以来、私はチョイスポイントに恋に落ち、今では私が提供するあらゆるトレーニングの中心的なツールとなっています。なぜか？　それは、セラピストとクライエントに従うべきシンプルな地図を与えてくれるからです。それにもかかわらず、ACTモデルの自由度の高さはまったく損なわれないツールだからです。

この本を読んでいくと、チョイスポイントには多種多様な使い方があることを理解できると思います。そのため、ここでは簡単な紹介にとどめます。チョイスポイントの美点のひとつは、ACTモデルの概要をわかりやすく示してくれることです（注意：チョイスポイントは、ACTの人気ツールであるマトリックス〔matrix〕〔Polk & Schoendorff, 2014〕と似ている部分もあります。しかし、大きく異なっているところもあります。詳しい解説は

Extra Bitsを参照してください)。以下の説明では、私がクライエントにチョイスポイントを説明するときのように、専門的でない言葉を使っていきます。それは、①シンプルに、あなたにACTモデルを説明するため、そして②クライエントにACTモデルをどう説明するかという一例を示すため、という2つの目的を同時に果たしたいからです。

チョイスポイントは、素早く問題の地図を描き、苦痛がどこからやってきているのかを突き止め、それに対応するためのACTアプローチのフォーミュレーションを行うことができるツールなのです。セラピーのどの段階でも使うことができるし、さまざまな目的で使うことができます。多くの場合、私は新しいクライエントとの初回セッションの中盤あたりで、インフォームドコンセント(第5章)の一部としてチョイスポイントを初めて紹介します。いつも、だいたい次のような感じで実施しています。

セラピスト:ここで少し時間をとって、ちょっとした絵を描いてもいいでしょうか? これから一緒に取り組むうえで、効果的に進むのを助けてくれる案内図のようなものです(セラピストはペンと紙を取り出す)。さて、私も、○○さん[クライエント名]も、あるいは地球に住む他のすべての人も、常に何かをしています。食べて、飲んで、歩いて、話して、寝て、遊んで——常に何かしているわけです。ただ壁を眺めているだけでも、それだって何かしていることになりますよね? そして、人間のすることのなかには、とても役立つこともあります。私たちがより良い人生へ向かって進むのを助けてくれるような行動です。だから、私は、そういう行動を「進(すすむ)ムーブ(towards moves)」[訳注1)]と呼んでいます。進(すすむ)ムーブは基本的には、これからのセッションがうまく進んだら始めたい行動、もっと増やしたい行動です。

訳注1) チョイスポイントという人生の分岐点において、価値に沿った方向へ「進む」のか、そこから「逸れる」のかを意味するよう訳出した。「道」を表す「しんにょう」を部首に持つ漢字を用いることで、それぞれの語が人生の価値(歩んでいく「道」)という点で、反対の方向性を持つという対応関係を表現するように意図した。

そう話しながら、セラピストは矢印を描いてそこにこう書き足す。

セラピストは続ける：ですので、進（すすむ）ムーブをしているときというのは、自分が効果的に行動できているとき、なりたい自分のように振る舞えているとき、人生を有意義で充実したものにしてくれることをしているとき、と言えます。問題なのは、人間がするのは、これだけではないということです。私たちは、まったく逆の効果を持つ行動もとります。つまり、本当に築きたい人生から遠ざかるような行動です。だから私は、そういう行動を「逸（それる）ムーブ（away moves）」と呼んでいます。逸（それる）ムーブをしているときというのは、効果的に行動できていないときです。なりたい自分のように振る舞えていないとき、長期的には人生を悪化させるようなことをしているときです。だから基本的には、逸（それる）ムーブというのは、これからセッションが進んだらやめたい行動、減らしたい行動を指します。

そう話しながら、セラピストは2本目の矢印を描いてそこにこう書き足す。

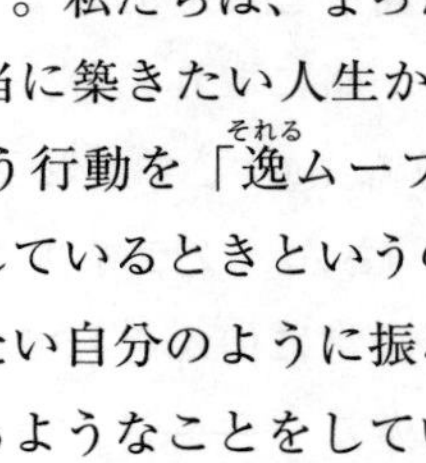

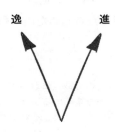

セラピストは続ける：これは私たち全員に当てはまると思いませんか？　私たちは皆、一日中、進（すすむ）ムーブと逸（それる）ムーブをしていて、その状況は刻一刻と変わります。人生がそんなに問題でないとき、物事がうまく進んでいるとき、人生において欲しいものが手に入っているときは、こちらの進（すすむ）ムーブをかなり楽に選ぶことができます。ですが、○○さんもご存じのとおり、人生はたいていそんなにうまくいきません。人生は手ごわくて、欲しいものは手に入らないと相場が決まっています。だから私たちは、一日を通して、ありとあらゆる厄介な状況に直面することになり、そうすると厄介な考えや気持ちが姿を現します。

セラピストは図の一番下に、「状況、考えや気持ち」と書き足す（注意：この本では、「考えや気持ち〔思考や感情〕」という言葉を、思考、感情、情動、記憶、衝動、欲求、イメージ、感覚をまとめた表現として使います。チョイスポイントでは、こうした私的体験のどれに言及してもいいし、どれを図に書き入れてもかまいません。すべてを扱うこともできます）。

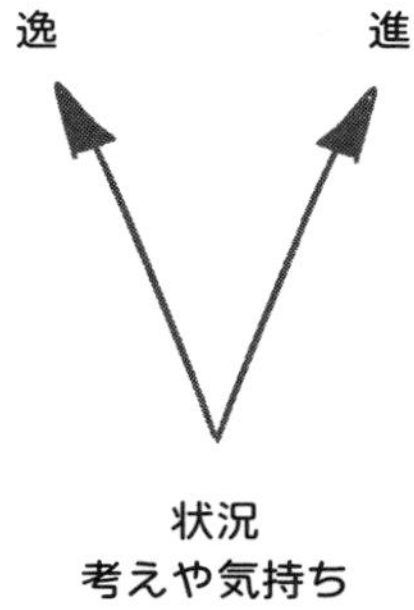

セラピストは続ける：問題は、ほとんどの人にとってのデフォルト設定が、そういう厄介な考えや気持ちが現れたら、それに「釣られる（hooked）」[訳注2)] 設定になっていることです。厄介な考えや気持ちは、ある意味私たちを釣り針で引っかけ、リールを巻いて引き寄せ、イラ

訳注2）魚が釣り針に引っかかって釣られてしまうように、考えや気持ちに引っかかって振り回されることを比喩的に伝える表現。「もつれる」「引っかかる」「囚われる」「はまる」も交換可能な用語として訳出した。

イラさせたり苦しめたりして、そこら中を引き回します。なんとなくイメージしていただけるでしょうか？　物理的、身体的に釣られてしまうと、腕や足や口を使って、さまざまな行動をし始めます。あるいは注意が釣られてしまうと、そのときしていることに集中できなくなり、自分の内的世界で迷子になってしまいます。そして釣り針がきつく引っかかれば引っかかるほど……逸（それる）ムーブが増えていくのが想像できますよね？

セラピストはここで、「逸（それる）」矢印の横に「釣られる」と書き足す。

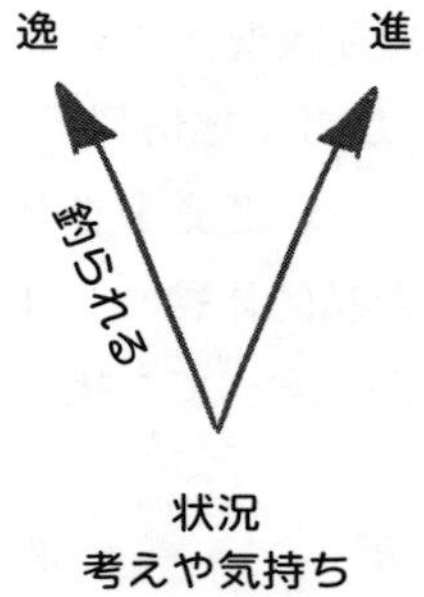

セラピストは続ける：いま言ったことは、誰もがある程度は行っています。それが普通です。完璧な人はいません。ですが、これが頻繁に起こってしまっていると、大きな問題になります。実際、心理的な問題として知られる状態——不安症、うつ、依存症など——のほとんどは、突き詰めると、この基本的なプロセス、つまり、つらい考えや気持ちの釣り針に釣られて、逸（それる）ムーブを始めることに集約できるんです。おわかりいただけそうでしょうか？

　ですが、ときには、かかった釣り針から自分をうまく「はずして(unhook)」[訳注3)]、進（すすむ）ムーブを選択できることもあります。そして、はずすのがうまくなれば……そう、人生や生活の質が上がります。

訳注3）「釣られた」ときに、その状況から解放されること。「ほどく」「解放する」「自由になる」も交換可能な用語として訳出した。

そう話しながら、セラピストは「進（すすむ）」矢印の横に「はずす」と書き足す。

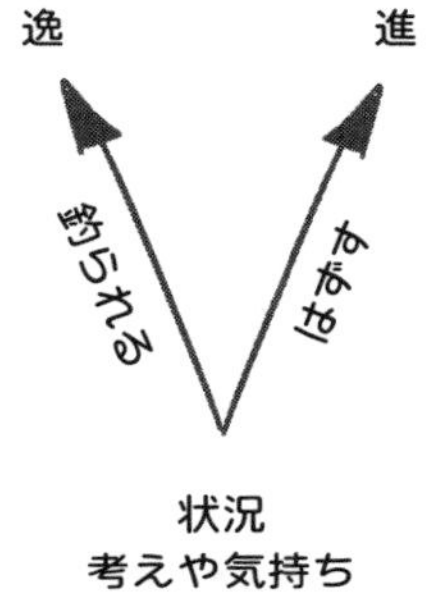

セラピストは２本の矢印が合わさった始点を囲む（必要に応じて、丸の中に「チョイスポイント」、あるいはchoice pointのイニシャルをとって「CP」と書いてもよい）。描きながら続ける：ですから、困難な状況に置かれて、厄介な考えや気持ちが姿を現したときは、実は選択肢があるんです。そういう考えや気持ちに対してどう反応するか、という選択肢です。考えや気持ちに強く釣られてしまうほど、逸（それる）ムーブを選ぶ可能性が高まるでしょう。そこから自分をはずすことができるようになれば、進（すすむ）ムーブを選ぶのが簡単になるでしょう。

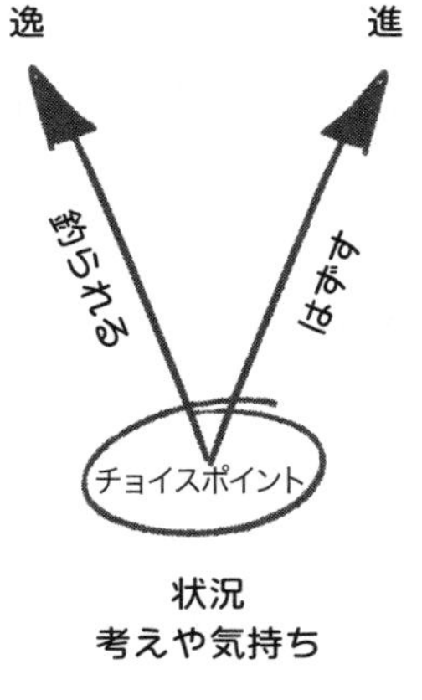

セラピストは続ける：そうなると、こちらの行動（進の矢印を指す）をうまくとれるようになりたいわけですが、それには２つのことが必要です。まず、釣られた自分をはずすスキルを身につけないといけません。そして、自分はどんな進ムーブをとりたいのかをはっきりさせないといけません。この２つを揃えてしまえば、人生がどんな難しい問題を突きつけてきても、それに対してどう反応するかという選択肢をかなり増やすことができます。そして基本的には、それがこのセラピーでやろうとしていることです。つまり、ここから（「考えや気持ち」を指す）自分をはずす方法を身につけ、これ（逸の矢印を指す）を減らし、こちら（進の矢印を指す）をうまく行っていくことが目的です。

要注意な用語　ACT の実践家のなかには、「釣られる」という言葉を認知的フュージョンだけを指して使う人もいる。チョイスポイントでは、それは、もっと広い意味で、認知的フュージョンだけでなく、体験の回避も指している。これについては、第２章でさらに触れる。

チョイスポイントの「骨子」

いま読んでもらった部分は、チョイスポイントの「骨子」のまとめ――具体的な細部は割愛した、包括的な全体像になります。理想的には、この骨組みに、たっぷりと肉付けをしていきたいところです。つまり、特定のクライエントが抱く難しい思考や感情の具体例、直面する困難な状況の具体例、進ムーブと逸ムーブの具体例を使って、その人に特化した図にしていきたいところです。それは、この本を読み進めていただくことにして、まずは、チョイスポイントに肉付けする方法を少し紹介しましょう。今のところは、以下のような３つの重要ポイントを伝えるにとどめたいと思います。

1. チョイスポイントには、顕在的行動も潜在的行動も含まれる　ACTでは、行動を「人ひとり（その人の全体）がすることのすべて」と定義します。「え？　何だって？」と思ったことでしょう。今、あなたが読んだままのものが定義なのです。つまり、ある人間がすることすべてが、行動なのです。それには、食べる、飲む、歩く、話す、『ゲーム・オブ・スローンズ』訳注4) を見る、といった顕在的な（overt）行動が含まれます。**顕在的行動**（*overt behavior*）とは、基本的には物理的な（physical）行動のことです。たとえば、手足や腕、脚を動かす、顔の筋肉を動かして表情を作る、言う、歌う、叫ぶ、ささやくといったことのすべて、どのように移動をする、飲食をする、呼吸をする、身体の姿勢を整える、などといったことです。しかし、「行動」という用語は、同時に、**潜在的行動**（*covert behavior*）も指します。こちらは、基本的に、考える、集中する、思い描く、マインドフルでいる、想像する、思い出すなどといった心理的な行動です（心理的な行動はあなたの内側で起こるため、他者が直接見ることはできません。そのため「潜在的行動」ではなく「私秘的〔プライベート〕な行動〔private behavior〕」と呼ばれることも多いです）。

ここで、顕在的行動と潜在的行動の簡単な見分け方を教えましょう。ある行動が起こっているとき、何もないところから突然、魔法のようにビデオカメラが出てきたところを想像してみてください。そのカメラに、いま起きている行動が撮影できるでしょうか？　イエスだったら、それは顕在的行動です。逆に、ノーだったら、潜在的行動です。

この先の章を読み進めるとわかりますが、クライエントと一緒にチョイスポイントに書き込むときは、顕在的行動も、潜在的行動も、その図に含めます。たとえば、潜在的な逸（それる）ムーブとしては、つらい思考や感情を反すうする、思い悩む、うわの空になる、集中を失う、執着

訳注4）ジョージ・R・R・マーティン著のファンタジー小説『氷と炎の歌』を原作としたテレビドラマ。ドラゴンや魔法が存在する架空の世界で、多くの登場人物が入り乱れる群像劇。2011から2019年までに73話。

するなどが挙げられます。潜在的な進ムーブとしては、脱フュージョンする、受け入れる（アクセプトする）、注意を向け直す、意識を向けて関与する、戦略を練る、計画するなどが挙げられます。

2.「何が逸ムーブであるか」はクライエントが決める　チョイスポイントは、常にクライエントの視点から、物事をマッピングします。言い換えると、どの行動が「逸」ムーブであるかを決めるのは、セラピストではなく、クライエントなのです。セラピーの初期段階では、クライエントが自己破壊的／自己破滅的な行動を進ムーブと捉えることもあるかもしれません。たとえば、アルコール依存やギャンブル依存を抱えるクライエントは、初めは飲酒やギャンブルを進ムーブに分類するかもしれません。

そういう場合、クライエントと議論を始めたりはしません。一瞬立ち止まり、確認だけしておきます。たとえば「すみません、先ほどご紹介した言葉を私と○○さんが同じ意味で使えているかだけ確認させてください。逸ムーブとはセッションがうまく進んだらいずれやめたい行動、あるいは減らしたい行動を指します。そして進ムーブのほうは、セッションがうまく進んだらいずれ始めたい行動、あるいは増やしたい行動を指します」といった感じです。

クライエントがそれでも自己破滅的な行動を「進」のほうに分類したら、それを認めて受け入れ、進の矢印の横に書き加えます。なぜか？　それは、これがクライエントの人生を「本人が、現時点で、どのように捉えているか」を写したスナップ写真だからです。セラピストがどのように捉えるかは関係ありません。私たちの目的は、クライエントの世界観、クライエントの自己認識のレベル――クライエントが何を問題と思っているのか、何を問題とは思っていないのか――の一端をつかむことにあります。そのため、この時点でクライエントに異議を唱えてしまったら、あるいはクライエントに思い直させ、自己破滅的な行動を逸ムーブと捉えさせようとしてしまったら、おそらく実りのない言い争いが始まることになるでしょう。この時点では「進ムーブ」と書いておき、後のセッションで触れるようにメモをしておきましょう。

最初、セラピーの目標は、治療的な緊張関係ではなく、治療同盟を築くことです。そのため、クライエントがまさに逸ムーブとして捉えているものを把握し、ACTを使って共にそうした行動に取り組んでいきましょう。そして、もっと後のセッションで、クライエントの心理的柔軟性のレベルが上がったら、一度は「進ムーブ」と書いた行動に戻って再評価をすればよいのです。たとえば「最初のセッションでは、○○さんはギャンブルを『進ムーブ』と分類されていました。今も、そう思いますか？」といった感じです。多くの場合、セラピーが進んで、クライエントの心理的柔軟性が養われていくと、クライエントは当初の考えを変えて、自己破滅的な行動を「逸ムーブ」に分類します——とくに、その行動が、他の重要な人生のゴールの邪魔になっていると気づいたときに。

3. どんな活動も、文脈によって「進ムーブ」にも「逸ムーブ」にもなりうる　ジムに行くのを回避したくて／他の重要なタスクを先延ばしにしたくてテレビを見ているとき、はたまた退屈や不安から逃れるために何も考えず大きなチョコレートの塊を頰張るとき、私はそういう行動を「逸ムーブ」に分類します。しかし、人生を豊かにしてくれる、意識的で価値に導かれた選択としてテレビを見るとき（たとえば、『ウォーキング・デッド』[訳注5)] の最新話を見るとき）、あるいは友人と何かのお祝いとしてチョコレートを食べ、それをマインドフルに味わうとき、私はそういう行動を「進ムーブ」に分類します。つまり、活動の種類は問題ではないのです。活動が与えている効果こそが問題なのです。

ある活動が、自分の望む人生の方へ連れていってくれる文脈、なり

訳注5）2010年から2022年まで放送された米国のテレビドラマ。ゾンビによる世界の終末を迎えた後の物語。荒廃した米国で安住の地を求め、ゾンビから逃れつつ旅をする少人数のグループを描く。

たい自分として振る舞う方へ連れていってくれる文脈では、その活動は「進ムーブ」です。自分の望む人生やなりたい自分のように振る舞うことから遠ざける文脈では、それは「逸ムーブ」となります。このような行動をチョイスポイントに例として書き込むなら、どのような場合は「進ムーブ」となり、どのような場合は「逸ムーブ」となるかをはっきりと書くのがよいでしょう。たとえば、私のチョイスポイントだったら、逸の矢印には「重要なタスクを先延ばしにするためにテレビを見る」と書き、進の矢印には「バランスのとれた生活スタイル上での選択として、テレビを見る」と書きます。

チョイスポイント、ヘキサフレックス、トリフレックス

次は、ヘキサフレックスとトリフレックスに含まれたコアプロセスが、チョイスポイント上ではどのように示されるかを見ていきましょう（次ページの図参照）。

はずすスキル（*unhooking skills*）とは、ACTの4つの中核的なマインドフルネス・プロセス——脱フュージョン、アクセプタンス、文脈としての自己、「今、この瞬間」との接触——のすべてを指します。厄介で難しい思考や感情から自分を「はずし」、顕在的行動と潜在的行動への効果や影響を減らすために、この4つをどんな組み合わせでも使うことができます。

進ムーブとは、価値に導かれた、コミットされた行為——物理的あるいは心理的行為——です。

釣られる（*hooked*）とは、2つのコアプロセス——**認知的フュージョン**（*cognitive fusion*）と**体験の回避**（*experiential avoidance*）——を指し、ACTではこの2つがほとんどの心理的苦悩の元凶であると捉えています。認知的フュージョンとは基本的に、自分の認知によって「支配されている」状態を指します。そして体験の回避とは、好ましくない不快な思考や感情を避けたり排除したりしようとして、悪戦苦闘している状態を指します。こうした用語は、次の章で詳しく触れることにします。

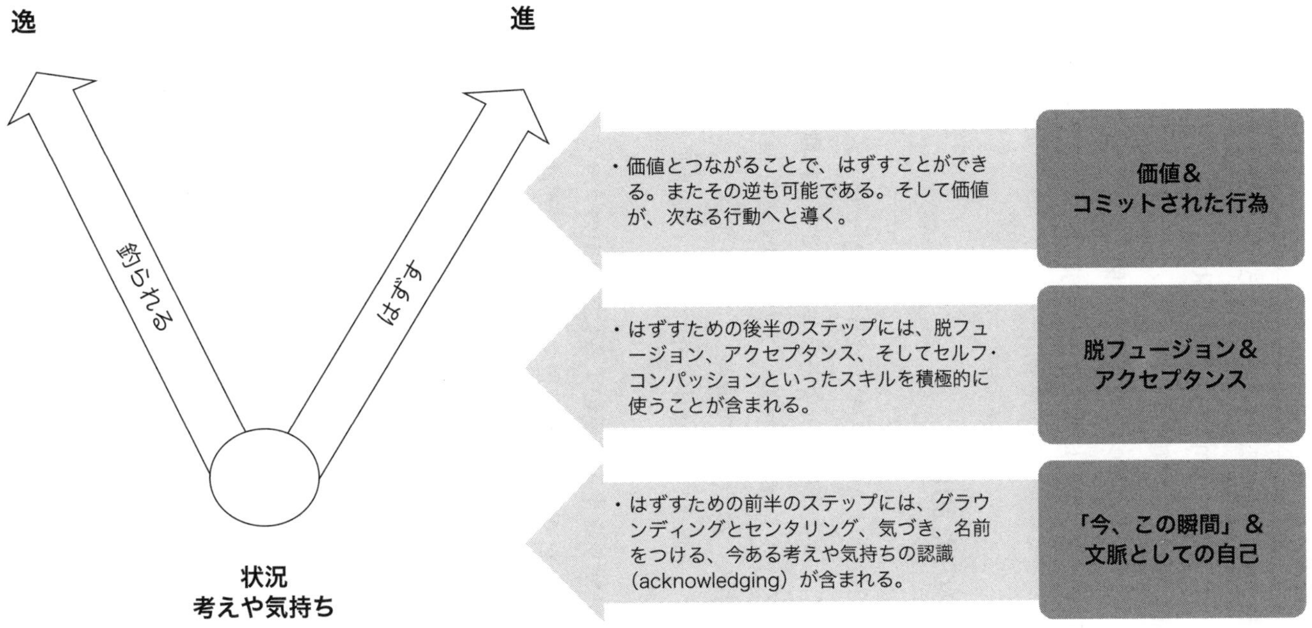
逸
進
釣られる
はずす
状況
考えや気持ち
・価値とつながることで、はずすことができる。またその逆も可能である。そして価値が、次なる行動へと導く。
価値＆
コミットされた行為
・はずすための後半のステップには、脱フュージョン、アクセプタンス、そしてセルフ・コンパッションといったスキルを積極的に使うことが含まれる。
脱フュージョン＆
アクセプタンス
・はずすための前半のステップには、グラウンディングとセンタリング、気づき、名前をつける、今ある考えや気持ちの認識（acknowledging）が含まれる。
「今、この瞬間」＆
文脈としての自己

Extra Bits（おまけ）

> *ACT Made Simple : The Extra Bits* というタイトルの PDF ファイルを http://www.actmindfully.com.au の「Free Stuff」ページからダウンロードし、第 1 章を開いてみてほしい。そこに、①ヘキサフレックスとトリフレックス、チョイスポイントの印刷用の図と、②チョイスポイントと**マトリックス**の主要な違いに関する説明を掲載した。（英語）

スキルアップのために

この本を読むだけでは ACT スキルは身につきません。料理の本を読んだだけでは料理ができるようにならないのと同じです。料理が上手になりたかったら、必要なスキルを練習、練習、また練習するしかありません。ACT でも同じです。そのため、各章の最後には、ACT スキルを伸ばすために取り組んでほしいことを載せておきます。それでは、手始めにやってみましょう。

- 芝居のリハーサルをする俳優のように、架空のクライエントを相手にチョイスポイントをひととおり練習する。もし気が向けば、声に出してやってみる。気が向かないなら頭の中でやるのでも大丈夫。理想を言えば、練習しながら実際にチョイスポイントの図を描いてみてほしい。
- 自分一人でチョイスポイントの通し練習ができたら、今度は友人か同僚を相手にひととおり行い、ACT とはどんなものかを簡単に説明できるかを確認する。
- その後、クライエント数名を相手に実際にやってみる。

読んでみて、あまりやりたくないと感じませんでしたか。バカバカしい、意味がない、私のスタイルではない、といった考えが浮かびませんでしたか。もし、実際のクライエントとチョイスポイントを使う機会がないとしても、こうした練習が ACT モデルを理解する助けになるはずです（さらに、今度のディナーパーティーで、好奇心旺盛な友人、同僚、親戚、あるいはゲストにACTを説明したいと思うこともあるかもしれません。そんなときのためにも、この練習は大いに役立つことでしょう)。

第1章のまとめ

ACTは行動療法です。そして、それは、価値とマインドフルネス・スキルを創造的に用いて、人が豊かで有意義な人生を築くのを助けます。ACTの基盤にあるのは、6つのコアプロセス——価値、コミットされた行為、さらに脱フュージョン、アクセプタンス、文脈としての自己、「今、この瞬間」との接触(=4つのマインドフルネス・プロセス)——です。この6つは、「今、ここ」に存在する、オープンになる、大切なことをするという、より大きな3つのプロセスにまとめることもできます。専門的に言うと、ACTの目的は、心理的柔軟性を養うのを助けることにあります。心理的柔軟性とは、そのときしていることに意識を向けて関与できること、思考や感情に対してオープンになり、それを置いておくスペースを作れること、そして、価値に導かれながら効果的に行動できることです。

第2章

釣られる（フックされる）

「マインド」とは何か

「こんなの難しすぎる。私にはできない。実際にセラピストがここにいて、何をすべきか教えてくれたらいいのに。たぶん私はこの仕事に向いていない。私はどうしようもないバカだ」

あなたのマインドは、このように言ってきたことはありませんか？　私のマインドは、間違いなくそう言ってきます。私の知っているセラピストたちのマインドも、同じように言ってくるようです。マインドは、他にどんな役に立たないことをするでしょうか？　あなたを他人と細かく比較したり、あなたの努力を批判したり、あなたがやりたいと思っていることをやってはいけないと言ってきたりしませんか？　はたまた、過去の嫌な記憶を蒸し返したりしませんか？　今の生活に難癖をつけてきて「もっと幸せな生き方があるはずなのに」とささやいてきたりしませんか？　恐ろしい未来を描いたシナリオにあなたを引きずり込んで、物事がうまくいかない可能性ばかりに注目させようとしてきませんか？

もし、いま挙げたような経験があるなら、あなたのマインドは、いたって「ノーマル」です。いいえ、書き間違いではありません。ACT では、人間のノーマルなマインドが持っているノーマルな心理的な作用は、簡単に有害なものになり、どんな人にも心理的な苦しみをもたらすものだと考えているからです。そして、その苦しみの根源は、人間の言語に他ならない、と捉えています。

言語とマインド

人間の言語というものは、言葉、イメージ、音、表情、ジェスチャーなどを含む、非常に複雑な記号体系です。人間は、言語を２つの領域で使っています――顕在的な領域と潜在的な領域です。顕在的な言語（overt language）には、話す、おしゃべりをする、何かの仕草をマネる、ジェスチャーをする、書く、描く、彫る、歌う、踊る、演じるなどが含まれます。潜在的な言語（covert language）には、考える、想像する、物思いにふける、計画する、思い浮かべる、分析する、心配する、空想するなどが含まれます。

「マインド」という言葉は、非常に複雑な相互作用的な認知プロセス（interactive cognitive process）を指しています。それには分析する、比較する、評価する、計画する、思い出す、視覚化するなどが含まれます。そして、このような複雑なプロセスはすべて、私たちが人間の言語と呼んでいる洗練された記号体系に基づいているのです。そのため、ACT において「マインド」という言葉を使うときは、それを「人間の言語」のメタファーとして使っているのです。

マインドは諸刃の剣である

人間のマインドは、諸刃の剣です。良い面としては、この世界の地図やモデルを作るのに役立ち、未来を予測し、計画を立てて、知識を共有し、過去から学び、存在しないものを想像して創り出したり、人の行動をうまく導くルールを作り上げたりすることを助けてくれます。さらに、私たちがコミュニティとして繁栄することも、遠く離れた人とコミュニケーションをとることも、もう存命ではない人から学ぶことも、マインドは助けてくれます。

しかし、悪い面では、私たちは、マインドを使って嘘をつくし、人を操ったり、だましたりします。誹謗中傷や無知を広め、憎悪や偏見、暴力へと駆りたて、大量破壊兵器を作ったり、大規模汚染産業を作ったりします。過去のつらい出来事について思い悩んで「再体験」し、不吉な未来を想像し自分自身を怖がらせ、自分と他者を比較し、評価したり、判断したり、批判したり、非難したりします。そして、たいてい、人生を締めつけて台無しにするようなルールを自分たちに課してくるのです。

このようなマインドの「ダークサイド」は、まったくノーマルで、自然なものです。ほぼすべての人にとって、苦しみの源泉でもあります。そして、もし、このダークサイド（私が『スターウォーズ』のファンであることを公言しているようなものですが）を探索する勇気が、あなたにあるのなら、すぐに心理的苦痛を生み出す「秘密のきょうだい」[訳注1)]——「認知的フュージョン」と「体験の回避」——と相対することになるでしょう。

認知的フュージョン

認知的フュージョン（*cognitive fusion*）——通常は、単に「フュージョン」と表記——という用語は、基本的には、私たちの認知が自己破滅的であったり問題を生んだりするような形で、私たちの（顕在的あるいは潜在的な）行動を支配する状態を指しています。言い換えると、私たちの認知が行動や意識に対してネガティブな影響を与えている状態のことを指します。

要注意な用語　ACTでは、「認知」という用語はあらゆる種類の思考——信念、アイデア、心的態度、推測、空想、記憶、想像、スキーマを含む——を指すと同時に、気持ちや感情のさまざまな側面を指してもいる。多くのセラピーモデルは、認知と感情は別物であるかのように、2つを意図的に区別している。だが、悲しみでも怒りでも、罪悪感、恐怖、愛情、喜びでも、ある感情をよく探ってみれば、その体験は認知に「どっぷり浸かっている」ことに気づくだろう。物理的な身体で感じるあらゆる衝動、欲求、感覚と「混ざり合っている」思考やアイデア、意

訳注1）映画『スターウォーズ』に登場するルーク・スカイウォーカー（主人公）とレイア姫は「双子の兄妹」である。しかし、ストーリーが進むまでは、それは隠されたままであった。

味、印象、記憶がたくさん存在するはずである。この先、私が「思考や感情」とのフュージョンについて語るのを何度も耳にすることになると思うが、それはこういう理由なのである。

私は、クライエントに対しては、その人がセラピーを始める前から「フュージョン」という言葉を知っていた場合にしかこの用語は使いません。たいていは「釣られる（getting hooked）」という言い方をしますが、これはフュージョンに加えて体験の回避までカバーできる便利な表現です。この言葉を使うと、思考や感情がどのように私たちを「釣る」かを説明できます。つまり、思考や感情は私たちの注意に釣り針を引っかけ、リールを巻いて引き寄せると、散々引きずり回して困らせ、横道に逸らしてしまうのです。

フュージョンの主要な２つの現れ方

認知的フュージョンは、主に２つの道筋で現れます。

1. **認知が、身体的な「行動」を問題のあるやり方で支配する場合**　このケースでは、自分の認知に対する反応として、望む人生を築くのに有効ではないことを言ったり、やったりしてしまいます。たとえば、「私は誰にも好かれない」という思考に対する反応として、重要なソーシャルイベントへ行くのをやめてしまう、といったことです。

2. **認知が、「意識」を問題のあるやり方で支配する場合**　別の言い方をすると、認知に「引きずり込まれる」か「我を忘れさせる」状態になり、意識が狭まり、効果的なやり方で注意を払うことができなくなってしまいます。たとえば、心配したり、思い悩んだりすることに「囚われる」あまり、職場で重要な仕事に集中することができなくなり、どんどんミスが増える、といったことです。

ACT では基本的に、そのプロセスが問題のある自己破滅的な行動を生んでいる場合に限り、「フュージョン」という用語を使用する、というコンセンサスがあります。つまり、認知に対する反応として顕在的あるいは潜在的な行動が狭まり、頑なになり、柔軟性を失って、非効果的になり、自己破滅的と呼べるような程度（たとえば、長期的に見ると、生活の質を下げる／健康や幸せを害する／その人の価値から引き離すような状態）に達してしまっていたら、そのときは「フュージョン」という用語を使うのです。

もし私が、生活の質を向上させるような形で、「我を忘れて考えにふけっている」のだとしたら——たとえば、休暇中にビーチに横たわって物思いにふけるとか、重要なスピーチを頭の中で練習するといったことなら、それはフュージョンではなく、「没頭（absorption）」と呼んでいます。

ここで、私のお気に入りのメタファーを紹介しましょう。それは、フュージョンと脱フュージョンとの違い（区別）を簡単に伝えるものになっています。このエクササイズは体験してもらいたので、ステップを踏んで、実際にやってみてください。

「両手を思考や感情に見立てる」メタファー

［読者の皆さんへ：最初の段落を読み終えたら、本を置いて、自分の両手を使えるようにしておきましょう。そして、セラピストの指示に従うクライエントになったつもりで、実際にエクササイズをやってみましょう］訳注2)

セラピスト：では、あなたの両手が、自分の考えや気持ちだと想像してみてください。周りを見渡して、いま目に映っているものが、人生における重要な物事を象徴していると想像してください。そうしたら、手を開いた状態で、くっつけて、本を開いたような形にしてください。そして、ゆっくりと、でも着実に——5秒くらいかけて——そのまま両手を自分の顔に近づけていってください。両目が手で覆われてしま

訳注2）『教えて！ ラスハリス先生 ACTがわかるQ＆A』（ラス・ハリス著，星和書店，pp. 317-320）の「『手＝考えや気持ち』と捉えるエクササイズ」がこれに該当する。

うまで近づけます。その状態になったら、少し（指の隙間から）周りを見渡してみてください。両手があることで、あなたの視界は、どのように変わったでしょうか。

［読み進める前に、ここまでの内容をやってみましょう］

＊＊＊

セラピスト：もし今のように、両手で目を覆われたまま一日を過ごさなければいけないとしたら、どんな感じがすると思いますか？　どれだけの制限が課されることになるでしょう？　どれだけのことを見逃してしまうでしょう？　これが「釣られる（フックされる）」という状態です。自分の考えや気持ちに囚われるあまり、人生のいろいろなことを見逃して、効果的に行動することができなくなっています。

［この段落を最後まで読んだら、上記で問われたことについて考えてみましょう］

セラピスト：では、もう一度、両手を目の前に置き、今度はその手を少しずつ、ゆっくりゆっくりと下げていってみましょう。手が顔から離れるにつれて、周囲の世界とつながりやすくなっていくかについて、注意を向けてみてください。

［読み進める前にやってみましょう］

セラピスト：これが「はずす（フックをはずす）」ということです。両手が目の前からなくなった今、効果的な行動はどのくらいとりやすくなったでしょうか？　得られる情報はどれくらい増えていますか？　周囲の世界と、どのくらいつながりやすくなっていますか？

＊＊＊

このメタファー（Harris, 2009a）では、脱フュージョンの主な２つの目的が提示されています。それは、①自分の体験に十分に意識を向けて関与すること、②効果的な行動を促すことです（一言付け加えると、脱フュージョンの目的は不快な思考や感情を取り除くことでも、気分を良くすることでもありません！　脱フュージョンの結果そういうことが起こることはよくありますが、後で触れるように、ACT では、それをボーナスや副産物と捉えています。それを主要なねらいにしていないのです）。

フュージョン vs. 脱フュージョン：簡単なまとめ

何らかの認知とフュージョンすると、次のように感じられるかもしれません。

- それは従うべきもの／屈するべきもの／それに基づいて行動すべきものだ
- 避けるか排除しなければならない脅威である
- 注意を完全に集中させなければならない重要なものだ

その認知から脱フュージョンできると「そのもの」――つまり「頭の中」に存在するひとまとまりの単語や視覚的なイメージ――を認識することができます。その状態では、次のように捉えることができるでしょう。

- それは従うべきもの／屈するべきもの／それに基づいて行動すべきものではない
- まったく脅威でも何でもない（脅威に感じる必要がない）
- 重要かもしれないし、そうではないかもしれない――どのくらいの注意を向けるかを選ぶことができる

有効性

ACT モデル全体の基礎にあるのは、**有効性**（*workability*）という考え方です。この言葉——有効性——を是非、大脳皮質に深く刻み込んでください。これこそ、私たちが行うあらゆる介入を支えるものなのです。有効性を判断するためには、「今やっていることを長期的な観点から検討したときに、それは○○さん［クライエント名］が望む人生に向かうのに役立っていますか？」とクライエントに質問してみてください。その答えが「イエス」なら「有効である」ということなので、それを変える必要はありません。答えが「ノー」だとしたら「有効ではない」ということになるので、もっとうまく機能する別の案を考える必要があります。

このようにACTでは、思考の内容が正しいかどうかは重視しません、その思考が有効かどうかに焦点を当てるのです。言い換えれば、クライエントのある思考が、その人のより豊かで充実した有意義な生活に向かって進む助けになるかを検討するのです。それを判断するために、「この考えの導く方に進むと、今より豊かで充実した、さらに有意義な生活を送る助けになりそうですか？」「この考えをしっかりつかんでおくと、自分がなりたい自分になれて、自分のしたいことができそうですか？」といった質問をするのです。

セッションで有効性を探る

以下は、このアプローチにおけるやりとりの例です。

クライエント：でも、事実です。私は本当に太っているんです。見てください（クライエントは自分の主張を強調しようと、お腹まわりに二段に折り重なったぜい肉をつかんでぎゅっと握る）。

セラピスト：なるほど。では、ひとつ、とても大切なことをお伝えしてもいいでしょうか？　この部屋では、○○さんの考えが正しいか間違っているかという議論をすることはありません。ここで関心を向けたいのは、その考えが有益だったり、役に立ったりするものであるかどうか――つまり、○○さんが、より良い人生を送る助けになるかどうかです。そうすると、マインドが「私はデブ」と言い出すと、○○さんはその考えにすっかり釣られてしまうということですよね？　そして一度その釣り針に引っかかってしまうと、次はどうなりますか？

クライエント：自分に嫌気がさします。

セラピスト：なるほど。それから？

クライエント：それから、落ち込みます。

セラピスト：すごい勢いで、雪だるま式に膨らむわけですね。そして、いろいろな苦しい考えや気持ち――気分が落ち込み、嫌悪感を感じ、「私はデブ」などが出てくる。では、そういうものに釣られると、その後、○○さんは何をしますか？

クライエント：どういう意味ですか？

セラピスト：つまり、もし私が今、○○さんのご自宅での様子を映したビデオを見ているとしたら、○○さんがそういった苦しい考えや気持ちに釣られたとき、画面には何が映りますか？　どんな言動が映し出されて、「なるほど！　○○さんは今、本当にすっかりこの釣り針に引っかかっているな」と私が思うでしょうか？

クライエント：たぶん、テレビの前に座ってチョコかピザを食べていると思います。

セラピスト：でも、それは○○さんがしていたいことではない？

クライエント：もちろん違います！　私はダイエットしようとしているんです！　これを見てください（自分のお腹をたたく）。本当に嫌になります。

セラピスト：では、「私はデブ」に釣られたときは、○○さんが望む生き方から遠ざかるようなことをしてしまうんですね？

クライエント：はい、でも、本当なんです！　私はデブなんです！

セラピスト：ええと、先ほど言ったように、ここでは、ある考えが正しいか間違っているかという話をしません。私たちが知りたいのは、その考えが○○さんの求める人生に向かって進むのに役立つかどうかです。別の言い方をすると、こういう考えに釣られることは、○○さんが運動したり、バランスよく食べたり、人生を豊かで実りあるものにしてくれることに役立ちますか？

クライエント：いいえ。もちろん違います。でも、どうしようもないんです！

セラピスト：そうですよね。今の時点では、どうすることもできません。こういう考えや気持ちが浮かんでくると、すぐにその釣り針で釣り上げられて、気づく間もありません。ですが、それを変えるためにできることがあるとしたら、どうでしょう？　新しいスキル――自分を釣り針から「はずす」スキル――を身につけると、今度、マインドが「私はデブ」と言って、○○さんをボコボコにし始めても、そのような考えから、自分をはずすことができるとしたら？

＊＊＊

有効性という基本的枠組みを使えば、クライエントの行動を「善悪」や「正誤」で評価判断（judge）する必要がなくなります。代わりに、中立的な態度で、思いやりをもって、「それは、あなたの望む人生に向かうのに役立つでしょうか？」と聞けばよいのです。同じように、ある思考が不合理／機能不全／ネガティブかどうかを評価判断する必要はありませんし、正しいのか、誤っているのかを議論する必要もありません。代わりに、ただ、次のような質問をすればよいのです。

- 長期的な観点から言うと、その信念／考え／ルールが、○○さんの人生を動かしたら／すべきことを指図したら／行動を導いたら、どうなってしまうでしょうか？
- こうした考えに囚われたら／釣られたら、○○さんがやりたいことができるようになりますか？
- こうした考えが言っていることにそのまま従ったら、○○さんは、なりたい自分になることができますか？

上記のやりとりで注目したいのは、セラピストは、クライエントの思考の

「内容」を変えようとは、まったくしていないという点です。ACTでは、思考の内容を問題視することはほとんどありません。問題を引き起こしているのは、たいてい思考とのフュージョンだからです。多くの心理学のテキストが、ウィリアム・シェイクスピアによる、次のセリフを引用しています。「物事には良いも悪いもない。考え方によって、良くも悪くもなるのだ」

しかし、ACTのスタンスは、根本的に、それとは違います。「考え方によって、物事は良くも悪くもならない。しかし、考えとのフュージョンは、問題を生み出すのだ」

もう一点、上記のやりとりのなかで注目したいのは、クライエントが「でも、どうしようもないんです！」と言ったとき、セラピストがどう反応していたかという点です。クライエントはよくこういうことを言います。とくに、衝動的な行動、依存性のある行動、攻撃的な行動が関わると、そういうことを言いがちです。そんなときは、クライエントの言葉を承認（validate）[訳注3)]して、「そのとおりです。現時点では、どうしようもないですよね。こういう考えや気持ちは、すぐに○○さんを釣り上げて、操り人形のように好き勝手に振り回しますから」といった対応をしましょう。その後に続けて、「では、それを変えたいと思いますか？」と聞いてみてください。クライエントの答えが「イエス」だったら、やりとりの最後にあったように、新たなスキルの習得を提案することができるでしょう（おそらく、あなたは、次のように言いたいのではないかと……「確かに、おっしゃるとおりなのですが、ラスさん。でも、もしクライエントが、『変えたくない』とか『無理！』と言ったときは、どうするんですか？」。このような疑問については、別の章で

訳注3）validationは主に弁証法的行動療法の治療方略と関連する概念であり、妥当化、認証、有効化などとも訳出される。Linehan（1993）は、validationを「クライエントのその反応は、現在の生活文脈や状況において当然のものであり、理解可能であることをセラピストが伝えること」と定義している。遊佐（2015）において、「認められる」体験と近い訳語として「承認」が採用されているが、ACTにおけるvalidationにもクライエントの反応を「当然のものとして認める」要素が多分に含まれるため、当該の訳を当てた。なお、遊佐（2015）では弁証法的行動療法における承認について、わかりやすくまとめられている。

Linehan, M. M.（1993）. *Cognitive-Behavioral Treatment of Borderline Personality Disorder*. New York : Guilford Press.

お答えします)。

有効性とチョイスポイント

すでにご存じのとおり(あなたが第1章を飛ばしていないという前提ですが……もし、飛ばしていたら、特別な訓練を受けた探知犬があなたを探し出し、「もう読み飛ばしません」と約束するまで、情け容赦のない「くすぐりの刑」に処します!)、私は、チョイスポイントの大ファンです。その理由のひとつは、有効性という概念をクライエントと一緒に扱うのを簡単にしてくれるからです。先ほどのセッションの例に戻って、セラピストがチョイスポイント上に「有効性」を書き加えた場合に、どのように進むかを考えてみましょう。ここでは、第1章に載せたように、セラピストがすでにチョイスポイントを紹介したものとします。では、先ほどのやりとりの途中から、スタートです!

クライエント:それから落ち込みます。

セラピスト:なるほど。雪だるま式になってしまうんですね。では状況を整理するために、今のお話を図にしてみてもいいでしょうか?(セラピストは手書きのチョイスポイントに書き込んでいくのでもよいし、以下の図のようにあらかじめ印刷したものを使うのでもよい)つまり、こういう苦しい考えや気持ちが浮かんでくるんですね。「私はデブ」とか、自己嫌悪とか、気持ちの落ち込みとか(そう話しながら、セラピストは以下のように、チョイスポイントの下のところにキーワードを書き込む)。

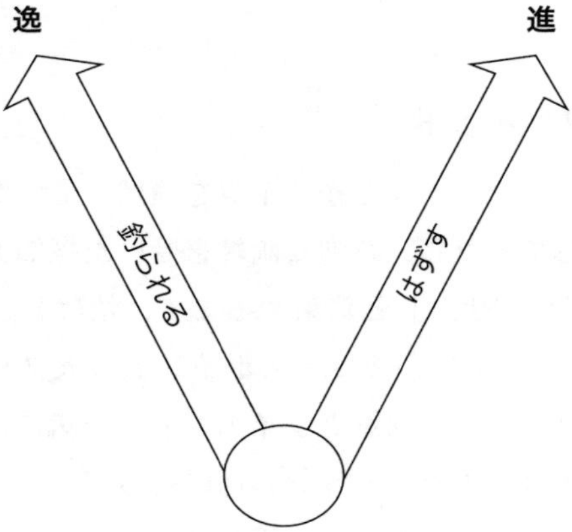

セラピスト：そして、これがすぐに、○○さんを引っかけて釣り上げてしまうんですね？

クライエント：そのとおりです！

セラピスト：では、もし私が今、○○さんのご自宅での様子を映したビデオを見ているとしたら、○○さんのどんな言動が映し出されると、「なるほど！　○○さんは今、本当にすっかりこの釣り針に引っかかっているな」と私が思うでしょうか？

クライエント：たぶん、テレビの前に座ってチョコかピザを食べていると思います。

セラピスト：なるほど。では、それは進（すすむ）ムーブでしょうか、逸（それる）ムーブでしょうか？

クライエント：えーと、それ何でしたっけ？　もう一度、説明してもらえますか？

セラピスト：もちろんです。進（すすむ）ムーブというのは、自分が望む人生を築く助けとなるような行動です。たとえば、効果的なことをするとか、生活の質を上げるようなことをするとか、自分が本当になりたい自分のように振る舞うとか。私たちのセッションがうまく進んだら始めたい行動、もっと増やしたい行動です。一方、逸ムーブというのはその反対です。たとえば、望む生き方から私たちを引き離すようなこと、行き詰まらせたり、問題を悪化させたりするようなことです。セッションがうまく進んだら、やめたい行動、減らしたい行動ということになります。

クライエント：わかりました。それなら、もちろん、逸ムーブです！

セラピスト：了解しました。では、それをここに書き入れますね（セラピストは、以下のように図に書き込む）。

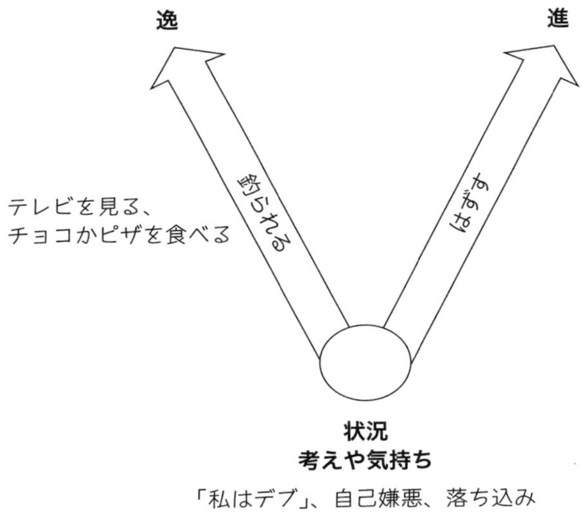

セラピスト：つまり、こういう考え（図の最下部を指す）に釣られたときは、こういうこと（逸ムーブを指す）を、しがちなんですね？

残りの会話は、元のやりとりと変わらず、自分を「はずす」スキル（つまり、ACTの4つのマインドフルネス・プロセス――アクセプタンス、脱フュージョン、柔軟な注意、文脈としての自己――のいずれかに基づくスキル）の習得へと誘う流れへつなげていきます。注目したいのは、どちらのやりとりでも、セラピストのセリフはほとんど変わっていない点です。大きく違うのは、セラピストの言葉ではなく、チョイスポイントを視覚資料として使い、このやりとりの重要なポイントはどこかをはっきりさせて、それを補強していることです。また、有効性の視点は、チョイスポイントに「内蔵されている」ことにも注目です。逸（それる）ムーブは有効でない行動、進（すすむ）ムーブは有効な行動となります。

思考や感情が問題なのではない

上記のやりとりで、セラピストが思考や感情を問題視しなかったことに気づきましたか？　ACT のスタンスでは、思考や感情それ自体が問題であるとは考えません。問題となるのは、フュージョンや回避がそうであるように、思考や感情に対して柔軟性に欠け、凝り固まったやり方で反応したときに限ります。

フュージョンや（過剰な）体験の回避の文脈であれば、思考や感情は病理的になりやすく、人生を歪ませてしまいます。しかし、柔軟に——脱フュージョン、アクセプタンス、柔軟な注意、文脈としての自己を使って——対応することができれば、つまり、その新しいマインドフルネスの文脈では、まったく同じ思考や感情もまったく違った作用を持つようになります。もちろん、その思考や感情がつらく不快であることは変わらないのですが、人生や生活の質、そして幸せを損なうようなことはありません。

セラピストはクライエントのために優しく道を敷き、「釣られる」という言葉を建設的に使って、このまったく新しい視点を発見してもらおうとするのです。

「つまり、こうした考えや気持ちに**釣られてしまったときは、XX** をやり始めてしまうんですね」

このような話し方は、後のセッションの良い土台となります。つまり、クライエントはその頃には、苦しい思考や感情を抱いたとしてもマインドフルに対応する、という経験を積み重ねているはずです。それによって、思考や感情を回避することも排除することもなく、その影響だけを弱めていくことができるのです。

フュージョンの６つの大きなカテゴリー

フュージョンは、たくさんの異なるカテゴリーに細かく分けることができます（やろうと思えばですが）……。しかし、人生は短く、私たちは他にやるべきこともあります。というわけで、あくまでシンプルにしておくために、臨床で想定しておくべき6つの主なフュージョンの対象についてまとめてみました。それは、①過去、②未来、③自己概念、④理由、⑤ルール、⑥評価判断（judgments）、です（この6つは独立したカテゴリーではなく、互いに重なり合い、つながり合っていることに、ご注意！）。

過去とのフュージョン　あらゆるタイプの過去に関する認知を指します。たとえば、

- 反すうする、後悔する、つらい記憶（失敗や傷つき、喪失の記憶など）について、くよくよ思い悩む
- 過去の出来事を責めたり、恨んだりする
- 過去を理想化する：XXX が起こるまでは私の人生は素晴らしいものだったのに……

未来とのフュージョン　あらゆるタイプの未来に関する認知を指します。たとえば、

- 心配する、破局的に考える
- 最悪の事態を予測し、絶望する
- 失敗、拒絶、傷つき、喪失などを予想する

自己概念とのフュージョン　あらゆるタイプの自己記述的あるいは自己評価的な認知を指します。たとえば、

- ネガティブな自己評価：私はダメな人間だ、愛されない、価値がない、汚い、欠陥品だ、クズ同然だ、壊れている
- ポジティブな自己評価：私は常に正しい、私はあなたよりも優れている
- 自分に対する過剰なレッテル貼り：私は境界性パーソナリティ障害だ、うつだ、アルコール依存だ

理由とのフュージョン　人間は「理由づけ」がとても上手です。「なぜ私たちは変われないか、変わろうとしないか、変わる必要なんてあるべきではないか」という理由をいくらでも思いつくことができます。そういった理由は、すべてこのカテゴリーに含まれます。「私はX（重要な行動）ができない。なぜなら……」

- 私はYだからだ（Y＝落ち込んでいる、疲れている、不安など）
- Zが起こるかもしれないからだ（Z＝失敗、拒絶、自分がバカみたいに感じるなど、良くない結果）
- 無駄だからだ、難しすぎるからだ、怖いからだ
- 私はBだからだ（B＝境界性パーソナリティ障害、恥ずかしがり屋、負け犬、あるいは他の自己概念）
- Cがすべきでないと言うからだ（C＝親、宗教、法律、文化的信条、職場など）

ルールとのフュージョン　このカテゴリーには、その人が受け入れている「自分、他人、そして世界がどうあるべきか」に関するあらゆる「ルール」が含まれます。たいていは、「すべき」「する必要がある」「しなければならない」「する義務がある」「正しい」「間違っている」「公平」「不公平」といった言葉を見つけることで、ルールを見つけることができます。そして、多くの場合「～までは…できない」「～しない限り…すべきではない」「～だから…してはいけない」「～のために…しなければいけない」「容認できない」「許すことはできない」といった具体的な条件がついてきます。いくつか例を挙げると、次のようになります。

- 私はミスをしてはならない
- 私が変わる前に、まず彼女が変わるべきだ
- こういう気持ちのときは、仕事に行けない

評価判断とのフュージョン　これはポジティブかネガティブかを問わず、あらゆるタイプの評価判断を指します。評価判断の一例を挙げると、次のようになります。

- 過去と未来
- 自己と他者
- 自分自身の思考と感情
- 自分の身体、行動、そして人生
- 世界、場所、人、物、出来事、そして、その他のありとあらゆるもの

いま紹介したフュージョンの6つのカテゴリーは、どれも互いに重なり合い、すぐに複雑な物語を生み出します。たとえば、「悪いことばかり起こってきたから（過去）、私は傷物だ（自己概念、評価判断）。だから、私はXができない（理由づけ）／絶対にYを手に入れることはできない（未来）」といった感じです。ただし、この6つがフュージョンをすべて網羅しているわけではありません。とはいえ、これらが、臨床でもっともよく目にするフュージョンのレパートリーの多くを占めていることは間違いありません。

体験の回避

ここからは、私たちが釣られてしまう、もうひとつのコアプロセスである**体験の回避**（*experiential avoidance*）を見ていきましょう。この言葉は、自分の望まない不快な「私的な体験」を回避あるいは排除したい欲求や、そうするために行うあらゆることを指します。

要注意な用語 **私的体験**とは、思考、感情、記憶、イメージ、情動、衝動、欲求、願望、感覚など、（あなたが言わない限り）他の人にはわからない体験を指す。

人間は誰しも、ある程度は体験を回避しようとする傾向があります。なぜ、そうなのでしょうか？　クライエントに理由を説明するときに使える、古典的な ACT メタファーを、以下に紹介します。

問題解決マシーン

セラピスト：人間が、これほどまでに種（しゅ）として繁栄することができたのは、マインドのおかげです。もし、そのマインドの能力を１つ挙げるとすれば、問題解決（能力）を挙げることができるでしょう。問題解決というのは、まとめると、次のようになるのではないかと思います。

問題とは、望ましくない「何か」です。そして、解決とは、その問題を回避する、あるいは排除することです。さて、物理的な世界では、問題解決はたいていとてもうまくいきます。家の外にオオカミがいたら、どうしますか？　追い払いますよね？　たとえば、石を投げる、槍でつつく、銃で撃つ、といった感じです。では、雪、雨、雹（ひょう）が降ってきたら、どうしますか？　さすがにそれを取り除くことはできませんが、洞窟に逃げ込む、シェルターを作る、カッパを着るなどします。乾き切った不毛な大地だったら、どうしますか？　水を引いたり、肥料をまいたりすれば、問題を帳消しにすることができますね。あるいは、もっとマシな場所に移動するのもいいでしょう。

このように、人間のマインドというのは、まるで問題解決マシーンのようなものなのです。しかも、高性能！　そうなると、物質的な世界では問題解決がこんなにもうまく機能しているのだから、精神的な世界、つまり私たちの考えや気持ち、記憶、感覚、衝動の世界でも、マインドが同じようなことをしようとするのは、ごく自然なことと言えそうです。しかし、残念なことに、好ましくない不快な考えや気持ちを避けたり、取り除こうとしたりしても、だいたい、その試みはうまくいきません——あるいは、うまくいったとしても、結局は新たな問題を山ほど生み出すことになり、人生がますますつらくなっていきます。

どのように体験の回避は苦悩を増大させるのか

問題解決マシーンのメタファーについては、後の章でまた触れたいと思います。今はまず、体験を回避することで、なぜ苦しみが増してしまうのかを考えてみましょう。わかりやすい例としては、依存症が挙げられます。依存症の多くは、退屈、孤独、不安、罪悪感、怒り、悲しみなど、自分の求めていない思考や感情を回避または排除しようとするところから始まります。確かに短期的に見れば、ギャンブルやドラッグ、アルコール、タバコは、こうした感情から一時的に逃げたり、それを一時的に消し去ったりする効果があります。しかし、時間が経つにつれ、ひどい苦痛や苦悩につながっていきます。

好ましくない不快な私的体験の回避や排除に、時間とエネルギーを費やせば費やすほど、長期的には心理的に苦しむ可能性が高まってしまいます。別の好例は、不安症です。不安症というのは、不安が存在するから、なるのではありません。結局のところ、不安というのは誰もが経験するノーマルな人間の感情なのです。不安症の核心にあるのは、過剰な体験の回避——つまり、不安の回避と排除を何よりも優先させてしまう生き方によるものなのです。たとえば、私が社交的な場で不安を感じる状態にあるとしましょう。その不安な気持ちを回避するために、私は人付き合いをやめます。そうなると、不安はより深刻に、より激しくなり、「対人恐怖症」にまで発展します。社交的な場を避けると、短期的な利益は確かにあります——不安な気持ちや考えをいくらか避けることができます——が、長期的に払うコストは甚大になってしまいます。私は、孤立し、人生が「狭まって」いき、その悪循環から抜け出せなくなっていくのです。

あるいは、別の方法として、私は「良い聞き手」を演じることで、社交不安を減らそうとするかもしれません。他者に対して共感的で思いやりのある態度で接することで、相手の考えや気持ち、望みについて多くの情報を手にしますが、私自身についての情報はほとんど、あるいは一切明かしません。この方法は、短期的には批判・拒絶される恐怖を軽減するかもしれません。しかし、長期的に見ると、私の人間関係は親密さやオープンさ、自分らしさを欠くことになります。

今度は、私がジアゼパム（抗不安薬）、あるいはそれに類するような気分を変調させる薬剤を服用して、不安を和らげようとしたら、どうなるでしょうか。ここでも短期的な恩恵は明らかです。薬を服用すれば、不安は和らぎます。しかし、不安を軽減しようとして、ベンゾジアゼピン、抗不安薬、マリファナ、アルコールに頼ってしまうと、①精神的な物質依存、②身体的な依存、③身体的・感情的副作用、④金銭的負担、⑤不安に対するより効果的な対処を学べない、といった長期的コストが予想されます。そして、結果的に、問題が継続したり、悪化したりすることになります。

社交不安への反応としての別の方法は、不安を感じても、歯を食いしばって人と交流すること――つまり、不安で苦しくても、それに耐えることです。ACTの視点からすると、これもまた、体験の回避と言えます。なぜか？　それは、状況を回避してはいませんが、自分の気持ちに囚われて、それが消えてくれることを必死に願っているからです。これは、トレランス（我慢）であって、アクセプタンス（受容）ではありません。

トレランスとアクセプタンスには大きな違いがあります。あなたは、愛する人と一緒にいるとき、自分のことを「我慢」してほしいですか？　すぐに消えてくれないだろうかと願われ、もう消えたかどうかを頻繁に確認されたいですか？　それとも、欠点も弱みも含めたそのままの自分をどこまでも完全に「受容」してもらい、あなたが好きなだけそばにいることを快く許してもらいたいですか？

社交不安に耐える（つまり、歯を食いしばって、我慢する）には、多大な努力とエネルギーが必要となり、人との交流に十分に意識を向けて関わるのが難しくなります。その結果、人との交流に一般的に伴う喜びや充足感の大半を味わうことができません。そして、やがて、それが将来の社交的なイベントに関する不安を増長させるのです。なぜなら「きっと楽しめない」から、あるいは「労力がかかりすぎる」からです。

悲しいことに、不安を回避することに重きを置けば置くほど、不安に対する不安はさらに膨らんでいきます。これが、あらゆる不安症の中心に見られる悪循環です（考えてみれば、不安に対する不安以外に、パニック発作の中心に何があるというのでしょう？）。実際、不快な思考や感情を回避しようとすると、多くの場合、逆説的にそれが膨らんでしまいます。たとえば、ある研究では、望まない思考の抑圧はリバウンド効果につながり、激しさの面でも、頻度の面でも、逆にその思考が増大してしまう可能性があることが示されています（Wenzlaff & Wegner, 2000）。その他の研究でも、ある気分を抑えようとすると、自己増幅ループに陥り、結果的に、その気分を強めてしまう可能性があることが報告されているのです（Feldner, Zvolensky, Eifert, & Spira, 2003；Wegner, Erber, & Zanakos, 1993）。

さらに、多くの研究によって、「体験の回避」のレベルの高さが、不安症、過剰な心配、うつ、職務遂行能力の低下、より重度な物質乱用、生活の質の低下、ハイリスクな性行動、境界性パーソナリティ障害、より重度な心的外傷後ストレス障害（posttraumatic stress disorder：PTSD）、長期的な障害、あるいはより高度な全般的な精神病理と関連することが明らかになってきています（Hayes, Masuda, Bissett, Luoma, & Guerrero, 2004）。

ここまでくると、体験の回避が「いかに高コストかつ無益であるか」をクライエントに実感してもらうことが、ほとんどのACTプロトコルにおいて主要な構成要素のひとつになっていることは、とても納得のいく話だと言えるでしょう。これは、多くの場合、体験の回避とは根本的に異なるアジェンダ――**体験のアクセプタンス**（*experiential acceptance*）――へ向かって道を敷くための重要な第一歩になります。もちろん、私たちは価値に基づき、マインドフルな生き方を促していきたいわけです。しかし、その一方で、次に示すようなことには、ならないようにしないといけません……

マインドフルネス・ファシスト

ACTにおいて、私たちは「マインドフルネス・ファシスト」ではありません。そのため、人は常に「今、この瞬間」に触れ、常に脱フュージョンし、常にアクセプタンスを実現していなければならない、などと主張したりはしません。そんなことはバカげています。体験の回避は、本質的に「悪い」ものでも、「病的な」ものでもありません。ノーマルなものです。私たちセラピストがそれを標的とするのは、過剰で、凝り固まり、不適切になっていて、豊かで有意義な生き方の邪魔をしているときだけです。

そのため、ACTのテキストで「体験の回避は、問題だ、病理的だ」と語るときは、「すべての」体験の回避について言っているわけではありません。過剰で凝り固まった、不適切な体験の回避について言っているのです。言い換えるなら、すべては有効性の問題です。ときどきアスピリンを飲んで頭痛を取り除こうとすることがあります。それは、体験の回避ですが、有効です——つまり、長期的に、生活の質を上げる行動なのです。

主に緊張やストレスを取り除く目的で、夜にグラス一杯の赤ワインを飲むとしたら、これも、体験の回避になります——しかし、特定の疾患でもない限り、そのようにワインを飲むことは、有害でも、依存的でもなく、人生を歪めてしまうこともないでしょう。ただし、毎晩赤ワインのボトルを2本空けているとしたら、それはまったく話が変わってきます。

「アクセプタンス vs. アボイダンス（回避）」についての最重要ポイント

ACTでは、**あらゆる**思考や感情について、**あらゆる**状況下で、アクセプタンスを行うようにと主張しているわけではありません。それこそ、凝り固まった考えですし、まったく必要がありません。ACTが、体験のアクセプタンスを推奨する場合は、次の2つのような状況です。

1. 思考や感情の回避が制限されているか、不可能である場合
2. 思考や感情の回避が可能ではあるが、そのやり方では長期的には人生を悪くさせる場合

体験の回避が可能で、それが価値に基づく生き方を助けてくれるなら、そうすればよいのです。**このポイントは、どうか覚えておいてください！** ACT初学者は「体験の回避は悪いものだ」とか「体験の回避は、価値に基づく生き方の対極にあるものだ」と思いがちです。しかし、そうではないのです！

フュージョンは、どのように体験の回避を引き起こすのか

体験の回避が過剰になってしまう主な原因は、2つの思考カテゴリーとのフュージョンです。そのカテゴリーとは「**評価判断**」と「**ルール**」です。私たちのマインドは、厄介な思考や感情を「悪いもの」と評価判断し、「それを排除しなければならない！」というルールを作り上げます。これは、ほぼ意識的な思考が追いつけない速さで生じます。つまり、厄介な思考や感情が浮かんだ瞬間にはもう、それを避けるか、取り除こうとし始めているのです(そのため、過剰な体験の回避とは「こういう思考や感情は悪いもので、排除しなくてはならない」というルールとのフュージョンであると捉えることもできます)。

まとめるなら、フュージョンはACTにおける包括的な病理プロセスであり、体験の回避とはフュージョンが引き起こすたくさんの問題のうちの1つなのです。もし、ケースフォーミュレーションを行う機会があり、「これはフュージョンなのか、それとも回避なのか？」と迷ったら、答えはたいてい、「両方！」となります。たとえば、あるクライエントが飲酒するのは、不安を回避したいこと（体験の回避)、そして「私にはビールが必要」という考えとのフュージョン、その両方に動機づけられている可能性があります。

こうしたプロセス同士の重なり合いこそ、私が「釣られる」という言葉を使ってフュージョンと回避の両方を指す理由なのです。この点をさらに具体

化するために、私はよく、2つのちょっと違った釣られ方、つまり「自動モード」と「回避モード」の話をします。

自動モード（*automatic mode*）とは、フュージョンが起こって、思考や感情に自動的に従うようになっている状態です。つまり、認知が「やれ」と言ったことを何でもする状態です。怒っている認知とフュージョンすれば、攻撃的になります。不安な認知とフュージョンすれば、びくびくします。衝動や渇望に関する認知とフュージョンすれば、ドラッグでも、タバコでも、過食でも、その他何でも、突き動かされるままに行動します。

回避モード（*avoidance mode*）とは、フュージョンが起こって、不快な思考や感情を排除するためなら、できることは何でもするようになっている状態です。このモードでは、そうした厄介な内的体験を避けたり、取り除いたりする試みが行動を支配します。つまり、言い換えると「体験の回避」です。

思考や感情に釣られてしまったときは、自動モードになるかもしれませんし、回避モードになるかもしれません。あるいは、よく見られるように、一度に両方のモードになるかもしれません。

心理的硬直性：６つのコア病理プロセス

ACT の中核的な病理プロセスは、次ページの図が示すように、フュージョン、体験の回避、非柔軟な注意、価値からの乖離、有効でない行動、自己概念とのフュージョンの6つです。これらのプロセスのいずれか、あるいはすべてが、心理的硬直性を引き起こさせることがあります。この6つは、心理的柔軟性という中核的なセラピープロセスの「裏側」と考えることもできます。ここでは、うつ病のクライエントの例を挙げながら、各プロセスを解説していきます。

フュージョン

もちろん、フュージョンとは、人の思考が、その人の物理的な行動や意識

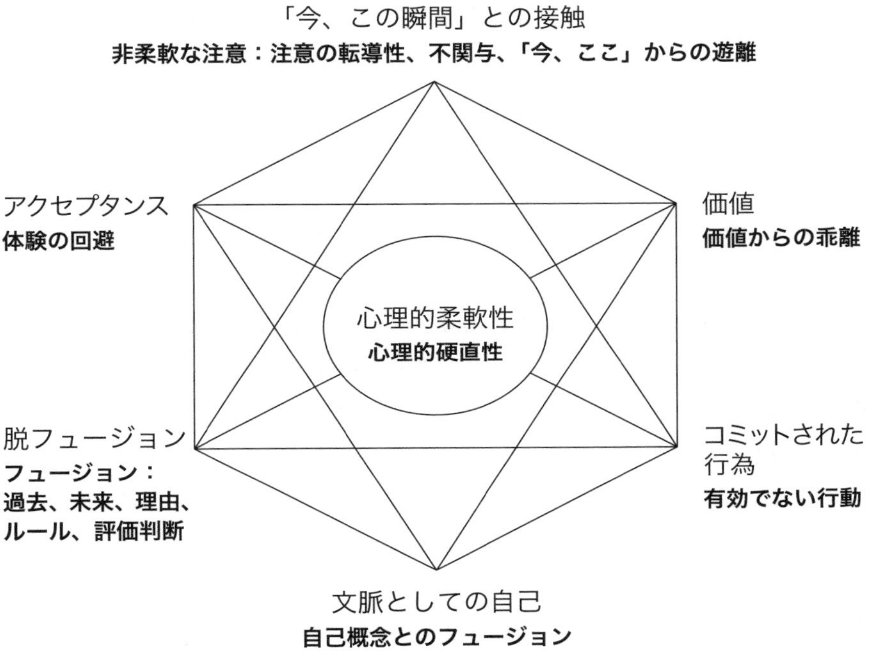

精神病理の ACT モデルの一例

を過度に支配して、問題を引き起こしてしまう状態です。たとえば、うつ病のクライエントであれば、「私はダメな人間だ」「私には、この程度がお似合いなんだ」「変わるなんて、無理」「私は、ずっとこうだ」「私の人生は最悪だ」「疲れ切って、何もできない」といった、決して助けにはならない思考とフュージョンしている可能性があります。また、拒絶、落胆、失敗、虐待といったつらい記憶とフュージョンしていることも多くあります（ある記憶との極端すぎる――それが現実であるかのように感じられ、今ここで起こっているように思えてしまうくらいの――フュージョンは、一般的には「フラッシュバック」と呼ばれます）。うつ病でよく見られるフュージョンの現れ方には、心配する、同じことを何度も思い悩む、「なぜ自分は、こうなのか」といった理由を探そうとする、常に否定的なことを考え続ける（「このパーティーは最悪だ。家で寝ていたほうがましだ。ここにいることに何の意味があるんだろう？　自分以外はみんな楽しんでいる。誰も自分を歓迎していない」）などがあります。

体験の回避

体験の回避――自分の望まない私的体験（思考、感情、記憶など）を常に回避、排除しようとする状態、あるいは常にそこから逃避しようとする状態――は、アクセプタンスの対極にあります。うつ病のクライエントは一般的に、不安や悲しみ、怒り、倦怠（けんたい）感、罪悪感、孤独感、無気力といったつらい感情や気持ちを回避、排除しようと、非常に努力をしています。例として、よく見られる社会的引きこもりについて考えてみましょう。あなたのクライエントは、親友の誕生日パーティーに参加する予定でしたが、当日が近づくにつれ、「私は全然おもしろくない人間だ」「お荷物だ」「きっと誰とも話せない」「きっと楽しめない」「疲れすぎている」「面倒くさい」といった思考とフュージョンし、さらに、最近うまくいかなかった社交イベントのつらい記憶ともフュージョンしています。このようなフュージョンによって、不安な感情が生じ、パーティーの時刻が近づくにつれて、それはさらに強くなり、とうとう恐怖に飲み込まれてしまいます。その結果、友達に「調子が悪いから、パーティーには行けない」と電話しました。そうすることで、一瞬で安堵感に包まれ、先ほどまでの苦しい思考や感情は和らぎます。もちろん、その安堵感は長くは続きません。クライエントはすぐに自己嫌悪とフュージョンすることになります。「私は、なんてみじめな負け犬なんだろう！　親友のパーティーにすら行くことができない」。しかし、一瞬だけ訪れる安堵感――恐怖からの束（つか）の間の逃避――は非常に強力で強化的で、今後、社会的引きこもりの可能性を高めてしまうことになります。

フュージョンと回避は、手に手をとって連携します。クライエントは、あらゆるつらい認知（思い悩み、心配、自己批判、失敗や落胆の記憶など）とフュージョンし、同時にそれを（ドラッグ、アルコール、タバコ、テレビ、過剰睡眠などを使って）回避、排除しようとするのです。

非柔軟な注意

「今、この瞬間」との接触、あるいは柔軟な注意とは、自分の内的・外的両方の世界と意識的に完全に接触できること、そしてそのとき何が一番役に立つかに応じて、フォーカスを狭めたり、広げたり、移動したり、維持したりすることができることを意味します。その反対である、**非柔軟な注意**（*inflexible attention*）とは、それがさまざまな形に欠けてしまうことです。とくに、「3つのD」、つまり①注意の転導性（**d**istractibility）、②不関与（**d**isengagement）、③「今、ここ」からの遊離（**d**isconnection）の3つが代表的です。

1. 注意の転導性

注意の転導性（*distractibility*）とは、目の前の課題や活動に注意を向けておくのが難しい状態を指します。別の無関係な刺激へと、注意が簡単に移ってしまうのです。課題や活動の最中に気が逸れれば逸れるほど、パフォーマンスの質は低下し、満足のいかない結果になってしまうでしょう。

2. 不関与

不関与（*disengagement*）とは、さまざまな形で、自分の体験に対する意識的な関心や関与を失うことを指します。形だけ参加するふりをしたり、物事をマインドレスに／自動操縦モードで／つまらないと思いながら／興味を失った状態で／心ここにあらずの状態で行ったりするでしょう。

3. 「今、ここ」からの遊離

「今、ここ」からの遊離（*disconnection*）とは、自分の思考や感情との意識的な接触を欠いた状態を指す言葉です（私特有の使い方ですが）。自分が何を考え、どのように感じているのかに気づくことができません。それによって、自己認識が不足してしまいます。そのような状態では、自分の行動を適応的な方向に変えるのはかなり難しくなります。また、このような状態では、情動調整の不全が起こりやすくなり、衝動的行動／リアクティブな行動／マインドレスな行動をとりやすくなるでしょう。

価値からの乖離

私たちの行動は、フュージョンと体験の回避に突き動かされる度合いが増すと、たいてい、価値を見失うか、放棄するか、忘れてしまいます。自分にとっての価値をはっきり認識できていなければ、あるいは価値と接触することができていなければ、価値を行動の効果的なガイドとして使うことはできません。たとえば、うつ病のクライエントは、他者のケア、つながり、貢献、生産的で役に立つこと、セルフケア、遊び心、親密さ、頼もしさといったことに関する価値との結びつきを失いやすいものです。

ACT の目的は、行動が（フュージョンや体験の回避ではなく）価値からますます影響を受けるようにすることです。以下の 3 つの条件で、仕事に行くとすると、それぞれどんな違いがあるか考えてみましょう。

- たとえば「この仕事をしなければならない。私には、それしかできないのだから」のような信念とのフュージョンによって動機づけられている場合
- 「負け犬の気分」になるのを避けるために、あるいは家庭での不和から逃げるために、体験の回避によって動機づけられている場合
- たとえば、他者のケア、つながり、貢献といった価値によって動機づけられている場合

活力や意義、目的という感覚をもっとも強く与えてくれるのは、どのタイプの動機づけでしょうか？

有効でない行動

「有効でない行動（unworkable action）」（あるいは「逸(それる)ムーブ」）とは、

マインドフルで価値に基づく生き方から私たちを引き離す行動パターンを指します。ここには、衝動的／反射的／自動的な行動（＝マインドフルな／よく考えられた／目的意識のある行動の反対）や、効果的な行動が求められる状況なのに、そのような行動をしない／先延ばしにする、といったことが含まれます。うつ病における（そして、他の多くの障害における）有効でない行動の例としてよく見られるのは、ドラッグやアルコールを過剰に使う、社会的に引きこもる、これまで楽しんでいた活動をやめる、過剰に寝る／テレビを見る／ゲームをする、自殺未遂をする、といったことです。

自己概念とのフュージョン

私たちのすべてが、「自分が何者であるか」という物語を持っています。その物語は、複雑で重層的です。そこには客観的事実（たとえば名前、年齢、性別、配偶関係、職業）や、自分が担う役割に関する描写と評価、長所と短所、好き嫌い、夢、希望、憧れについて書かれています。この物語を軽く持っているような状態でいられれば、自分が誰であるか、何を人生に求めるかを明確にする際に役立ちます。

しかし、自己概念とフュージョンすると、こうした自己描写的な思考が自分の本質そのものであるかのように思えてきます。そして、一歩下がって距離を置き、「これは複雑な認知的構造物にすぎないのだ」「言葉とイメージが豊かに織り込まれたタペストリーだ」と捉える力を失ってしまいます（多くの ACT のテキストでは、「文脈としての自己」というちょっとわかりくい用語を使って、このようなフュージョンについて述べています）。

うつ病のクライエントは、「私はダメな人間だ／価値がない／救いようがない／愛されない」といった、非常にネガティブな自己概念とフュージョンすることが多いものです。しかし、そこに「ポジティブな」要素が入っていることもあります――たとえば、「私は強い人間だ。だから、このように反応していてはいけない」「私は良い人間だ。なのに、なぜこんなことが私に起こるのだろう？」といったものです。

ACT は誰に向いているか

セラピストからよく、「ACT はどんな人に適していますか？」と聞かれます。私は、その質問に対して「どんな人が ACT に適していないと思いますか？」と返します。心理的に「今、ここ」に存在しやすくなり、自分の価値とつながりやすくなり、人生の避けられない痛みを置いておくスペースを作りやすくなり、助けにならない思考や信念、記憶から脱フュージョンしやすくなり、感情的な不快感に直面したときにも有効な行動をとりやすくなり、そのときにしていることに集中しやすくなり、どんな気持ちでいようと、人生の一瞬一瞬を味わいやすくなるとしたら、そこから恩恵を受けない人間がいるでしょうか？　心理的柔軟性を養えば、いま挙げたすべてを、そしてそれ以上の利益を得ることができます。つまり、ACT はほとんど誰にでも向いていると言えるでしょう。

もちろん、重度の自閉症や後天的な脳損傷、その他の障害など、言語使用能力に大きな問題がある場合は、ACT の効果は限定されるかもしれません。しかし RFT（関係フレーム理論）には、そうした人たちにも役立つさまざまな使い方があります。

ACT 自体について言うと、これまでかなり研究され、不安、うつ、強迫症、対人恐怖症、全般不安症、統合失調症、境界性パーソナリティ障害、職場でのストレス、慢性疼痛、薬物使用、がんへの心理的適応、てんかん、体重管理、禁煙、糖尿病の自己管理など、幅広い問題に効果があることが示されています（Bach & Hayes, 2002；Bond & Bunce, 2000；Branstetter, Wilson, Hildebrandt, & Mutch, 2004；Brown et al., 2008；Dahl, Wilson, & Nilsson, 2004；Dalrymple & Herbert, 2007；Gaudiano & Herbert, 2006；Gifford et al., 2004；Gratz & Gunderson, 2006；Gregg, Callaghan, Hayes, & Glenn-Lawson, 2007；Hayes, Bissett, et al., 2004；Hayes, Masuda, et al., 2004；Lundgren, Dahl, Yardi, & Melin, 2008；Ossman, Wilson, Storaasli, & McNeill, 2006；Tapper et al., 2009；Twohig, Hayes, & Masuda, 2006；Zettle, 2003）。

Extra Bits（おまけ）

ACT Made Simple : The Extra Bits（http://www.actmindfully.com.au の「Free Stuff」ページからダウンロードできる）の第２章に、Six Core Pathological Processes（「6つのコア病理プロセス」）ワークシートを用意した。これは、以下の「スキルアップのために」セクションでも使うことができる。（英語）

スキルアップのために

ACTモデルの視点から考えられるようになるために、ケースフォーミュレーションのエクササイズをしてみましょう。

- クライエントを１人選んで、本章で紹介した６つのコア病理プロセスの例を考えてみよう。どの例も互いに重なる部分があることに気づくはずだ。その際、Extra Bitsにあるワークシートも利用しよう。
- もし、いずれかの項目で行き詰まっても、不安に思わず次の項目へ進もう。いつも覚えておいてほしいのは、６つのプロセスには重複が多いということ。そのため、たとえば「これはフュージョンだろうか？　それとも回避だろうか？」と悩んだら、おそらく両方当てはまる。両方の項目にその内容を書き込もう。このエクササイズは純粋に、あなたに最初の一歩を踏み出してもらうためのものである。後の章ではケースフォーミュレーションについてもっと詳しく見ていく。今はとにかくやってみて、どんな感じになるか様子を見よう。
- さらに良いのは、このエクササイズを２、３人のクライエントについてやってみることだ。何でもそうだと思うが、練習するほどやりやすくなっていく。
- さらに輪をかけて良いのは……人間の精神病理に対するこのアプローチを本当に理解したいと思ったら、DSM-5（*Diagnostic and Statistical Manual of Mental Disorders, 5th ed.*; American Psychiatric Association,

2013）から２つ、３つ障害を選び、各障害で起こっているフュージョン、回避、有効でない行動を考えみよう。その障害を持つ人は、（過去、未来、自己概念、理由、ルール、評価判断という点で考えると）どんな認知内容とフュージョンしているだろう？　どんな感情、衝動、感覚、思考、記憶を抱くことを嫌がっている／積極的に回避しているだろう？　一般的には、どんな有効でない行動をとるだろう？　どんな中核的な価値との結びつきを失っているだろう？　注意の転導性、不関与、「今、ここ」からの遊離は、それぞれどんな形でよく見られるだろう？

- 最後になったが、これも重要なのは、このエクササイズを自分自身についてやってみることだ。ACT を学びたいなら、最良の練習相手は自分自身である。だから少し時間をとって、真剣にやってみてほしい。自分自身のフュージョン、回避、非柔軟な注意、価値からの乖離、有効でない行動が起こっている分野を見つけ出そう（ここでの発見に自分でも驚くかもしれない）。何が素晴らしいかというと、自分自身の問題に ACT を活用すればするほど、クライエントに対して使うのもうまくなることだ。そして自分の生活で ACT がうまく機能しているのを目の当たりにすれば、ACT に対する自信が生まれるだけでなく、セラピールームにおける真正性の感覚にもつながるだろう。

第２章のまとめ

ACT モデルは、有効性という中核的概念――「あなたのやっていることは、自分の人生をより豊かで有意義なものにするのに役立つだろうか？」――に、その基盤を置きます。ACT において、広く影響力のある病理プロセスは、認知的フュージョンです。それには、６つの大きなカテゴリーがあります。それは、過去、未来、自己概念、理由、ルール、評価判断です。フュージョンは、多くの問題を引き起こす可能性があり、もっともよく見られる問題のひとつが体験の回避です。そのため、「釣られる」という言葉を使うときは、フュージョンと体験の回避の両方を指します。

認知的フュージョン、体験の回避、非柔軟な注意、価値からの乖離、有効でない行動、自己概念とのフュージョンという6つの中核的な病理プロセスは、あらゆる人間にある程度は起こっているものです。だからこそ、ACTは、自らを人間の条件のためのモデルであると捉えているのです。

第3章

「マインドフルネス」とややこしき用語たち

ACTとマインドフルネス

ACTは、これまで、実存主義的で、ヒューマニスティックで、トランスパーソナルな、クライエント中心の、マインドフルネスに基づいた認知行動療法である、と表現されてきました。これは、フェアな表現だと思います。というのも、ACTのコアプロセスのほとんどは、他の多くのセラピーモデルにも（少なくともある程度は）見つかるものだからです。しかし、ACTと他のマインドフルネスに基づくアプローチとの間には大きな違いがあります。それでは、しばしの間、その違いについて検討していきましょう……。

「マインドフルネス」はどこからきたのか

マインドフルネス（*mindfulness*）というのは非常に古い概念で、古代から続くさまざまな精神的・宗教的伝統に、それを見つけることができます。仏教、道教、ヒンドゥー教、ユダヤ教、イスラム教、キリスト教、さらに太極拳やカンフー、合気道のような武術にもマインドフルネスという概念は存在します。多くの本や論文が、マインドフルネスは仏教に由来するものと書いています。しかし、それは正確なものではありません。仏教の歴史は2600年ですが、マインドフルネスという実践の歴史は少なくとも4000年前、ヨガ、道教、ユダヤ教の伝統まで遡（さかのぼ）ることができます（実際に、仏教の経典には、ブッダはマインドフルネスのスキルをあるヨガ行者から学んだとはっきり書いてあります）。とはいったものの、西洋のマインドフルネスに基づくアプローチの大半が仏教を基礎とする、あるいは由来とする、あるいはそこから大量のアイデアを借用していることは疑いようがありません。ただし、ACT は、明らかに、そうではありません。例外なのです。

結局、マインドフルネスとは何なのか

マインドフルネスに関する本を何冊か読んでみると、その定義は実にさまざまであることがわかるでしょう。誰もが同意するような包括的定義というものは存在していません。しかし、そのさまざまな定義を集めてみると、以下のような内容に集約できるでしょう。

「マインドフルネスとは、効果的な生き方をするための心理的スキルのセットであり、そこには、オープンさ、好奇心、優しさ、柔軟性をもって注意を向けることが関係している」

このシンプルな定義は、5つの重要な事柄を私たちに教えてくれます。

- まず、マインドフルネスとは、多様なスキルのセットを指す。そこにはつらい感情を受け入れることから楽しい体験を満喫することまで含まれるし、自分の思考を優しく観察することから圧倒されるような感情が出ていても自分をグラウンディングさせることまで含まれる（第1章を読んでいただければわかるように、ACT では「マインドフルネス」という用語は、脱フュージョン、アクセプタンス、「今、この瞬間」との接触、文脈としての自己という4つのプロセスのあらゆる組み合わせを指し、こうしたプロセスを促し強化するために使われる、あらゆるスキルや方法、実践、ツール、テクニックも指す）。
- 次に、マインドフルネスとは、注意のプロセスであり、思考のプロセスではない。そこには、自分の体験に注意を向けることが関係している。これと対照的なのが、思考に「囚われる」ことである。
- 3つ目に、マインドフルネスには特定の態度が関係する。それは**オープンさ**（*openness*）と**好奇心**（*curiosity*）である。たとえその瞬間の体験が苦しく、つらく、不快なものであっても、逃げたり戦ったりする代

わりに、その体験に対してオープンであり、好奇心を持つことはできる。

- 4つ目に、マインドフルネスには、注意の**柔軟性**（*flexibility*）が関係する。注意の柔軟性とは、フォーカスを意識的に広げたり、狭めたり、維持したり、あるいは移行したりすることで、必要に応じて「今、ここ」の体験の異なる側面に意識を向ける力である。
- 5つ目に、マインドフルな注意には、優しさという性質が含まれる。それは科学者がネズミの解剖をするときのような、冷たく客観的で超然とした注意ではない。愛情深い養育者が子どもに向ける、温かく思いやる心を含んだ注意である。

マインドフルネスは、「目を覚まし」、自分自身とつながり、人生の一瞬一瞬の充実感を味わうために使うことができます。自己知識を向上させるために――つまり、自分がどのように感じ、考え、反応するのかをよりよく知るために――使うことができます。自身を含め、自分が大切に思う人たちと深く親密につながるために使うことができるのです。そして、意識的に自分の行動に影響を与え、自分の生きるこの世界に対する反応の幅を広げるために使うことができます。マインドフルネスとは、意識的に生きるという技術（アート）――心理的レジリエンスを高め、人生の満足度を高める奥深い方法――なのです。

もちろん、マインドフルネスがACTのすべてではありません。マインドフルネスもまた、価値に基づいた生き方――中核的な価値に導かれ、それに沿った行動を継続的にとることに関するもの――なのです。実際のところ、私たちがACTにおいて、マインドフルネス・スキルを教える一番の目的は、価値に沿った生き方を助けるためです。

基本的なマインドフルネスの教示：「Xに気づく」

10秒でできるACTのテクニックから、10日間の黙想イベントまで、どんなマインドフルネス・エクササイズにも見られる、基本的な教示があります。それは、「Xに気づく」というものです。

「気づく」の言い換えとしては、「観察する」「注意を向ける」「集中する」「自覚する」「意識を向ける」などが一般的です。気づく対象となる「X」は、自分の思考や感情、感覚／衝動／記憶、身体の姿勢、行動、あるいは見る／聞く／触る／味わう／嗅ぐことのできる何かで、その瞬間そこにあるものなら何でも対象にすることができます。それは、窓からの景色かもしれませんし、愛する人の顔の表情かもしれません。熱いシャワーの感覚、ひとかけのチョコレートの味、靴ひもを結ぶ動作、呼吸をするときの肺の動き、今いる部屋で聞こえる音かもしれません。

私たちはときに、意識の焦点を広げたいと感じます。たとえば、田舎道を歩いていたら、その景色も音も匂いもすべて取り込みたいと思うかもしれません。また、ときには注意を狭めようとします。たとえば、どしゃぶりの雨の中を運転していたら、同乗者とおしゃべりをせず、景色を見ようと周囲を見渡しもせず、とにかく道路だけに集中するでしょう。同じように、私たちはときに、意識を思考や感情、感覚といった内なる世界へ向けるし、また別のときは周囲に広がる外の世界へ向けます。そして、たいていは、両方の世界へ同時に意識を向けている――状況が求めるのに合わせて、ある対象から別の対象へと自由に注意を移動させます。このような状態の便利な表現が**柔軟な注意**（*flexible attention*）というものです。

「X に気づく」という教示は、ACT 全体を見渡しても他に並ぶもののない、もっとも柔軟なテクニックであることは間違いありません。この本を読み進めると、このテクニックをどのように使うと各コアプロセスを促進、強化することができるのかが見えてくることでしょう。

マインドフルネスは瞑想ではない

あるとき、一人の心理士が、私に話しかけてきました。彼は、新しいクライエントとの最初のセッションを終えたところでした。そのセッションの早い段階で、彼は「これから、セラピーに『マインドフルネス』を使いたいのです」とクライエントに伝えたとのことでした。すると、クライエントは顔をしかめ、イライラした声で「マインドフルネスが何か知ってるよ、先生。せいぜい、マインドフルなレーズンを自分の尻にでも突っ込んでろ！」と言ったそうです。似たような否定的反応がクライエントから返ってきた経験はあるでしょうか？　マインドフルネスは、少なくともある界隈（かいわい）では、非常に評判が悪いようです。

問題の一部は、多くの人――クライエントもセラピストもそこに含まれます――が「瞑想」と「マインドフルネス」という言葉を混同してしまっていることです。この際ですから、はっきりさせておきましょう。この2つは「別物」です。まず、マインドフルネスという言葉は、必ずしもフォーマルな瞑想実践（たとえば自分の呼吸の観察やボディスキャン）を指すわけではありません。瞑想を指すことも確かにありますが、同時に、きちんとした瞑想とは言えない、あるいはそこからかけ離れた幅広いスキルやツール、実践をも指します。

また、一口に瞑想と言っても、多様なスタイルや実践方法が存在します。そのなかには、フォーマルなマインドフルネス瞑想とは大きく異なるものも含まれています。たとえば、いくつかのタイプの瞑想では「マインドのすべての思考を取り払う」ことを目的としています。これは、マインドフルネス瞑想の対極にあると言えます。マインドフルネス瞑想では、「マインドがきれいに晴れる」ことはまったく期待せず、次々に現れるたくさんの思考に対して心を開いてオープンになり、好奇心を持ちます（この区別については、後で補足します）。

ACTプロトコルのなかには、フォーマルなマインドフルネス瞑想が重要な役割を果たしているものもあります。たとえば、アイファートとフォーサイスが書いた『不安障害のためのACT』（*Acceptance and Commitment Therapy for Anxiety Disorders*; Eifert & Forsyth, 2005）が、そうです。そのプロトコルの後半では、クライエントは、1日最大40分（1回20分を2回）の瞑想を行います。しかし、これはACTでは、珍しいもの（外れ値）になります。ほとんどのプロトコルは、そこまでフォーマルな瞑想を重視することはなく、代わりに、もっとラフな、短いマインドフルネスのスキルに焦点が当てられています。そうしたスキルは、いつでも、どこでも、どんな活動をしていても、簡単に毎日の生活に組み入れることが可能だからです。

なぜACTプロトコルは、そのような傾向なのか？　その答えはいたってシンプルです。実用的だからです。たとえば、できるだけ多くの人に運動をしてほしいと思ったら、「毎日ジムで40分運動しなさい！」とは言わないでしょう。もし、そのようなホームワークを出したら、抵抗感を抱く人も、途中で脱落する人も、たくさん出てくるはずです。実際には、「エレベーターではなく、階段を使ってみましょう」「スーパーから一区画離れた場所に車を止めてみましょう」「昼休みに10分散歩しましょう」といった提案をするでしょう。ACTのマインドフルネス・スキル習得に対するアプローチも、これに似ています。毎日の生活に取り入れてもらえるように、なるべくシンプルに、そしてやる気を起こしてもらえるように、なるべく簡単に、ということを心がけているのです。

「マインドフルネス」は怪しげな言葉になりつつある

私が、最初の本となる『幸福になりたいなら幸福になろうとしてはいけない』（*The Happiness Trap*）を2006年に出版したときは、「マインドフルネス」という言葉はまだほとんど知られていませんでした。そのため、その本でも、途中までマインドフルネスの話題に触れませんでした。それから10年以上も経った今、たいていの人がその言葉を知っています。しかし、残念なことに、今では、その言葉は多様なニュアンスを持つものになってしまったため、使わないほうがよいことも多くなってきました。すでに述べたように、マインドフルネスを仏教や瞑想とごっちゃにしている人が多くいます。他にも、マインドフルネスを、ポジティブ思考、リラクセーション、気分転換と混同している人もいますし、望まない思考や感情を取り除く手段だと思っている人もいます。ここまで見てきたとおり、実のところ、マインドフルネスという言葉は、そのどれを指すものでもありません（少なくとも、ACTでの使い方では）。そのため、この本では、「（釣られている自分を）はずす」「意識を向けて関与する」「碇を下ろす」「課題に注意を集中する」「広げる（エクスパンション）」といった別の表現を使うことを繰り返し推奨していきます。また、そのとき、具体的にどのようなスキルを教えているのかをクライエントに明確に伝えます（つまり、曖昧に「マインドフルネス」とは呼びません）、そして、そのスキルがクライエントの問題にどのように役立つ可能性があるのかも明確に伝えます。この2点については、この本を通じて推奨していきます。

たとえば、クライエントが厄介な思考や心配、思い悩みに釣られていたら、「そこから、自分をはずす」手伝いをしたいという言い方、または「自分をはずすスキル」を学んでいくという言い方ができるでしょう。あるいは、厄介な感情を置いておくスペースを作ることがクライエントの価値に基づく生き方やゴールの追求を促進すると思ったら、その感情に対して「周囲を広げる」とか「オープンになってスペースを作る」という言い方をし、そこから「広げる（エクスパンション）スキル」や「オープンになるスキル」について話していくことができるでしょう。そして、クライエントが重要なタスクに集中できていなかったり、しっかり意識を向けて人生を生きていなかったり、あるいは子どもと共に「今、この瞬間」とつながることに難しさを感じていたりするならば、その人が「集中する」「集中し直す」「意識を向けて関与する」「注意を鍛える」あるいは「『今、ここ』に存在する」ことを促せばよいわけです。つまり、基本的に「マインドフルネス」という表現では、言葉として、あまりに抽象的、あまりに頭でっかち、あまりにジェネリックで（一般的すぎて）、クライエントの問題とあまりにかけ離れてしまうかもしれないのです。

ひとつ気をつけなければいけないのは、「マインドフルネスの実践」と「マインドフルネス瞑想の実践」の間には、とてつもなく大きな差がある、ということです。繰り返しになりますが、この2つは「別物」です。日々の生活において、瞑想はせずに、マインドフルネスの実践をする方法は、星の数ほどあります。シンプルな事実として、仮に瞑想を取り入れたとしても、ほとんどのクライエントは「どハマりする」ことはありません。多くの人は、瞑想と聞いただけで、やる気をなくしてしまうでしょう。もし、あなたがマインドフルネス瞑想のプログラムを運営していて、それを求めて人が集まっているのであれば、それは素晴らしいことです。しかし、セラピーの文脈では、「瞑想」をプッシュしようとして、結果的に押し売りになってしまうケースが多いのです。

結論を言うと、私たちは、ACTがカバーする4つの具体的なマインドフルネス・スキル――脱フュージョン、アクセプタンス、「今、この瞬間」との接触、文脈としての自己――のそれぞれを、クライエントが抱える具体的な問題、そしてセラピーにおけるゴールと結びつける必要があります。そして、クライエントが、そのつながりを頭で理解するだけでなく、セッション中にマインドフルネス・スキルの恩恵を実際に体験できるよう工夫する必要があるのです。

しかし、もしクライエントに対して「マインドフルネス」という言葉を使ってしまい、それによって否定的な反応が引き出されてしまったら、そのときは十分な敬意を払いながら、クライエントの反応について探ってみるのもよいかもしれません。クライエントは、マインドフルネスを宗教的なものと考えているのでしょうか？　過去に、どのようなマインドフルネス実践に挑戦してみたのでしょうか？　どのようなことが起こると期待して、実際にどんなことが起きたのでしょうか？

こうした問いで探っていくと、クライエントは多くの場合、瞑想的ではない、柔軟で実用的なマインドフルネス・アプローチ、つまりACTが提示するようなアプローチを経験していないことがわかります。その代わりに、経験してきたのは、だいたいがフォーマルなマインドフルネス瞑想なのです。そして、実際のところ、フォーマルな瞑想というのは、多くの人にとって、難しく退屈です。実際の場面では、次のようにクライエントに伝えて、安心してもらいましょう。たとえば、「このACTモデルにおけるマインドフルネスは、そういうものとはだいぶ違っています。ですが、○○さん［クライエント名］にとって、マインドフルネスという言葉はあまり良い印象がないようですね。それなら、それを使わないことにしましょう。ここでは、考えや気持ちの『釣り針』から、自分をはずすスキルについて話をしていきましょう」といったような感じです。

付け加えると、マインドフルネスが、どのように日々の生活に役立つかについて、なかなか理解しないクライエントもたくさんいます。よくあるのは、リラクセーション・テクニックのように誤解して、不安、それ以外の不快な感情を取り除いてくれることを期待し、実際にはそうならないことで、ガッカリするパターンです。そういう場合は、ACTにおけるマインドフルネスの目的について、少し心理教育を行う必要があるでしょう。

第３章のまとめ

「マインドフルネス」は、ACT における「ややこしい言葉」のひとつにすぎません。ほかにも、「価値」「コミットメント」「アクセプタンス」「セルフ・コンパッション」など、ややこしい言葉がたくさんあります。こうした言葉には、たくさんの否定的なニュアンスがつきまとうため、使っても大丈夫なクライエントもいますし、使うと否定的な反応が返ってくるクライエントもいます。そのため、この本でこうした話題に触れるときは、他にも代わりに使える表現をいろいろ用意してあります。そして、ゆめゆめ忘るることなかれ！　第１章でお伝えしたとおり（これからも繰り返しますが)、ACT のあらゆる内容は、あなた自身のスタイルやクライエントに合わせて、変更・修正して適用してください。もし、用語、メタファー、ツール、テクニックが、自分のクライエントにうまく受け入れてもらえない気がしたら、それを変更・修正して適用していってください。例として示されたスクリプトに固執する必要はありません。創造的に、そして即興的に使ってください。

さて、ややこしい言葉については、もう十分ですね！　それでは、次は、何の話題かと言うと……

第4章

ちょっとマニアックな話を…

お願い：この章を飛ばさないで！

この章は、他の章と違って、少々マニアックな内容になっています。実際、この章に出てくる専門用語は、この章の後に出てくる専門用語をすべて足した数よりも多いかもしれません。もちろん、マニアックな内容がお好きなら、楽しんで読んでください。しかし、もしマニアックな内容がお好みでなかったとしても、この章を飛ばさないでほしいのです。どうにかして粘って読んでもらいたい大事な理由は、3つあります。①この章は、あなたのACTの理解を価値ある方向に深め、あなたをより優れたACTセラピストにしてくれるだろうから、②この後の章では、この第4章で紹介する概念に何度となく触れることになるため、飛ばしてしまうと、いったい何のことを言っているのかと悩むことになるから、③この章を最後まで読み切ることができれば、この本の残りの内容がかなりシンプルに感じられるようになっているからです。読む気になってもらえましたか？（そう、なってもらえましたか！　素晴らしい）。それでは、最初のミッションは、機能的文脈主義を理解することです。

機能的なんとか？？!!

機能的文脈主義（*functional contextualism*）。なんとも言いにくい言葉ですよね？　機能的文脈主義は、ACTモデルを支える科学哲学です。こういう名前になったのは、さまざまな「文脈」のなかで、行動がどのように「機能」するかを検討していこうとするからです。「機能」という言葉は、ほとんどのACTのテキストで目にする専門用語です（クライエントに対して使いたい種類の用語ではありませんが）。「この行動の機能は、何だろうか？」と問うとき、それはつまり「この行動は、この状況で、どのような効果を持つのだろうか？　何を達成しているのだろうか？」という意味になります。このことをわかりやすくするために、5名の異なる人物が、5つの異なる状況で、鋭利なナイフで、自分の腕に傷をつけている様子を想像してみてください。あなたは、この行動に、5つのありえそうな機能を思いつくでしょうか？

＊＊＊

たとえば、以下のような可能性が考えられます。

- 注意を引いている
- 自分を罰している
- 緊張を緩めようとしている
- つらい感情から気を逸らそうとしている
- ボディアートを作ろうとしている
- 「完全に感覚がない」から、こうすることで何かを感じようとしている
- 自殺を試みている

注目してほしいのは、上記すべてのシナリオにおいて、行動そのもの――ナイフで腕を切る――は同じだということです。しかし、行動の機能、言い換えるなら、その行動が、その状況で持っている効果は違っています。今度は、物思いにふけっている友人がいて、あなたはその友人の気を引きたい状況だとしましょう。「気を引く」という効果を持つと思われる行動を5つ考えてみてください。

＊＊＊

たとえば、次のようなことが考えられます。

- 友人に向かって手を振る
- 「もしもーし、誰か、いませんか？」と叫ぶ
- （友人に対して）頭から水をかける
- 近くにある家具をバンバンと叩く
- 「少しの間、こちらに注目してもらえませんか？」と言う

これらの例では、さまざまな種類の行動（その行動の「かたち」は、まったく異なりますが）は同じ機能、つまり「この状況で相手の注意を引く」という効果を持っています。機能的文脈主義では、行動の「形態」よりも「機能」――その行動が持つ効果――に対して大きな関心を寄せるのです。たとえば、チョイスポイントを使うときには、クライエントの行動の「その人の生活という文脈における」機能を継続的に分析します（「文脈」という言葉が指すものについては後ほど、すぐに補足します）。そして、その行動が進（すすむ）ムーブとして機能しているのか、それとも逸（それる）ムーブとして機能しているのかを検討します。それにより、クライエントの行動に対して非評価判断的（non-judgmental）な視点から眺めることが可能となるのです。つまり、行動を、善悪、正誤、ポジティブ／ネガティブで評価や判断をするのではなく、シンプルに有効性という視点から眺めることが可能となるのです。思い出してください。もし、あなたの行動が、自分の望む人生を効果的に築く助けとなっているのならば、それは有効な行動です。もし助けになっていない（反対の機能である）のならば、有効でない行動なのです。

要注意な用語　ここで少し復習。「行動」という言葉は、人間が行うあらゆることを指していた。そのうち、顕在的行動とは物理的な行動、つまり自分の身体を使ってすること、表情、何を言うか、どう動くか、どういう体勢になるかなどである。一方、潜在的行動とは心理的な行動で、考える、集中する、脱フュージョンする、アクセプタンス、思い出すなどが含まれる。これは、内的世界で起こっていること、ビデオカメラでは絶対に撮影できない行動である。

以上のように「機能」の意味をはっきりさせることができました。それでは、次のことを見ていきましょう……

文脈！

どんな行動も、ある文脈の中で起きます。そして「文脈（context）」という専門用語は、そのとき分析している行動に影響を与える「ありとあらゆるもの」を指します。

そのため、「文脈」には、たとえば、以下のようなものが含まれます。

- 情動、感情、気分
- 認知的事象（思考、信念、態度、想定、スキーマ）
- 認知的プロセス（注意、記憶）
- 対人的要因（その場に誰がいるか、その人たちとの過去の関係）
- 社会的・文化的イベント（祝日、伝統的なお祝い事や儀式）
- 物理的環境（場所、インテリア、天気、時間、気温、匂い）
- 遺伝的およびエピジェネティックな要因
- のどの渇き、空腹、疲労などの生理的状態
- ドラッグ、アルコール、食物の摂取
- 身体の健康や病気
- 社会的・文化的なステータス（社会階級、地位や序列、ピアグループ）
- 発達歴・学習歴（愛着スタイルも含む）

私たちの行動は、膨大で、絶え間なく変化し、決して止まることのない影響の流れのただ中で生じます。その流れは、あまりに広大かつ複雑で、この瞬間に自分の行動に影響を与えているものすべてを把握することは、まず不可能です。そのため、そうした影響要因を集合的に、ある行動の起こる「文脈」と呼ぶのです。そして、どのような文脈も、2つの大きなカテゴリーに分けることができます。それは、先行事象と結果事象です。

先行事象（*antecedents*）とは、問題となっている行動を引き起こす要因

のことです。つまり、先行事象は、標的としている行動の直前に生じ、それが発生するきっかけのことです。臨床では、主に、状況、思考、感情という3つの先行事象に注目します。チョイスポイントを使うときは、以下の図に示すように、先行事象が必ず一番下にきます。この例における「逸ムーブ」は、さまざまな社会的引きこもりです。この図が示すように、社会的引きこもりの先行事象になりうるものは、たくさんあります。

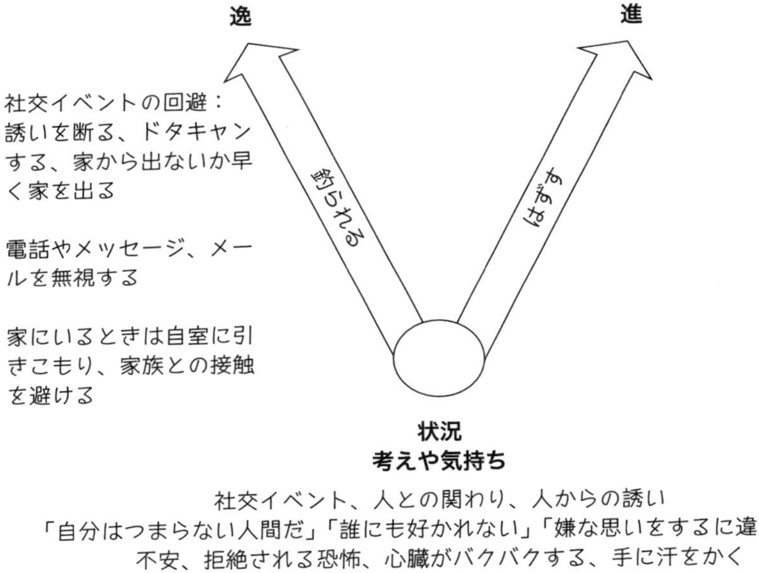

次に、結果事象について見ていきましょう。わかりやすく言うと、私たちがとるあらゆる行動には、見返り（なんらかの利益や利得につながる結果）とコスト（ある意味、有害な結果）の両方が伴っています。

もし、ある行動のコストによって、いずれその行動が減ったり、止まったりしたら、専門的には、そのコストのことを**弱化の結果事象**（*punishing consequences*）と呼びます。たとえば、クライエントが社交イベントをキャンセルしたものの、その日は一日中どうしようもない孤独感とみじめさに苛まれ、結果として、その後の社交イベントをキャンセルすることが減ったとしましょう。その場合、キャンセルするという行動に伴ったコストを専門的には弱化（の結果事象）と呼ぶのです。

それとは対照的に、ある行動の見返りによって、その行動が維持されたり増えたりしたら、専門的にはその見返りのことを**強化の結果事象**（*reinforcing consequences*）と呼びます。たとえば、クライエントが社交イベントをキャンセルしたことで、非常にホッとして、それ以降、キャンセルすることが増えたとしたら、その見返りは強化（の結果事象）と呼びます。

多くの場合、チョイスポイントには、コストと見返りを書いておくと役に立ちます。たとえば、次の図では、クライエントに「自分が、なぜ問題行動を繰り返してしまうか（つまり、何がその行動を強化しているか）」を理解してもらう助けとして、図の一番上に、見返りについて書き込んでいます。

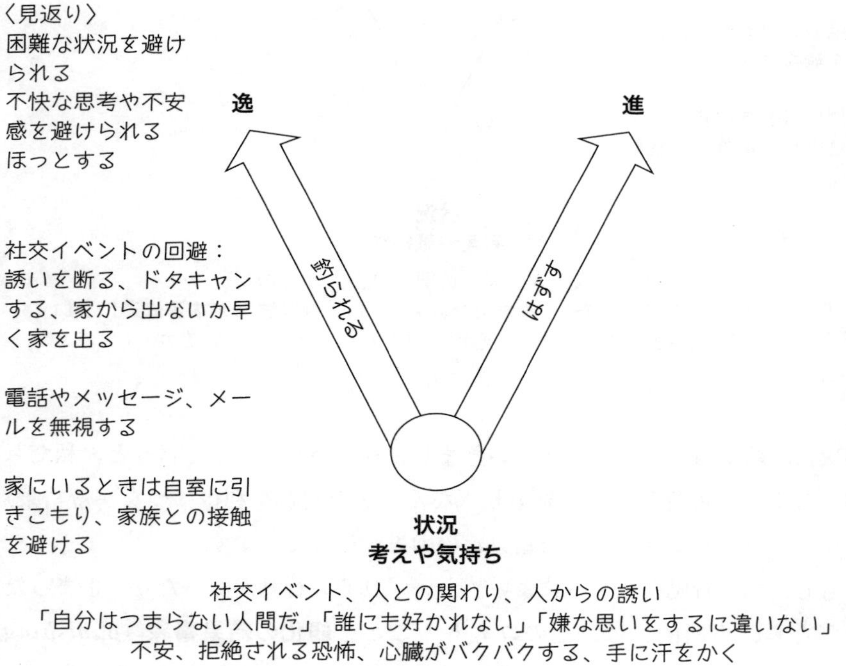

ある行動の先行事象と結果事象を、このように図で表すのはなかなか役に

立ちます。とくに、クライエントが「自分が、なぜこういうことを繰り返してしまうのか、わかりません」と言っているときには、非常に有用です。このような行動を中心に、先行事象と結果事象で整理していくことを専門用語で**機能分析**（*functional analysis*）と呼びます。少しカジュアルに言うのなら、**機能探し**（*function spotting*）という言い方になるでしょうか。クライエントと一緒に、機能分析に取り組むとき、この機能分析のプロセスは、クライエントの気づきを急速に高め、何が行動のきっかけ（先行事象）で、何がその行動を続けさせているか（結果事象）についての貴重な洞察を与えてくれることがあります。

同時に、機能分析は、臨床的介入へ向かって飛び込むための優秀なスプリングボード（飛び板）でもあります。たとえば、上記の図では、脱フュージョンの標的となる思考、アクセプタンスの標的となる感情、そして価値に導かれた問題解決・ゴール設定・行動計画の標的とすべき困難な状況の３つを簡単に特定できてしまいました（なお、クライエントが、ソーシャル・スキルを苦手としていたら、行動計画にはソーシャル・スキル・トレーニングも含まれるかもしれません）。

もちろん機能的文脈主義は、以上のことだけがすべてではありません。もっと他にも語れることはありますが、ACT を始めるのに必要な分はお伝えできたと思います。

第４章のまとめ

ACT では、本章で紹介したすべての概念を頻繁に利用しています。たとえば、私たちがマインドフルネスを使うとき、その目的はクライエントの先行事象に対する気づきを高めるため（つまり、その行動のきっかけとなっている思考や感情、状況に気づくため）であり、結果事象（その行動の短期的・長期的効果）をたどるためでもあります。また、マインドフルネスと価値は、かつては逸（それる）ムーブのきっかけとなっていた状況、思考、感情がそのまま進（すすむ）ムーブの先行事象へと変わるように、その人の先行事象に対する反応を変える助けとしても使用しています。この後の章では、ACT のコアプロセスをより深く掘り下げていきますが、各章では、ここで紹介した基礎的な行動的概念と何度も結びつけてお話しすることになるでしょう。とはいえ、ひとまず、マニアックな時間は終わりです！（どうぞ、マインドフルに息を吸って、安堵のため息をついてくださいませ）。

第2部

ACTを始める

第5章

セラピーを成功に導くための準備

始める前にしておくこと

私がスーパービジョンをしていて遭遇する問題の半分くらいは、セラピストが効果的な準備をせずにACTを始めてしまったために起こっています。しっかり時間をかけてセッションを準備しておけば、「よーい、ドン」で始めた瞬間から、より良い結果を得ることができます。そこで、本章と次章では、そのためにできることをいろいろ提案したいと思います（そして、もちろん、他のどの章でもそうであるように、書かれていることは自分のスタイルに合わせて変更・修正してください）。

最初のセッション

ACTを始めようと考えるセラピストたちのバックグラウンドは、とても多様性に富んでいます。そのため、最初のセッションの位置づけも、セラピストによって大きく異なります。たとえば、「能動的な」セラピーのセッションを始める前に、「インテーク・セッション」や「治療前セッション」を好んで行うセラピストは多くいます。そういうセッションでは、クライエントのヒストリー（自分史・生活史）を聴き取り、各種の質問紙尺度に回答してもらい、あるいは精神状態の検査など専門的なアセスメントを行い、セラピー契約に双方が同意します。しかし、ブリーフ・セラピー志向のセラピストは、治療前セッションを行わずに、クライエントに会ったその日から能動的なセラピーを始めます。どちらのアプローチにも賛否両論はありますが、ここは、そのような議論をする場ではありません。もし、今のあなたのやり方がうまくいっているのなら、そのままのスタイルを続けてください。この本では、第1回セッションは、クライエントとセラピストがまさに「初めて出会う」という設定で話を進めます（つまり、治療前セッションは行わないという前提です）。もし、それがあなたのやり方と違っていた場合には、治療前セッションを含めることができるように、あるいは最初のセッションを2回分に「引き延ばす」ことができるように、これから提案する内容に修正を加えていってください。

理想を言えば、最初のセッションの目標は以下のようになります。

- ラポールを築く
- インフォームドコンセントを得る
- ヒストリーの聴き取りを行う
- 行動のゴールを設定する

さらに、時間が許せば、

- 短めの体験的エクササイズをしてみる
- 簡単な「ホームワーク」を出す

知的に高いクライエントや非常に具体的な問題を抱えるクライエントであれば、上記のタスクをすべて1回のセッションで達成できることも多いと言えます。しかし、知的に低いクライエント、複数の問題・ヒストリーを抱えるクライエントであれば、2回以上のセッションにまたがることも珍しくありません。

また、長期にわたるトラウマや虐待が繰り返された経験や、親密な関係で繰り返し裏切られた経験を持つクライエントは、深刻な人間不信に陥っている可能性があります。そういうケースでは、2、3セッションを主にヒストリーの聴き取りとラポールの構築に費やし、ゆっくり時間をかけて信頼関係を築いていくでしょう。

第6章（次章）では、ヒストリーの聴き取りと行動のゴール設定について見ていきます。そして、第7章では、どのセッションにも持ち込める、短い体験的エクササイズと簡単なホームワークについて検討していきます。それに先立って、この章では、ラポールの構築とインフォームドコンセントの締結について掘り下げていきましょう。

ラポールを築いて「虹を見る」

ACTでは、治療関係がとくに重要です。そして、治療関係を強化する最善の方法のひとつは、セラピストがセラピールームで、ACTを体現することです。クライエントと共に「今、この瞬間」にしっかり存在し、どのような感情が浮かんできても、それに対してオープンで、自分自身の評価判断から脱フュージョンし、結びつきや思いやり、援助といった中核的な治療的価値に従って行動すれば、温かく、優しく、オープンで偽りのない関係が自然と育まれます。実際、オープンになり、思いやりと好奇心をもって、他者に100％の注意を向けることは、それ自体が治療的なものとなるのです。

どのようなクライエントであっても、「**自分は、この人を『虹』として捉えているだろうか？　あるいは『障害物』として捉えているだろうか？**」と自分自身に問うてみてください。虹というのは、かけがえがなく、美しい自然現象です。虹を問題や障害と捉える人はいないでしょう。むしろ、その現象に感謝し、畏敬さえ覚えます。それでは、あなたは、クライエントに対しても同じような態度で接することはできますか？　クライエントがかけがえのない存在であることを十分理解し、そして同じ人間として、このように深いレベルで接することを許されるという貴重な機会に心から感謝することができますか？

クライエントがひどく行き詰まっている場合――つまり、極端なフュージョン状態で回避的になっている場合――セラピーは極めて困難になったり、手詰まりな状態に陥ったりします。そのような状況は、もちろん、セラピストにとって、乗り越えなければならないものです。そのようなクライエントとワークを行い、なかなか進展が見られないと、あなたのマインドはすぐに評価判断をし始めます。そして、その判断に釣られると、「邪魔されている」「仕事をさせてもらえない」「厄介だな……」など、クライエントが障害物に見えてきます。

そういう状況では、自分自身にACTを適用することが不可欠です――評価判断から自分をはずし、代わりに、オープンになり、好奇心と感謝をもって、クライエントに注意を向けましょう。

クライエントに対する、思いやりや敬意のこもった関係は、ACTをうまく行うためには不可欠なものです。それがないと、セラピーは失敗し、裏目に出て、効果が出ないことがほぼ保証されると言ってよいでしょう。治療関係の構築・維持は、重要な問題です。そのため、この点については、第30章で詳しく検討する予定です。この章では、さらに一点だけ強調しておきたいと思います。それは、「クライエントとセラピストは、そもそも平等である」というACTのスタンス――私たちはみんな「同じ船に乗っている」という考え方――です。私たちセラピストも、クライエントとまったく同じように、すぐにマインドに絡めとられ、「今、この瞬間」とのつながりを失い、自分自身の思考や感情との無益な戦いに身を投じてしまいます。クライエントとまったく同じように、自分の中核的な価値とのつながりを繰り返し失い、自己破滅的な行動をとります。そして、クライエントとまったく同じように、人間の人生に備わっている多くの体験――失望、拒絶、失敗、裏切り、喪失、孤独、衝突、病気、怪我、悲しみ、怒り、心配、不安、そして死――にもがき、苦しみます。だからこそ、クライエントとセラピストは、刺激的で、苦痛に満ちた人間の旅路を一緒に歩む旅人同士であると考えれば、互いに多くのことを学べるはずなのです。

「2つの山」のメタファー（Hayes, Strosahl, & Wilson, 1999）は、「そもそも平等である」というスタンスを伝えるのに良い方法です。

2つの山のメタファー

セラピスト：多くの人は、セラピストというのは何か悟りでも開いたような人物で、どんな問題でも、全部解決してくれる、すべてうまくいくようにしてくれる、と信じてセラピーにやってきます。ですが、セラピストは、まったく、そのような者ではありません。実際は、○○さん［クライエント名］はそちらの山を登っていて、私はこちらの山を登っている、という感じに近いものなんです。そして、こちらの山にいる私のところからは、○○さんには見えないものが見えるだけです――そちらの山では、今にも雪崩が起きそうだとか、もっと違う道があるぞとか、○○さんは今ピッケルをうまく使えていないな、とか、そんな感じです。

ですが、私はすでに山頂にいて、気楽にくつろいでいるわけではありません。まったく、そうではないんです。実際は私も、まだ自分の山を登っているところで、失敗もたくさんありますし、そこからいろいろなことを学んでいる最中です。ですから、根本的には、私たちはまったく同じです。私たちは皆、死を迎えるその日まで、自分の山を登り続けます。でも、重要なのは、人は山登りの技術をどんどん磨いていけるし、それを楽しむ方法もどんどん覚えていけるということです。そして、それこそが、私たちがこのセラピーでやろうとしていることなんです。

ACT のインフォームドコンセントを得る

セラピストは、最初のセッションのどこかで、ACT を行うことについてクライエントからインフォームドコンセントを得る必要があります。私は、セッションの半ばで行うようにしています。そのときは、私は次のように伝えます。「○○さんの生活で何が起こっているか、どんなことに困っているかなど、お聞きしたいことは他にもたくさんあるのですが、それはまた後で聞かせていただくとして、ここで、私がするセラピーはどんなものか――どんなことをして、どのくらい時間がかかるのか――について、少しお話しさせてください。そして、これが○○さんに合ったアプローチであるかを確認したいと思いますが、よろしいですか？」

「ACTとは何か」と「ACTは何をするのか」について説明する

ACTの実施に同意を得る際、それを必要最低限に抑えるとしたら、以下の内容を伝えることをお勧めします（もちろん、自分の話し方やクライエントに合うよう言葉を変えてください）。

- ACTは、とても活動的なセラピー／コーチングです。クライエントの問題や感情を話すだけではありません。
- ACTでは、クライエントとセラピストはチームを組み、クライエントが望む人生を築いていけるよう、一緒にセラピーに取り組みます。
- このアプローチで大きな割合を占める内容のひとつが、厄介な思考や感情から自分をはずすスキルの習得です。言い換えると、厄介な思考や感情が与える影響を減らし、その力を取り払い、それに引きずり回されたり、邪魔をされたり、気持ちをくじかれたりしないようにする方法を学びます。
- ACTには、クライエントの価値を明確にすることも含まれています。つまり、クライエントにとって大切なことは何か、人生において何を体現したいのか、伸ばしていきたい強みや資質は何なのか、自分自身や他者に対してどう接したいのかを見つけていきます。そして、自分の抱える問題を解決し、課題に向き合い、人生をより良いものにすることを実行できるよう、行動を起こします。
- ○○さんには、毎回のセッションで1つ、活動計画（アクションプラン）を持ち帰ってもらいます。活動計画というのは、セッション外で実践でき、自分で生活に変化を起こさせるために使えるものです。
- ○○さんにはときどき、何か新しいこと――たとえば、苦しい思考や感情に対応するスキルの練習――を試してみるようお願いすると思います。もしかしたら、少し不快に感じる練習になるかもしれません。しかし、絶対にやらないといけない、ということはありません。私が提案することには、いつでも自由に「ノー」と言ってよいのです。

以上の内容をすべて話した後は、これから紹介する2つのメタファーがとても役に立つでしょう。

■「一時停止ボタンを押す」メタファー

このメタファー[訳注1)]は必ず実施しなければならないというものではありません。しかし、これからお話しするいくつかの理由から、私はそれを実施することを強くお勧めします。理想的には、インフォームドコンセントの直後に実施するのがよいと思います。メタファーの内容は、次のようなものです。

セラピスト：もしよろしければ、ときどき、私に「一時停止ボタンを押す」ことを許可していただけないでしょうか。たとえば、問題に対応するとか、生活を改善するという意味で、とても助けになりそうなこと、役立ちそうなことを○○さんがしていると、私が感じたとしましょう。そのとき、私は、セッションを一時停止し、ペースを落として、○○さんに自分がしていることにしっかり気づいてもらいたいのです。

たとえば、セッションのなかで、「そこで、ちょっと止まってください」「ちょっとペースを落としましょう」「何度か、深呼吸をしてください」「自分がいま考えていること／感じていること／言っていること／していることに気づいてみてください」というようにお願いするかもしれません。こうすることで、○○さんも自分が何をしているのか、よりはっきり自覚できると思います。そして、それをセラピー以外の場でどのように使っていけるだろうか、と一緒に考えることもできます。OK してもらえますか？

それから、もし○○さんが問題を助長している、あるいは問題を悪化させているように見えたら、そのときも、「一時停止ボタンを押し

訳注1）『教えて！ ラスハリス先生 ACT がわかる Q＆A』（ラス・ハリス著，星和書店，pp. 304-305, p. 330）の「ちょっと待った」ボタンがこれに該当する。

て」よいでしょうか？　いったん止まってみることで、その問題を整理することができるからです。

それにもちろん、私についても同じです。つまり、○○さんも、いつでも好きなときに、私に対して「一時停止ボタンを押して」くださいね。

このように、「一時停止ボタンを押す」ことについて双方の合意が得られることで、セッションに、いつでも持ち込める、そしていたってシンプルなマインドフルネスの手続きが実施できるようになります。また、これによって、セッション中に生じた問題行動を中断させることも、あるいはセッション中に生じた心理的に柔軟な行動を強化することも可能になります。

たとえば、セッション中に、クライエントが声を荒らげ、言葉遣いが乱暴になり、脅すような振る舞いをしたとしましょう。そのとき、セラピストは次のように言うことができます。「ええと、『一時停止ボタンを押す』かもしれない、という話をしたのを覚えていますか？　今が、まさに、そのボタンを押すときのような気がします。ここで、少し立ち止まり、一呼吸入れましょう。○○さんが、今、どのように話しているか、自分の声の調子、言っている内容に少し注意を向けてみましょう……こぶしがぎゅっと握られていることにも注意を向けてみてください……確認のためにお願いしたいのですが、自分が、今どんなことを感じているか、気づけますか？　私も、今、同じことをやってみているのですが、自分がちょっと及び腰になっていることに気づきました」。こうやって、セラピストがクライエントの行動を中断させることで、さまざまな援助手続きを実施することができるようになります。グラウンディングとセンタリングに取り組むこともできるし、怒りに満ちた思考から脱フュージョンする、怒りの感情を探索する、アサーティブネス・スキルを練習する、といったことに取り組むこともできるでしょう。

さらに、対人関係に関するところからアプローチすることもできるかもしれません。「今の状態では、私と○○さんが『チームである感じ』がしないように思います。とても張り詰めた感じがありますよね。今、ここで、何が起こっているかについて、一緒に考えてみませんか？　もう一度、私たちが、チームとして一体感を持てるかどうかを検討してみませんか？」

次は、普段ならセッションにあまり関心がなく、すぐに気が逸れてしまうクライエントが、突然セッションに集中し始めたことに気づいたとしましょう。いつもは、だらしなく座っているのに、今は、背筋を伸ばして椅子に深く座り、いつもの退屈な様子と打って変わって、やる気があるように見えます。これは、ぜひ強化したい心理的に柔軟な行動です。もし、この変化を当然のことと捉えて、無視してしまったら、あるいはそれについてコメントしそびれてしまったら、ひとつの機会を逃すことになります。そのため、たとえば、次のように話をします。「ここで一時停止ボタンを押してもいいですか？　○○さんは、いつもとすごく違う態度であることに、今、気づきました。先ほどまでは、肩を落として、伏し目がちでした。しかし、今は、座り方も変わって、やる気になっているように見えます。自分でも、それに気づいていますか？　私から見て、それはとても大きな違いに見えます。今は、○○さんと一緒に取り組んでいる感じがします。本当に、チームのように感じられます」

実践のためのヒント　私たちセラピストは、クライエントの行動を強化する方法を前もって確実に知ることはできない。しかし、勘を働かせることはできる。クライエントが自分の行動とそれがもたらすポジティブな効果に気づかせることに成功したら、たいてい、それは強化的な結果事象となる。つまり、その行動は増えていく。だが、もしその行動が減ったら――たとえばクライエントが恥ずかしくなって／自意識過剰になって、その行動をやめたとしたら、その場合、セラピストのかけた言葉はクライエントにとって弱化的な結果事象だったと言える。そのときは、同じことを繰り返さず、別の方略を試してみよう。

「一時停止ボタンを押す」について大げさに（上記のように）話をしたあとに、「ギターのメタファー」を試してみてもいいかもしれません。それは、次のようなものです。

▒ギターのメタファー

セラピスト：ACT は、ギターの演奏にちょっと似ています。ギターを弾くことについて、どれだけ考えても、どれだけ話しても、弾けるようにはならないですよね。ギターを弾けるようになるためには、実際にギターを手に取って、つまびいてみるしかありません。ですから、こういう新しいスキルについても、セッションのなかで私と一緒に実際にやってもらう必要があります。きっと役に立つと思いますよ。ですが、本当に違いを生み出すには、家に帰ってからの練習量がものをいいます。これも、ギターを習うのに似ていますよね。うまくなりたければ練習するしかありません。ですから、新しいスキルは、家に持ち帰って、次のセッションまで練習してみてください。

疑念からの脱フュージョン

ここで、クライエントがいくらか疑いや不安を口にしたと仮定してみましょう。たとえば「これが、うまくいくとは思えないんですが……」といった疑念です。こうした考えが出てくることは、まったく自然なことです。問題なのは、クライエントがそれとフュージョンしているときだけです。そのため、これは、アクセプタンスと脱フュージョンの文脈を確立するのに絶好の機会だと言えます。たとえば、次のようにクライエントに話をしてみてください。「それは、まったく自然な考えだと思います。多くの人が、最初は疑いを持ちます。そして実際、万人に効果があると太鼓判を押された治療法なんて、ありません。ですから、このやり方が、必ず○○さんにうまく作用すると約束することはできません。大勢の人に効果があったことは確かですし、これまでに発表された研究や論文を紹介することもできます。しかし、○○さんにも必ず効果があると保証することは、やはりできません。もっと言えば、もし医師、歯科医師、心理士、セラピストのような医学や精神保健の専門職のところに行って、『これは絶対に効果があります』と 100％の太鼓判を押されたら、そこへはもう行かないほうがいいと思います。嘘をついているか、勘違いをしているかの、どちらかだからです」

クライエントはだいたい、ここで笑うか、口元を緩ませます。そうしたら、以下に紹介するシンプルな脱フュージョン手続きを導入してもよいでしょう。

セラピスト：もちろん私自身は、これが○○さんの助けになることを期待しています――そうでなければ、○○さんとのセッションを続けていません。しかし、少なくとも初めの何回かのセッションでは、○○さんのマインドが疑いの気持ちを持つことは十分に予想できます。たぶん、○○さんのマインドは、「こんなのうまくいかない」などと繰り返し言ってくると思います。そういう考えが浮かんできたときは、いつも2つの選択肢があると思ってください。ひとつは、○○さんのマインドが「効果がない」と言っているから、諦めて、そこでセッションをやめる。もうひとつは、マインドにはそう言わせておいて、それでもセッションを続けて、できることをやってみる。

クライエント：わかりました。

セラピスト：では、○○さんのマインドが「こんなの、うまくいかない」と言っても、私たちは、セッションを続けますか？

クライエント：はい。

この会話では、クライエントの思考を否定していないことに注目してください。セラピストは逆に、それは、自然でノーマルな考えだと肯定しています。そして、そのうえで①クライエントがそういう考えを持つのはまったく問題ではなく（アクセプタンス）、同時に②そういった考えがあっても、クライエントの行動は影響を受けない（脱フュージョン）、という文脈を確立しようとしているのです。第12章では、クライエントが絶望とフュージョンしてしまった場合に、このシンプルな手続きをさらに一歩進める方法を紹介します。

ドロップアウト（脱落）のリスクを下げる

クライエントがセラピーを途中でやめるとわかったら、あるいはやめてしまうのではないかと思ったら、次のように伝えるのがよいでしょう。「セラピーというのは、ジェットコースターのように、アップダウンがあります。しかし、○○さんと私はチームですから、私もそのジェットコースターに一緒に乗っています。ときには、セラピーをもうやめたいという衝動に駆られることもあると思います。それはまったくノーマルなことです。とくに、とても重要な事柄や問題、課題と向き合っているときに、そのように感じやすいものです。ですから、もしやめたいと思うことがあったら、その気持ちを私に教えてくださいませんか？　そうすれば、セッションのなかで、やめたい気持ちについて一緒に考えていくことができます。大きな変化がまさに起ころうとしているときに○○さんがやめてしまうのは、本当にもったいないと思うからなんです」

セッションの回数について同意を得る

ACTのセッションは、何回必要でしょうか？　たとえば、毛糸の玉は、いったいどのくらいの長さの毛糸からできていると思いますか？　予想もつきませんよね。それと同じように、必要な回数を予め言うことは難しいものです。私の経験では、1回のセッションで信じられないような成果が出たこともありました。一方、3、4年にわたって定期的に会い続けたクライエントもいました！　原則として、抱えている問題の数が多く、その期間が長く、程度が重く、生活の質に与える影響が大きいほど、セラピーの期間は長くなります。しかし、常にそうなるとは限りません。

ACTは、さまざまな形式で実施することができます。以下は、その一例です。

- **長期**：境界性パーソナリティ障害を例にとると、あるプロトコルでは1回2時間のグループセッションを40回行う（Brann, Gopold, Guymer, Morton, & Snowdon, 2007）。
- **短期**：たとえば、不安症向けの一般的なプロトコルでは、1回1時間のセッションを12回行うのが基本である（Eifert & Forsyth, 2005）。また、慢性的なストレスや痛みに関するある研究は、8時間プロトコルに基づいて行われた（Dahl et al., 2004）。

- **超短期**：慢性統合失調症に対するACTの効果を調べたある研究では、1回1時間のセッションを3回ないし4回行った。この非常に短期の介入により、再入院率はおよそ50％減少した（Bach & Hayes, 2002）。（当然のことながら、このような超短期のACT介入では、クライエントが十分かつ完全にマインドフルで価値に基づく生き方を受け入れ、その後何の問題もまったく起こらなかった、というわけではない。こうしたケースは、ACTの中核的な要素――「今、この瞬間」とつながり、オープンになり、大切に思うことをする――を非常に迅速に届けることに成功し、それが大きな恩恵をもたらした例と言える。クライエントは、その後自分自身のACTセラピストとなり、さらに人生はありとあらゆる問題や課題をもたらすため、スキルをさらに磨く機会を得た）。

たくさんのACTのテキストには、まず12回のセッションを行うことに同意を得るよう書いてあります。しかし、この数字に「魔法の力が宿っている」わけではないので、自分のクライエントに合わせて設定してかまいません。たとえば、私の居住地であり、勤務地であるオーストラリアは、アメリカほどセラピーに対してオープンではありません。そのため、まずは6回だけセッションを行う契約を交わすことが多いです。

私はこの時点で、セラピーは順調な旅ではなく、浮き沈みがあるものだと伝えます。たとえば、次のような言い方ができるでしょう。「ひとつ言っておかないといけないことがあります。実は、セラピーはいつも順調に進んでいくわけではありません。ときには大きく前進しますし、またあるときには大きく後退します。そのため、私は最初に6回のセッションを勧めるようにしています――そして6回が終わったところで進み具合を確認し、もっとセッションが必要かについて一緒に考えています。その決定権を持つのは○○さんです。私ではありません。前進しているかどうかを判断するのも○○さんです。実際には、丸々6回を必要としない人もいますし、もっとセッションが必要になる人もいます。本当に人それぞれです。そういう感じなのですが、まずは6回のセッションに同意していただけますか？」

どのくらいACTは指示的か？

ACTを行うときは、セラピストの好みに合わせて、指示的にも、非指示的にもすることができます。すべては、クライエントのキャパシティ、そして状況の要求次第です。知的に低く、コーピング・スキルに多くの問題や重大な欠落を抱えているクライエントの場合、セラピストはたいてい、かなり指示的になる必要があります。各セッションの最初に明確なアジェンダを設定し、必要なときはいつでもそこに立ち戻り、クライエントが能動的に新しいスキルを学んでいること、価値を明確にできていること、ゴールを設定できていること、アクションプランを立てられていることを確実にしましょう。一方、知的に高く自発的なクライエントであれば、もっと非指示的でも問題ありません。毎回のセッションで、どのくらい指示的になる必要があるかをじっくり見定め、目の前のクライエント一人ひとりのニーズに合わせましょう。ただし、マインドフルネス・スキルを教えるときに完全に非指示的になることはできません。クライエントに対して指示や提案を行い、フィードバックを提供し、その人が新たなスキルを確実に学んで活用できるようにしなくてはなりません。

スキルアップのために

テキストを読んだら、それですべてが「染み込んで」、セラピールームでもすぐに取り出せるようになったらよいのに……そうだったらどれほどよいか！　あなたも、そう思いませんか？　しかし、残念ながら、そういったことはありません。もちろん、本を読むだけではACTを身につけることはできません。それだからこそ、ここまでの「スキルアップのために」セクションを必ず実行してほしいのです。本章のチャレンジは、いたってシンプルです。

- 本章に出てきたセラピストのセリフをすべて読む。その際、できれば芝居の稽古をする俳優のように、声に出して読む。声に出すのが嫌な場合は、少なくとも頭の中で通して読む。

- どのセリフも、読みながら修正する。自分の言葉に置き換える。

理想を言えば、それぞれのセリフが自然と口をついて出てくるようになるまで、これを何度も繰り返してみましょう。そうすれば、（もしそうしたければの話ですが）あなたの同僚、コメディカルの人たち、あるいは世界チェス選手権の決勝戦であなたが出会った人たちに、重要なポイント全部をさっとまとめて説明できるようになるでしょう。ここで、強調しても強調しすぎにならない重要なことは、次のことです。

セッション外でこれを**練習しておかなければ**、実際のセッションで、それを**思い出すことはありません**。

第５章のまとめ

本章のポイントは、次のようなことです。効果的にセッションの下準備をしましょう。セッションの準備は、これから建てる家の土台を築くようなものです。もし土台がきちんとしていなければ、建築の過程でたくさんの問題が出てくると予想されます。インフォームドコンセントはこの土台の重要な一部です。それを省略することは許されません。そして、強力な同盟関係を築くこともまた不可欠です――だからこそ、クライエントを障害物ではなく、虹として捉えてください！

第6章

問題は何か？

「ACTの目」で見る

ACT初心者が難しく感じることのひとつは、6つのコアプロセスの「レンズ」を通してクライエントの問題を見ることです。その助けとなるよう、もう一度、チョイスポイントを見てみましょう。この図には、ACTの視点から見た、多くの臨床的問題に共通するエッセンスが詰まっているからです。

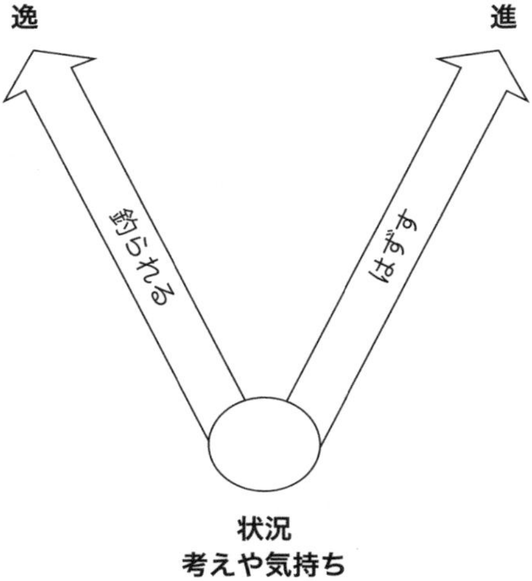

図の最下部と左側には、ほとんどすべての臨床的問題および精神病理的な障害に共通する中心的側面が要約されています。

A. クライエントは、困難な状況（ここには、健康／人間関係／金銭／法律／家庭／ライフスタイル／仕事に関するあらゆる問題が含まれうる）に対処しようとし、さまざまな苦しい思考や感情を体験している（注意：「思考や感情」という表現は、感情、記憶、衝動、欲求、身体感覚など、あらゆる私的体験をまとめた言葉であることを思い出してほしい）

B. クライエントがそうした思考や感情に、フュージョン、回避、あるいはその両方を伴って（つまり、「釣られた」状態で）非柔軟的に対応すると、その行動は価値とは一致しない自己破滅的なものになり、長期的にはクライエントの人生を悪化させる（＝逸(それる)ムーブ）

図の右側が思い出させてくれるのは、私たちがACTに望むのは、マインドフルな（つまり釣り針から「はずれた」）価値に基づく生き方（＝進(すすむ)ムーブ）である、ということです。言い換えれば、私たちは、自分を釣り針から「はずすスキル」（脱フュージョン、アクセプタンス、文脈としての自己、柔軟な注意）を磨き、価値に導かれたコミットされた行為（進(すすむ)ムーブ）をとれるようになることによって、可能な限り豊かで充実した、有意義な生き方をしたいのです。

クライエントのヒストリーを聴き取ると、多くの人は、自分の苦しみや葛藤（図の最下部と左側）を説明するのは簡単なのに、人生を豊かで有意義にするために何をしたいか（図の右側）を説明するのはかなり難しいということに気づきます。しかし、私たちがセラピストとしてその力を発揮するには、両方の情報が必要となります。幸いなことに、クライエントが自分の価値とゴールをはっきりさせるための補助的なツールやテクニックはたくさん存在します。それについては、第19章で紹介しましょう。

ACTの視点から、重要な事柄や問題を素早く概念化するのに役立つ2つの鍵となる質問があります。

1. クライエントは、どのような価値づけられた方向に進みたいのだろうか？

2. 何が、そのクライエントの行く手を邪魔しているのだろうか？

さらに、この２つの質問を詳しく検討していきましょう。

クライエントは、どのような価値づけられた方向に進みたいのだろうか？

この質問の目的は、価値の明確化です。クライエントは、どのように成長し、どのように発展していきたいと考えているのでしょうか？　どのような個人的な強みや資質を養いたいのでしょうか？　どのように振る舞いたいのでしょうか？　どのように自分自身に接したいと考えているのでしょうか？　どのような人間関係を築きたいのでしょうか？　そうした人間関係の中で、他者にどのように接したいのでしょうか？　自分の人生を通して、何を体現したいのでしょうか？　この危機的／困難な状況に直面している現状では、いったい何を体現したいのでしょうか？　人生のどんな領域がもっとも大切なのでしょうか？　今は、価値に一致する、どのようなゴールを持っているのでしょうか？

「どのような価値づけられた方向に進みたいのだろうか？」という質問に答えられたら、それを使って、価値に合致する具体的なゴールを設定することができます。そして、それを使って、実際の行動を導き、生起させ、維持させることもできるのです。そして、もし質問に答えられなかったら、価値、ゴールの設定、アクションプランの立案という３点について、さらに時間をかけて取り組む必要があるということなのです。

何が、そのクライエントの行く手を邪魔しているのだろうか？

この質問の目的は、心理的バリアの明確化です。人生の課題や難問に直面したとき、何が、クライエントが効果的に行動することを邪魔するのでしょうか？　心理的バリアには、第２章で触れた心理的硬直性の６つのプロセス――認知的フュージョン、体験の回避、非柔軟な注意、価値からの乖離、有効でない行動、自己概念とのフュージョン――のいずれか、あるいは、そのすべてが該当する可能性があります。

クライエントのヒストリーを聴くときは、その大部分が、この重要な２つの問いに対する答えを見つけることであると言っても過言ではありません。

ヒストリーを聴き取る

ヒストリーの聴き取りが、よく整理され、秩序立った、一直線のプロセスになることは、ほとんどありません。断片的な情報を集めながら、前後左右に話が逸れつつ、少しずつ、クライエントの現在の生活、苦労している事柄、そして関連する過去のヒストリーが明確になり、その結果、クライエントの全体像が描き出されていきます。幸い、すべての情報を1回のセッションで集める必要はありません。必要に応じて、各セッションで、いつ聴き取りを行っても問題はありません。しかし、ヒストリーの聴取をなるべく短時間で簡単に行えるように、私の場合、最初のセッションまでに、クライエントにいくつかのワークシートに回答してもらうようにしています（ワークシートは、事前に郵送するか、Eメールに添付して送るか、あるいは予約時間の20分前に来てもらい、待合室で記入してもらっています）。ヒストリーの聴取のために、とくに便利だと思っているのは、「問題を解剖する（Dissecting the Problem）」と「価値の的（The Bull's Eye）」の2つのワークシートです。どちらも、本章の最後に載せてあります（印刷用ファイルはExtra Bitsに載せています）。ここまで読んだら、その2つのワークシートに簡単に目を通し、またここに戻ってきてください。

「価値の的」とは、生活のさまざまな領域におけるクライエントの価値を素早くつかみたい場合に、もっとも速く、かつ簡単にそれを行うことができるワークシートです（私が知る限り）。このワークシートでは、人生を、仕事／教育、人間関係、自分の成長／健康、余暇という4つの領域に分けます。クライエントが初めて「価値の的」に記入するときは、その人の価値、願望、欲求、ニーズ、ゴールが、かなり入り交じった結果となるでしょう。そこから、価値を探求していくのです。

「問題を解剖する」では、クライエントの苦しみを、思考とのフュージョン、感情とのフュージョン、体験の回避、有効でない行動の4つに分けます。私の場合、クライエントに対して「今、できる精いっぱいの範囲で記入し、最初のセッションに持ってくる」ようにお願いしています。そのとき「最初は、言葉をいくつか書き込むくらいで十分です」とも言っています。別のやり方としては、最初のセッションで聴き取りながら、セラピストがワークシートに記入していきます。また、最初のセッション後に「ホームワーク」としてワークシートを渡してもよいでしょう。

どの程度ヒストリーを聴き取るのか？

ヒストリーの聴き取りは、状況によっては数分で終わることもあれば1時間かかることもあるかもしれません。たとえば、『ACT を実践する』（*ACT in Practice*; Bach & Moran, 2008）では、1セッションを丸々費やして、詳細なヒストリーを聴き取り、クライエントの問題を慎重に概念化するよう勧めています。一方、プライマリ・ケアの現場では、15〜30分のセッションを2、3回しか行えないことも多いため、聴き取りは、ごく短時間で済ませる必要があります（Robinson, 2008）。

そのため、私からのアドバイスは、次のようになります。それは、「ACT を自分の働き方、自分のスタイル、自分のクライエントに合わせて変更・修正してください」というものです。そして、ヒストリーの聴取では、どのような標準化された評価ツールでも、あなたの好むものを自由に使ってもらってかまいません。ただし、注意が必要なのは、よく使われる評価ツールの多くは、症状の数、頻度、重症度の変化（＝症状の**形態**の変化）は測れるものの、症状がもたらすインパクトや影響の変化（＝症状の**機能**の変化）は測れないという点です。しかし、ACT が関心を持っているのは、症状の形態ではなく、機能における変化です。その点を考慮すると「絶対に使わねばならない」ということはありませんが、AAQ-Ⅱ（Acceptance and Action Questionnaire-Ⅱ; Bond et al., 2011）のように ACT に特化した評価ツールは非常に役に立つでしょう。この本では、こうしたツールには触れませんが、https://www.contextualscience.org から、さまざまなツールをダウンロードすることができます（英語）。

それでは、あなたがすでにヒストリーを聴き取る手続きを理解できたと仮定しましょう。次に、ACT を実施することに特化した聴き方についてのヒントを紹介しましょう。

ヒストリーにおいて鍵となる８つの領域

ACT を実施するときに必要となるヒストリーを聴き取る際には、次の８領域の探索が鍵となります。

1. 主訴
2. 最初の価値アセスメント
3. 現在の生活文脈
4. 関連する過去のヒストリー
5. 心理的硬直性（非柔軟性）
6. 動機づけ要因
7. 心理的柔軟性
8. クライエントのリソース

上記１～８のそれぞれについて、簡単に触れていきましょう。

1. 主訴

ここでの目的は、基本的に、チョイスポイントの最下部と左側に当てはまる情報を集めることです。クライエントが直面している困難な状況、クライエントを釣り上げている思考や感情、そして釣られてしまったときに見られる自己破滅的行動を聴き取りましょう（注意：チョイスポイントは必ず使わなければならないものではありません。あくまで利便性を目的としたツールなので、気に入ったら使うというのでかまいません）。

2. 最初の価値アセスメント

ヒストリー聴取の一環として、クライエントにとっての価値をなんとなくでもよいので把握しましょう。ただし、価値については、直接的に情報を得るのが不可能に近いこともあります。どのように聴き取ったらよいのかは、第19、20章で見ていきます。ただし、そのような状況でも「価値の的」は良い足がかりになるでしょう。

3．現在の生活文脈

現在の生活文脈には、健康、服薬状況、仕事、収入、人間関係、社会状況、家族、文化、ライフスタイル（食事、運動、喫煙、ドラッグ、アルコールなど）、法的問題や財政問題などが含まれます。このような現在の生活文脈を探るときには、失業、医学的疾患、貧困といった、豊かで充実した生活を築くうえでの（心理的バリアとは反対の）外的（物理的な）バリアも明らかにします。こうしたバリアに対しては、価値に基づく問題解決と行動計画が必要になるでしょう。

4．関連する過去のヒストリー

ACTは現在に重きを置くものの、現在の問題と直接関係がある場合は過去のヒストリーを聴き取ることも重視しています。とくに（過去と現在の）重要な人間関係とそれがクライエントに与えてきた影響について知ることが必要です。それはとくに、セルフ・アクセプタンスとセルフ・コンパッションを育むうえで役に立つ可能性があります。

5．心理的硬直性

第2章で概観した、心理的硬直性の6つのコアプロセスについて探ってみましょう。繰り返しになりますが、6つのプロセスとは（理由、ルール、評価判断、過去、未来との）フュージョン、体験の回避、価値からの乖離、有効でない行動、非柔軟な注意、自己概念とのフュージョンです。また、クライエントの報告だけに頼ってはいけません。セッション中にも、そうした行動が自然と現れる可能性がありますので、常に注意しておきましょう。

6．動機づけ要因

ゴール、夢、願望、展望、価値といった、ポジティブな動機づけ要因を探しましょう。同時に、無力感とのフュージョンや問題行動の強化的な結果事象といった、ネガティブな動機づけ要因も明らかにしましょう。

7. 心理的柔軟性

心理的柔軟性の６つのコアプロセスの証拠を探しましょう。６つのプロセスとは、価値、コミットされた行為、脱フュージョン、アクセプタンス、柔軟な注意（「今、この瞬間」との接触）、文脈としての自己です。ここでも、クライエントの報告だけに頼ってはいけません。セッション中にも、そうした行動が自然と現れる可能性がありますので、常に注意しておきましょう。

8. クライエントのリソース

クライエントは、どのような強みやスキル、その他、活用できそうな個人的リソースを備えているでしょうか？　どのような外的リソースを利用できるでしょうか？　助けやサポート、励ましを求めて頼れる人は誰でしょうか？

後続する章では、こうした重要な領域を具体的に探るために使える質問をたくさん紹介していきます。とはいえ、今は、別のきわめて重要な話題を取り上げたいと思います。

セラピーにおける行動のゴールを設定する

いずれにせよ、とにかく本章のこのセクションは飛ばしたり斜め読みしたりしないでください。とても重要だからです。スーパービジョンをしていて出くわす問題の多くが、実は、主にひとつの誤りに起因しています。つまり、コーチやセラピストが、セラピーにおける**行動のゴール**（*behavioral goals*）を設定することに失敗しています。行動のゴールとは「（何かを）する」ゴールです。そして、そのゴールは、あなたが「する」ことを欲していること（つまり、したいこと）を記述しているものなのです（復習：行動のなかでも潜在的行動とは、心理的に行うこと、内的かつ私的な世界で行うことです。一方、顕在的行動とは物理的に行うこと、物理的な身体を使って行うあらゆることです)。

行動のゴールを設定するには、クライエントに、以下のような質問をしましょう。

もし、私たちのセッションがうまく進んだら……

- 今とやり方を変えたいのはどんなことですか？
- どんなことをやり始めたい／するのをやめたいですか？
- どんな行動を今より増やしたい／減らしたいですか？
- 自分自身、他者、世界への接し方をどのように変えますか？
- (避ける、やめる、背を向ける、距離を置く代わりに) どんな人、場所、イベント、活動、挑戦に［を］、接近、接触、開始、再開しますか？

上記のような質問は、**顕在的**行動のゴールを引き出すことが多くなります。一方、**潜在的**行動のゴールを確立するには、次のような質問をしましょう。

- あなたがもっとうまく集中できそうな／もっとやる気をもって関われそうな課題や活動はありますか？
- あなたが、より意識を向けることができそうな／「今、この瞬間」に一緒にいられそうな人（たち）はいますか？
- あなたが、より感謝の念を実感できそうな人（たち）や物事はありますか？

感情のゴール vs. 行動のゴール

ACT でセラピーのゴールを設定するときは、この重要な区別を見失ってはいけません。

感情のゴール＝どのように感じたいか
行動のゴール＝どのように行動したいか

私たちのクライエントがほぼ例外なく、提示してくるゴールは、どちらのタイプでしょうか？　そう！　クライエントが、セラピールームに持ってくるのは、私はこう感じたい（「Y を感じたいんです」――Y ＝幸せな気持ち、リラックスした気分など）、あるいはこう感じたくない（「X に感じるのをやめたいんです」――X ＝憂うつ、不安など）という、**感情のゴール**（*emotional goals*）なのです。

一般的な感情のゴールには、「うつ（または他の精神障害）から回復したい」「こんなに不安になるのをやめたい」「自尊心を高めたい」「自己肯定感を育みたい」「過去に起こったことを乗り越えたい」「昔の自分を取り戻したい」「幸せな気持ちになりたい」「気分良くなりたい」「ひどい気分でいるのをやめたい」「もっと自信を持ちたい」「自分を信じられないのをやめたい」「もっと落ち着いた気持ちになりたい」「不安を減らしたい」「怒ってしまうのをやめたい」などがあります。

こうしたゴールは突き詰めると、同じアジェンダに要約されます。

「望まない思考や感情を取り除いて、私は気分良くなりたい！！！」

そして、もちろん、クライエントが感情のゴールを提示するのはまったく自然で、想定の範囲内です。誰でも、良い気分でいたいものです。ひどい気分でいるのが好きな人はいません。しかし、残念なことに、セラピストがこのタイプのゴールに同意すると、ACT は実施できなくなります。なぜか？それは、感情のゴールが、体験の回避というアジェンダ、つまり望まない思考や感情を常に回避・排除しようとする試みを強化するからです。しかし、ACT のねらいは、体験の回避を積極的に弱め、それとは根本的に異なるアジェンダである体験のアクセプタンス（「ウィリングネス〔willingness〕」と呼ばれることも多い）にオープンになってもらうことです。だからこそ、感情のゴールに同意してしまうと、ACT は実施できなくなってしまうのです。

だからといって、感情のゴールと積極的に対決したいわけではありません（「創造的絶望」という特定の手続きを実施するのでない限り。これについては、第 8 章で触れます）。私たちがしたいのは、感情のゴールを、行動のゴールへと柔らかくリフレームすることなのです。行動のゴールであれば、ACT を実施できます。

感情のゴールを行動のゴールへとリフレームする

あなたは、十分に覚醒していますか？　そうであってほしいと思います。というのも、次の一文は非常に重要なので、ぜひ覚えておいてほしいからです。

「新しいスキルを学ぶこと」は、行動のゴールである。

そう、まさに、そうなのです。そして、ここにはもちろん、心理的なスキルだけでなく、物理的なスキルの習得も含まれます。そのため、多くのケースで、最初に合意する行動のゴールのひとつは、「厄介な思考や感情にもっと効果的に対応できるようになるための、新たなスキルを覚えること」になるでしょう（読みながら「これは、第５章で検討したインフォームドコンセントの手続きの一部だった」と思い出してもらえていると思います）。それでは、このスキルを構築するという考えを使って、感情のゴールを行動のゴールへリフレームする方法の例を見ていきましょう。

感情のゴール（その１）

クライエント：なにもやり方を変えたいわけじゃないんです。ただ、今みたいに感じたくない。こういう考え／気持ち／情動／記憶をなくしてしまいたいんです。

→行動のゴールへリフレーム

セラピスト：なるほど。では、私たちのセッションでは、「そうした厄介な考え／気持ち／情動／記憶にもっと効果的に対応するための新しいスキルを覚えること」が重要になってきそうですね。

感情のゴール（その２）

クライエント：とにかく気分良く（幸せに／自信を／穏やかに／恋しているように、など）感じたいんです。

→行動のゴールへリフレーム

セラピスト：なるほど。そのように感じたいんですね。たとえば、どんな苦しい考えや気持ちが浮かんでくるのか教えていただけますか？（セラピストは情報を集める）では、私たちのセッションでは、「そうした厄介な考えや気持ちにもっと効果的に対応するための新しいスキルを覚えること」が重要になってきそうですね。

感情のゴール（その3）

クライエント：（前述のリフレームに対して）対応したくなんかないんです。とにかく消してしまいたいんです！！！

→行動のゴールへリフレーム

セラピスト：それは当然です。誰だってそうですよね。そういう考えや気持ちは本当に苦しく、つらいものです。○○さん［クライエント名］の生活にも大きなマイナスの影響があるみたいですね。それでしたら、できるだけ早く「この状況を改善できることをする」必要があります。これから一緒に取り組むなかで、他にこんな成果を得たいという希望はありますか？

実践のためのヒント　もしクライエントが「望まない気持ちを消して気分良く感じること」しか望まず、他のことには興味を示さない場合、セラピストは第8章で紹介する創造的絶望に進む必要があるだろう。こういうクライエントの場合、創造的絶望を飛ばしてしまうと、これ以上ACTを進めることができなくなる。

行動のゴールに偽装された感情のゴール

クライエントは行動のゴールを提示したように見えるが、実は、それは感情のゴールに偽装されたものであった、ということもあります。偽装されたゴールは、嗜癖行動や衝動的な行動のあるクライエントによく見られ、多くの場合「私は○○するのをやめたい」という形態をとります。しかし、その話題を掘り下げると、「この行動のきっかけになる考えや気持ち（または欲求、感覚、衝動、強迫観念、離脱症状）を消してしまいたい。それがなくならないと、その行動をやめることができないから」といった隠されたアジェンダが見えてきます。たとえば、次の会話のようになります。

偽装された感情のゴール

クライエント：私は○○（飲酒／喫煙／ギャンブル／過剰反応／子どもに怒鳴ること、など）をやめたいんです。

→行動のゴールへリフレーム

セラピスト：そうですよね。では、セラピーで取り組むこととして、その行動のきっかけになる考えや気持ち（または記憶、欲求、衝動、強迫観念、圧迫感など）を明らかにして、それから「それにもっと効果的に対応するための新しいスキルを身につけること」が必要そうですね。そうすれば、厄介な考えや気持ちに振り回され、いつもの行動に引きずり込まれるのをやめることができます。そして、もうひとつ取り組むことを挙げるとしたら、「○○さんは、それをする代わりに何をしたいか」を考えることができそうです。その代わりとなる行動がはっきりしたら、似たような状況になっても、「より役立つかもしれない別のことをする」という選択肢を選べるようになりますから。

「死人のゴール」に注意する

ここまで見てきたように、クライエントのゴールは、たいていが特定の気持ちを感じないようになること、特定の仕方で行動しないこと――たとえば、「ドラッグを使うのをやめたい」「勉強で先延ばしにするのをやめたい」「もうこれ以上、パニック発作を起こしたくない」「落ち込んだ気分でいたくない」など――です。ACTでは、こうしたゴールを**死人のゴール**（*dead person's goals*）と呼んでいます（Lindsley, 1968）。死人のゴールとは、生きている人間よりも、死んだ人間のほうがうまくできるすべてを意味します。たとえば、死んだ人は、絶対にドラッグを使わないし、やるべきことを先延ばしにしないし、抑うつ状態になることもないですから。

ACT で設定したいのは、「生者の」ゴール——死んだ人よりも、生きている人のほうがうまくできること——のほうです。死者のゴールから、生者のゴールへと移るには、次のようなシンプルな質問をしてみてください。

- では、もしそれが実現したら、今とやり方を変えたいことは何ですか？　やり始めたいこと、今よりもっとやりたいことは何ですか？　友人や家族に対する接し方をどのように変えたいですか？
- もしドラッグを使わずに済んだら、代わりに何をしたいですか？
- もしお子さんに向かって怒鳴らずに済んだら、代わりにお子さんとどのように関わりたいですか？
- もし抑うつ状態やパニック発作にならなければ、今の生活で、やり方を変えたいのはどのようなことですか？

感情のゴール、そして死人のゴールを、行動のゴールへと変えるのに有効なのが「魔法の杖の質問」と「7日間のドキュメンタリーの質問」です。それぞれについて簡単に見ていきましょう。

「魔法の杖」の質問

この質問は、体験の回避を断ち切るのに効果的です（以下に出てくる「○○さんにとって、もはや問題ではなくなります」という表現は、「すべて消えてなくなります」と言うのとはまったく違う点に注意してください）。

セラピスト：ここに魔法の杖があるとします。私がこの杖を振ると、○○さんをずっと悩ませてきた考えや気持ちは、たいした問題ではなくなります。まさに「蛙の面（つら）に水」といったところです。もし、そうなったら、今、何がしたいですか？　どんなことを始めたいですか？　もっとたくさんしたいことは何ですか？　周囲の人への接し方がどのように変わるでしょうか？　職場で、家で、あるいは週末にしたいことは何ですか？

「7日間のドキュメンタリー」の質問

この質問は、クライエントに、自分の生活がどのように変化してほしいのか、より具体的に考えるのを助けてくれます。

セラピスト：仮に、私が撮影班を引き連れて、○○さんに一週間、密着取材したとします。そして、○○さんの行動を逐一カメラに収め、編集して、一本のドキュメンタリーを作りました。その後で、セラピーをすべて終えた後のどこか未来の時点で、もう一度同じ密着取材をしたとしましょう。未来に撮影した新しい映像には、セラピーの成果がわかるような、どんなことが映っているでしょうか？　○○さんは、どんなことをしていますか？　どんなことを言っている姿が映っているでしょうか？　○○さんの周囲の人への態度、ご自身に対する態度に、どんな違いが見てとれるでしょうか？　ご自身の身体の扱い方、余暇の過ごし方には、どんな違いが見てとれるでしょうか？

「感情のゴール」と「死人のゴール」に加えて、もうひとつリフレームしたいゴールがあります。それは、**結果のゴール**（*outcome goals*）です。

結果のゴール vs. 行動のゴール

「結果のゴール」を数式のように表現するとしたら、次のようになります。

結果のゴール＝私が「手に入れたい」あるいは「持っていたい」もの

多くのクライエントは、結果のゴール――何が欲しいか、あるいは何を持っていたいか――を携えてセラピーにやってきます。たとえば、パートナー／子ども／仕事が欲しい、5キロ痩せたい、病気を治したい、怪我を治したい、昇進したい、家を買いたい、「子どもに言うことを聞かせたい」などというものです。セラピストとしては、こうした「結果のゴール」を肯定します。というのも「結果のゴール」は動機づけの向上に役立つことが多く、価値とコミットされた行為の良い起点となるからです。とはいえ同時に、クライエントが自分でコントロールできる物事に焦点を当てることを助けたり、勇気づけたりといったこともしたいのです。私たちは、自分の行動、とくに顕在的行動（言うこと、すること）に対しては、なんとか自分の思いどおりにすることができます。一方、自分の行動の「結果」については、すべて思いどおりになることなどありません。つまり、いくら望んでも、思いどおりの結果を得られる保証はまったくないのです。だからこそ、できるだけ早く「結果のゴール」は「行動のゴール」に書き換えるべきなのです。いくつか例を挙げましょう。

結果のゴール（その1）

クライエント：パートナーを見つけたい／もっといい仕事を探したいんです。

→行動のゴールへリフレーム

セラピスト：私たちのセッションで取り組むことは、今までとは別のやり方でやってみる、ということなんです。パートナー／もっといい仕事が見つかる確率を上げるには、どんなことを言って、どんなことをするのがよいのかを考えていきましょう。

結果のゴール（その2）

クライエント：子どもに言うことを聞かせたい／夫に飲酒をやめさせたいんです。

→行動のゴールへリフレーム

セラピスト：私たちのセッションで取り組むことは、今までとは別のやり方でやってみる、ということなんです。お子さん／旦那さんの行動に、もっと効果的に影響を与えるには、どんなことを言って、どんなことをするのがよいのかを考えていきましょう。

結果のゴール（その3）

クライエント：この病気／怪我を治したいんです。

→行動のゴールへリフレーム

セラピスト：ここでのセッションでは、2つのことが重要になってきそうですね。ひとつには、かかりつけ医などと協力することから、食事や運動に気をつけることまで、健康増進のためにできることは何でもしていくこと。もうひとつは、○○さんの病気／怪我がいろいろな問題に絡んでいるので、今できる範囲で、生活の質を上げるためにできることは何でもしていくこと、ですね。

洞察のゴール（*insight goals*）は、「結果のゴール」のひとつです。この場合、クライエントが手に入れたいもの、持っていたいもの（その人が望んでいる結果）が、洞察や自己理解ということになります。クライエントは、たとえば「なぜ、自分がこんなヤツなのかを理解したいんです」「なぜ、これを続けてしまうかを知りたいんです」「自分が、本当は誰なのかをはっきりさせたいんです」といった言い方で、洞察のゴールを表現します。セラピーのゴールを洞察――主に自分の行動に関する洞察を養うことが目的――に設定してしまうと、すぐに「分析麻痺（analysis paralysis）」に陥ってしまいます。そうなると、何セッションにもわたって、知的／理論的／概念的な議論と過去の考察が繰り返されることになり、マインドフルで価値づけられた生き方のためのスキルを構築することができなくなってしまいます。

このようなことが起こったとき、ACTでは、クライエントが、自分に対するさまざまな理解や洞察を、自分自身の行動、思考、感情、習慣、パーソナリティ、そしてアイデンティティへと展開していきます。一般的に、クライエントは「自分が誰であるのか」「自分のマインドが、どのように作用しているのか」「自分が本当に送りたい人生や生活とは何か」「過去がどのように自分に影響を与えてきたのか」そして「なぜ、自分がそのようにしたのか」について重要な気づきを得ます。そこでは、体験的なエクササイズなどを通して、このような洞察を培っていきます。しかし、洞察を得るために、長々と分析的な討論はしません。さらに、このような洞察は、それ自体が目的ではありません。それは、マインドフルで、価値に基づく生活によって望ましい結果に向かっての「旅」の中で起きる出来事のひとつでしかないのです。

そのため、私は、セラピーにおいて役立つゴールへと変換するために、たとえば次のような言い方をします。「そうですね。これから一緒にセラピーに取り組んでいくと、自分はどんな人間なのか、マインドはどのように作用しているのか、なぜ自分はその行動をとるのか、自分が人生に本当に求めるものは何なのか、といったことについて、必ず理解が進むと思います。そうなることが当たり前というか、すべてACTのプロセスで、そういうことが起きます。私の関心は『○○さんがそういうことを全部理解できたら、今までとは異なる、どんなことをしたいか？』ということです。新たに、どのように行動してみたいですか？　また、○○さんの言動や人との接し方の変化について、周りの人たちは、どのように気づくでしょうか？」

それでは、ここで整理してみましょう。まず、ゴールには3種類あります。以下のとおりです。

行動のゴール＝「したい」こと
感情のゴール＝「感じたい」こと
結果のゴール＝「手に入れたい」か「持っていたい」もの

「顕在的な行動のゴール」と「潜在的な行動のゴール」

チョイスポイントを使ってクライエントの問題とセラピーでのゴールを図に表すときは、進と逸の矢印には、顕在的な行動、潜在的な行動のどちらも含まれます。たとえば「潜在的な」進ムーブには、集中する、関与する、セルフ・コンパッション、アクセプタンス、許す、感謝する、効果的な計画や戦略を立てる、価値について考える、マインドフルな状態になる、などが該当します。一方、潜在的な逸ムーブには、関与しない、目の前の活動ではなく思考や感情に注意を向ける（しばしば「注意の転導」「集中の欠如」と記述される）、そして、心配する／思い悩む／執着して頭がいっぱいになるといった認知活動が該当します。

クライエントのなかには、顕在的な行動に満ちている人もいます。つまり、やりたいことは全部しながら生活している（あるいは、少なくとも本人は、そのように捉えている）ような人たちです。ただし、彼らが訴える問題というのは、実際に、いろいろとやってはいるけれども、心配（または、思い悩み、空想、執着、過去へのこだわりといった他の認知プロセス）で頭がいっぱいで、自分のしていることを楽しんだり、味わったりしているわけではない、というものです。たとえば、あるクライエント（最近、がんになり闘病中の）が、「自分、そして自分の愛する人が病気になってしまうかもしれない」という心配で頭がいっぱいになっているとしましょう。また、その人は、社交場面でも、そのイベントの前やその最中も、不安（会う人に好かれるか、退屈に思わせていないかなど）を抱えているとしましょう。

そのクライエントは、そのような不安はあるものの、やりたいことは実際にしています——今も、友人には会ったり、子どもと一緒に時間を過ごしたり、仕事に行ったりもしています。しかし、その不安のせいで、いろんなことを楽しめなくなっています。このクライエントは、複数の「感情のゴール」（心配するのをやめる、病気について考えるのをやめる、もっと気分良く過ごす、不安をあまり感じないようにする）を持って、このセラピーへやってきました。

このようなケースで、セラピーがうまくいったという状態とは、いったい、どのようなものになるでしょうか。それは、クライエントの顕在的な行動（つまり物理的、身体的行動）は変わらないけれども、潜在的な行動（つまり内的な心理的行動）は変わる、という状態です。たとえば、クライエントは、今も、社交イベントに参加しています、しかし、心配に釣られてしまい、逸（それる）ムーブにつながってしまっています。そして、ここでの逸（それる）ムーブは主に、顕在的な行動に集中できていない、思考や感情に注意がいって愛する人たちと一緒に「今、この瞬間」を十分味わうことができない（クライエントには「気が逸れてしまう」という言い方ができるでしょう）といった潜在的な行動になります。以下のやりとりでは、セラピーがうまくいったら、どのような結果になるか（つまり、潜在的な行動が、どのように変化するか）を説明しています。

セラピスト：このセラピーで取り組むことのひとつは、○○さんが不安な気持ちや考えに、もっと効果的に対応できるように、新しいスキルを身につけることです。とくに、先ほど話にあったような社交場面でもっとしっかり関われるようになるためです。それが身につけられると、そのときしていることに、しっかりと関わって、○○さんにとって大切な人たちと、そのとき、そのときを充実して過ごせるようになると思います——そして、そういう場面を本当に楽しめるようになると思います。

クライエント：でも、心配はどうなりますか？　私は、心配することそのものをやめたいんです。自分のためになりませんから。

セラピスト：そうですよね。いま言われた「心配する」というのは、本質的には「不安な考えに釣られる」ことを指しています。とはいえ、○○さんのマインドが、「嫌なことが起こるかも」という不吉な考えをどうしたら思いつかなくなるのか、私にはわかりません。ただ、誰のマインドも同じようなことをしています。その考えに釣られてしまう——つまり、その考えにすっかり囚われて没頭してしまう、それが「心配する」という状態なのです。ですから、このセラピーで取り組むことは、さまざまな不安な考えから自分をはずして、そのときしていることに注意を向け直す方法を覚えることなんです。これが、心配への解毒剤になります。

＊＊＊

（もう気づいていると思いますが）この会話で、セラピストが「心配するのをやめる」という死人のゴールを「さまざまな不安な思考から、自分をはずし、そのときしている活動に注意を向け直す」という生者のゴールへとリフレームしています。同じように、思い悩む、過去を引きずる、復讐の空想に浸る、責める、執着するといった他の認知プロセスについてもリフレームすることができます。こうした潜在的な行動は、その認知プロセス（たとえば「なんで、私はこんな感じなんだろう」という思考、つらい記憶、復讐に関する空想）に「釣られる」とリフレームすればよいのです。そして、それに対する解毒剤は「釣り針」から自分をはずして、目の前の活動に注意を向け直す方法を覚えることなのです。

チョイスポイント上では、上記のセラピストが語った内容は、次のように表すことができます（このケースでは「進ムーブ」も「逸ムーブ」も、潜在的行動であることに注意してください）。

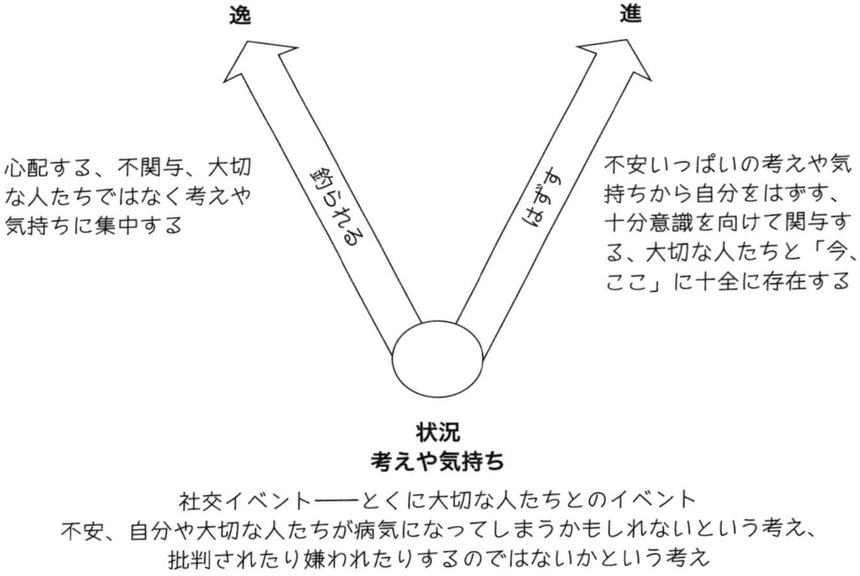

セラピーのゴール：２つの例

この章で扱っている内容が多くなってしまったので、ここで、少し整理しましょう。セラピーにおける「行動のゴール」について、いくつか例を紹介します。いずれも、セラピストが、クライエントに対して「セッション内でやってきたことをまとめている」という設定になっています。

うつのための行動のゴール

このクライエントの「魔法の杖の質問」に対する答えとしては、仕事に復帰する、運動を再開する、友人や家族ともっと一緒に過ごす、の３つを挙げました。その答えを受けて、セラピストは、次のように話をまとめました。

セラピスト：なるほど。そうだとすると、次のようにまとめることができるかもしれませんね。○○さんの「うつ気分（気分の落ち込み）」という言葉が指しているのは、否定的な自己評価、絶望感、過去のつらい記憶、そして将来に対する心配といった、さまざまな不快な思考に「釣られて」しまっている状態なのですね。そして、罪悪感、悲しみ、不安、身体の疲れといったつらい感覚にも「釣られて」しまっているようです。もし、私の言っていることが間違っていたら、「そうじゃない」と言ってくださいね。こうした思考や感覚に「釣られた」状態になると、ベッドで長時間過ごす、人との関わりを避けて一人になる、家に引きこもる、ジムに行かなくなる、仕事に行かない、テレビをずっと見る、といった「逸(それる)ムーブ」へ向かっていく。そのようなことで間違いないでしょうか？　私たちが、このセラピーで目指しているのは、次の２つです。①こうした厄介な考えや気持ちに対応するための新しいスキルを学ぶこと、言い換えると、それらの考えや気持ちによって○○さんが落ち込んだり、尻込みしたりしないように、自分をそれから「はずす」ことができるようになること、そして②人と関わる、仕事をする、運動をするなど、○○さんにとって大切だったことがまたできるようになり、同時に○○さんが充実感を得られることをいろいろできるようになること。だいたい合っていますか？

ここでは、セラピストがクライエントの問題を、チョイスポイントとうまく関連させて、２つの要素に分けています。気づいていましたよね？　つまり、①思考や感情に釣られた状態（＝思考や感情とのフュージョンおよび思考や感情の回避）、②有効でない行動をする、という要素です。もし必要であれば、セラピストは話しながら、これらをチョイスポイントに書き込むこともできます。その場合は、次のようになります。

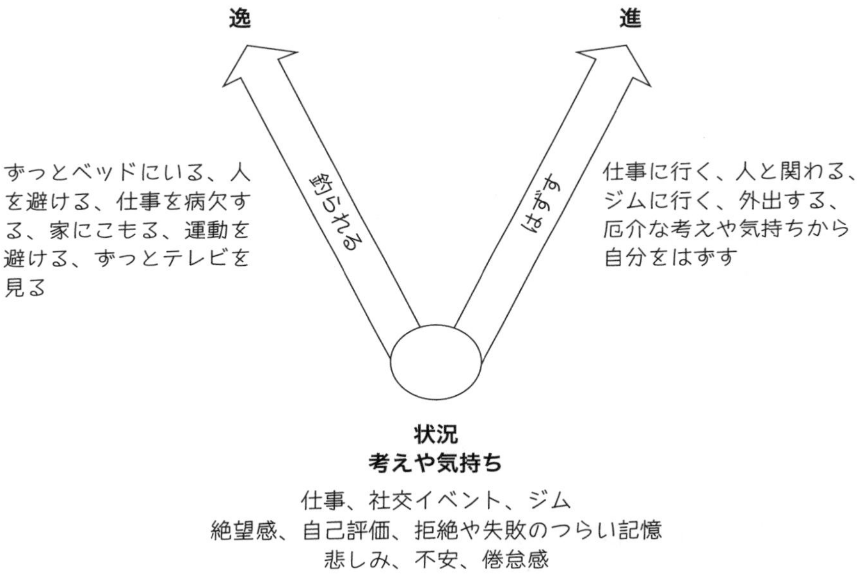

また、セラピーを開始したそのときから、以下の2つの重要な考え方を築くための土台作りをさりげなく行っていることにも注意してください。

1. 思考や感情が、問題の本丸ではない。その問題を引き起こすのは、思考や感情に「釣られた」状態（フュージョンや回避）である
2. 思考や感情は、必ずしも行動をコントロールするわけではない

セラピストでも、この2つ目の考え方に驚く人は多くいます。そこで、少し説明を加えておきましょう。私たちの思考や感情は、行動に影響を与えるものの、必ずしもコントロールするわけではありません。第4章で検討したように、私たちの行動は常に、内的世界と外的世界の両方からやってくる刺激によって、さまざまに影響を受けています。

では、思考や感情が行動に対して、もっとも強い影響力を持つのは、どのようなときでしょうか？　もちろん、「フュージョン」と「（体験の）回避」の文脈のなかにあるときです。一方、「脱フュージョン」と「アクセプタンス」（つまり、マインドフルネス）の文脈では、思考や感情の影響力は非常に弱いです（言い換えれば、思考や感情から自分をはずすことができます）。そうすれば、価値に基づいて行動するのは、かなり楽になります。

つまり、心理的柔軟性が高いほど、行動を選択するキャパシティは大きくなります（たとえ、どのような思考や感情が湧いてきたとしても）。この点を念頭に置き、私たちセラピストが繰り返し強調することは、(a) クライエントの思考や感情（先行事象）と、(b) それが現れたときにクライエントがすること（行動）は、別のものである、ということです。そして、究極的には、思考や感情 (a) が、行動 (b) をコントロールする（a が b の原因である）という幻想を打ち砕きたいと考えています。

では、「行動のゴール」の設定の例をもうひとつ見ていきましょう。

依存症のための行動のゴール

このクライエントが飲酒をやめたい理由は２つありました。それは①妻に離婚すると脅されていたから、②最近の健康診断で、肝臓関連の数値が良くなかったから、というものでした。「魔法の杖」の質問には、「もっと良い夫になりたい」、そして「肝臓を治したい」と答えました。

セラピスト：では、お話をまとめてみましょう。これまで○○さんが禁酒しようとしたとき、アルコールへの強い渇望や不安感が出てきて、結局、長続きしなかったんですね。そして、そういう渇望や不安感に釣られると、お酒を飲み始めてしまう。とすると、このセラピーでの目標は３つになるでしょうか。それは、①新しいスキルを学んで、渇望や不安といった気持ちにもっと効果的に対応できるようになること――言い換えると、それらの気持ちに振り回されて、またお酒を飲むようにならないように、そこから自分を「はずせる」ようになること、②今までとは違う言動をとれるようになり、奥さんともっと良い関係を築けるようになること、そして、③肝臓に優しい生活を始めて、肝臓がなるべく健康な状態になるようにすることです。このようなまとめで、合っていますか？

ここでも、必要ならば、セラピーの目標をチョイスポイントに図示できます。

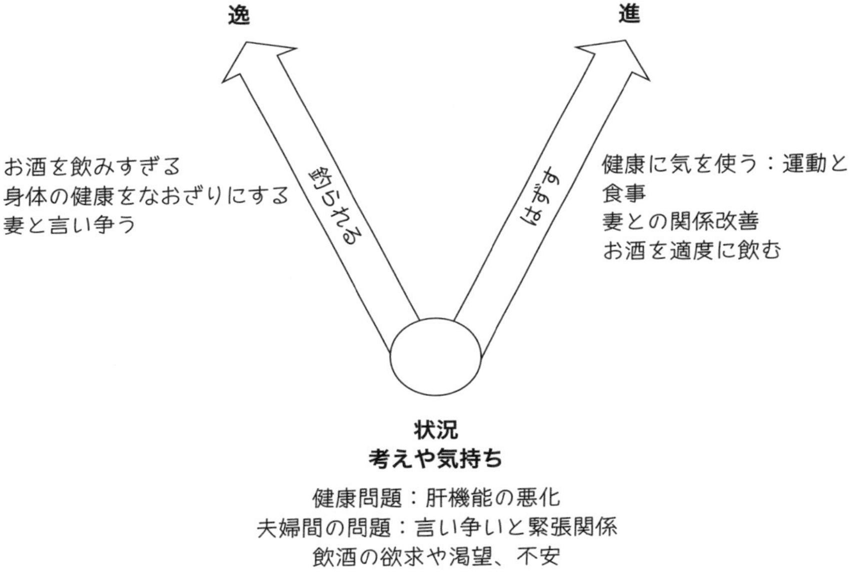

実践のためのヒント　本章に載せたチョイスポイントの図はどれも「ミニマリスト」的なもので、重要なテーマを強調するために多少のメモを書き込んだにすぎない。もし、そうしたいと思ったら、もっと詳細に書き込んでもらってかまわない。クライエント自身に書いてもらうこともできるだろう。また、そのとき焦点を当てたい問題ごとに、個別のチョイスポイントを用意するのもよい。たとえば先ほどのクライエントであれば、後のセッションで妻との関係改善に焦点を当てようと思ったら、夫婦の問題だけに内容を絞ったチョイスポイントを新しく描くこともできるだろう。

「すべてに当てはまる」行動のゴール

セラピストがどれだけ努力しても、クライエントが具体的な行動のゴールを思いつかない、あるいはゴールを設定することを嫌がることもあります。そういうクライエントは、「わかりません」「どうでもいいです」「とにかくこんな気持ちでいるのをやめたいだけです」「とにかく楽しい時間を過ごしたいんです」などと、繰り返し言うかもしれません。そういう場合は、こちらの意図を押しつけてはいけません。ひとまず、インフォームドコンセントの段階で導入した、具体性が低く、すべてに当てはまるような、一般的な「行動のゴール」を目標としておきましょう。

セラピスト：それでは、こういうのはいかがでしょうか？　このセラピーで取り組むことの１つ目は、思考や感情の「釣り針」から自分を「はずす」ためのスキルを学ぶことです。そうすれば、思考や感情に振り回されないで済むようになりますし、○○さんが望む生き方をしようとすることができると思います。そして、２つ目は、いま自分が何を望んでいるのかに関係なく（すべてについて「もう、どうでもよい」と思っているかもしれませんが）、このセラピーを「何か」変えていく機会にすることです。○○さんにとって大切なことは何かを、一緒に探していけると思います。そして、今までとは違うやり方をしてみることで、○○さんの「生活の質」を上げていけるかどうかについて、一緒に試してみることもできると思うのです。

Extra Bits（おまけ）

ACT Made Simple : The Extra Bits（http://www.actmindfully.com.au の「Free Stuff」ページからダウンロードできる）の第６章に、①「問題を解剖する（Dissecting the Probrem)」と「価値の的（The Bull's Eye)」ワークシートの印刷用ファイル、②一筋縄ではいかないケースで行動のゴールを設定する際のヒントを掲載した。（英語）

スキルアップのために

本章で紹介したスキルの練習をするためのステップは、以下のとおりです。

- 本章に出てきたセラピストのセリフを声に出して読み、話しやすいように言葉を変えて、ACT の語り口に慣れ、自分なりの ACT 語りのスタイルを見つける。
- 本章に登場するクライエントを２人選び、その人たちについて鍵となる質問の答えを書いてみる。クライエントは、どんな価値づけられた方向に進みたいのだろう？　何がクライエントの行く手を阻んでいるのだろう？
- 「行動のゴール」という視点から考える練習をする。同様に、クライエントを２人選び、セラピーのゴールをどのように簡潔に説明できるかを考えてみる。
- 本章の 2、3 番目の課題で取り上げた問題から１つ選び、それについてチョイスポイントの図に書き込んでみる。

このエクササイズを行うときは（あるいは、他の章に出てくる、どのエクササイズを行うときでも）、自分自身に「うまくできなくていいから」と言ってあげてください。今、あなたは、新しいセラピーモデルを学んでいるところなのですから、自分は初心者、新人、学習者であると言い聞かせましょう。初心者は、ミスをするものです（ベテランだって、そうです）。そして、ミスは学習プロセスの重要な一部です。あなたのマインドが、あなたをひどくこき下ろし始めたら、その悪口をメモしておいてください。第 12 章で、そのメモした内容を使ってワークをします。

第６章のまとめ

本章のポイントは「できるだけ早く、『行動のゴール』を設定しよう」ということです。インフォームドコンセントの段階でクライエントが話した、曖昧で、具体的ではないゴールだとしてもかまいません。クライエントが「感情のゴール」を山ほど携えてセラピーにやってきたときには、とくに「行動のゴール」を設定することが重要となります。ある程度、時間はかかるかもしれませんが、それが設定できたら、それ以降のセラピーは、かなり楽になると思います。

自分を釣り上げる考え	人生を吸い取る行動
この問題に関連するどんな記憶や心配、恐れ、自己批判、その他助けにはならない考えが頭から離れなくなったり、それに「はまって」しまったりしますか？　あなたを釣り上げて引きずり回し、自分の人生を生きることから遠ざけることが多いのはどのような考えですか？	あなたが今していることのなかで、人生を長期的には悪い方に変える／行き詰まらせる／時間やお金を無駄にする／エネルギーを消耗する／人生に制限をかける／健康や仕事、人間関係に悪影響を与える／対処中の問題を維持したり悪化させたりすることは何ですか？
自分を釣り上げる気持ち	**困難な状況の回避**
あなたを釣り上げて引きずり回し、自己破滅的な行動に追い込むことが多いのは、どのような情動や気持ち、欲求、衝動、感覚ですか？	あなたはどのような状況、活動、人、場所を避けたり、そこに近づかないようにしたりしていますか？　これまでにやめたこと、関わらなくなったこと、参加しなくなったことは何ですか？　「先延ばし」にし続けていることは何ですか？

「問題を解剖する」ワークシート

The Dissecting the Problem Worksheet

あなたの価値：あなたは、この星で生きている間に、何をしたいですか？　どんな人になりたいですか？　人としてのどんな強みや資質を伸ばしたいですか？　以下のそれぞれの項目に、いくつか言葉を書き込んでください。

仕事／教育：職場、キャリア、教育、スキルの向上など。

人間関係：パートナー、子ども、両親、親戚、友人、同僚など。

自分の成長／健康：宗教、スピリチュアリティ、創造性、生活スキル、瞑想、ヨガ、自然／運動、栄養、健康を害する要因への対応など。

余暇：趣味や娯楽、息抜き、リラックスの方法、楽しく過ごす方法、レクリエーション活動、創作活動など。

「価値の的」：ダーツボードの各エリアに１つ×印をつけ、項目ごとのあなたの現在位置を示してください。

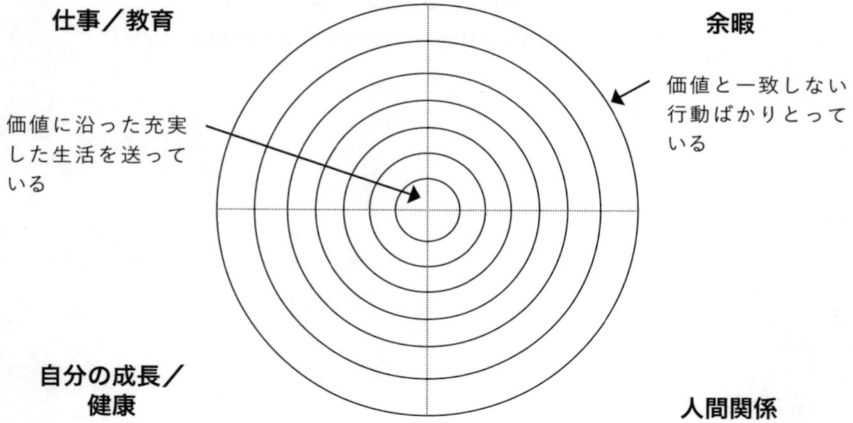

New Harbinger Publications（Oakland, CA；www.newharbinger.com）の許可を得て、*Living Beyond Your Pain*（J. Dahl & T. Lundgren）から引用。

「価値の的」ワークシート

The Bull's Eye Worksheet

第7章

何から始めればいい？

うまい始め方

ACTのワークショップで、もっとも質問されることは何だと思います？ それは「ラス、そのかっこいいシャツは、どこで買ったの？」です。そして、それには「ごめん。教えられない！ なぜって、企業秘密だから」と返します。実は、それと同じくらい、よく聞かれる質問があります。それは「ACTは、どこから始めたらいいのですか？」と「最初は、どのプロセスに焦点を当てればいいのですか？」という質問です。私の答えは1つ、「場合によります」です。以前にも述べたように、ACTは一方向の直線的なモデルではありません。そのため、どのセッションの、どの時点から、どのコアプロセスから、始めなければならない、というものではありません。「決まった順番」があるわけではないのです。つまり、どこから始めるかは、クライエントごとに変わってきます。とはいえ、①能動的なセラピーにおける最初のステップ、そして、②その後のセッションの方向性については、いくつかアドバイスできます（そして、繰り返しますが、どんなことも、自分のスタイルに合わせて適用・修正してください。以下の内容は、あくまでヒントや提案にすぎません。もちろん、あなたを縛る「十戒」でもありません）。

理想的には、最初の（初回か2回目の）ACTセッションでは、第5、6章の内容を実行してください。つまり、以下のようなことです。

- ラポールを築く

- ヒストリーを聴き取る
- インフォームドコンセントを得る
- 行動のゴールを設定する

最初の援助

最初の（初回か2回目の）セッションで、上記の内容をすべて実施し、さらにもう少し時間が残った場合には、①短めの体験的エクササイズを実施し、セッションの最後に②簡単なホームワークを出す、というのが理想的です。それでは、この2つについて見ていきましょう。

短い体験的エクササイズ

この本には、短時間で実施できる、さまざまな体験的エクササイズを載せました。その多くが、所要時間5分以内です。そして、もっとも簡単なエクササイズのひとつが「碇を下ろす」です（これは、第10章で紹介します）。そして、もうひとつは「私は～という考えを持っている」という脱フュージョンのテクニックです（これは、第12章で紹介します）。この本には、その他にも、たくさんのエクササイズが多く紹介されています。マインドフルネス・テクニック（たとえば「呼吸の観察」や「ボディスキャン」）も、3、4分のシンプルなバージョンもあります。

ただし、覚えておいてほしいことが2つあります。まず、体験的エクササイズをやろうと思ったら、それをきちんと終わらせられるだけの時間はもちろん、エクササイズ後に感想を聞く時間も、しっかり確保しておいてください。そうしないと、クライエントがエクササイズの目的をきちんと理解できたか、そして、クライエントがセラピーのゴールとの関連性をちゃんと実感できたか、を確認することができなくなってしまうからです。

もうひとつは、前章でも触れた内容です。それは、クライエントが気持ちを楽にすることや痛みを排除することにしか関心がなく、「行動のゴール」を設定することに抵抗する場合には、最初に行うべき体験的ワークは、創造的絶望（これは、第８章で紹介します）にする必要がある、ということです。

簡単なホームワーク

次のセッションまでにクライエントが実施できるくらい簡単なホームワークを出すことは、良いアイデアだと思います。たとえば、セッション内でマインドフルネス・エクササイズを実施したときは、それを家でもやってみることをホームワークにすることができます。あるいは、日記を書いてもらったり、前章の最後に紹介したようなワークシートに記入してもらったりするのもよいかもしれません。

実践のためのヒント　「ホームワーク」や「宿題」という言葉を嫌がるクライエントは多いので、何か別の表現を使うほうがよい。たとえば、「これを家でもやってみよう［試してみよう／実験してみよう／練習してみよう／書いてみよう／挑戦してみよう／取り組んでみよう／実践してみよう／時間をとって実行してみよう］と思えそうですか？」といった聞き方ができるだろう。

もし、すでにチョイスポイントを導入していれば、それ自体がそのままシンプルなホームワークになります。私が気に入っているのは、次のようなワークです。

「進(すすむ)ムーブ」と「逸(それる)ムーブ」に気づく

セラピスト：次回のセッションまでに、いくつかやってみてほしいことがあるのですが、どうでしょうか？　まず、あなたの「進(すすむ)ムーブ」に注意を向けてください。どこで、どんなときに、進(すすむ)ムーブをしているでしょうか。そして、そのとき、本当に楽しんだり、味わったりできているかについても注意を向けてみてください。

今度は、「逸(それる)ムーブ」についてです。どこで、どんなときに、逸(それる)ムーブをしているでしょうか。とくに、あなたを釣り上げて、逸ムーブに持っていくのは、どんな考えや気持ちでしょうか。そして、それに注意を向けることは、できそうですか。少し試してみてください。

＊＊＊

このホームワークには、いろいろなバリエーションが考えられます。たとえば、気づいたことを日記につけてもらう、書き込みのないチョイスポイントの図を渡して、リマインダーとして目立つ場所に貼っておいてもらう、というのを勧めてもいいでしょう。あるいは、何か具体的な問題（たとえば、喫煙や飲みすぎといったやめようとしている「悪癖」や、３人の幼い子どもの世話といった頻繁に起こってそのたびに苦労する状況）についてチョイスポイントに書き込んでもらい、完成させた図を次回のセッションに持ってくるようにお願いしてもいいでしょう。このシンプルに見えるチョイスポイントのホームワークは、実は、次のようなさまざまな目的を達成するのを助けてくれます。

- クライエントの自覚を高める
- 次回のセッションで使える情報を提供してくれる。そのため、アジェンダの設定および最初に何を標的にするのか選定するのに役立つ
- クライエントに、自分の思考や感情、そして自分の行動に対する気づきを高めてもらうための素晴らしい最初のステップとなる
- 進ムーブに関して得られた情報は、価値、ゴール、コミットされた行為を探るときに役立つことが多い

実践のためのヒント　あなたがチョイスポイントを使うことに気乗りしないのなら、図示したりせず、チョイスポイントという言葉も使わずに、まったく同じ内容のホームワークを出せばよい。ここで使用されている用語（釣られる、はずす、進ムーブ、逸ムーブ）は、図などを使って視覚的に提示するほうが大きな効果を発揮することが多い。しかし、必ずしも図が必須というわけではない。

クライエントのためのワークシート

ワークシートが有用な理由は、それがセッションのリマインダーの役目を果たし、クライエントがホームワークに取り組む可能性を高めてくれるからです。そして、それは、次回のセッションで使える話題を提供してくれるからです。しかし、もしクライエントがシートに書き込むのが好きではない（あるいは、あなたがセラピストとしてシートを使うのが好きではない）なら、必ずしも使う必要はありません。ワークシートは、ACT にとって、あくまで補助具でしかありません。ACT にとって、なくてはならないものではありません。

もし、最初のセッションの残り時間があと少しになった時点で、クライエントの価値に関する情報がほとんど集まっておらず、クライエントに「価値の的」（第６章）をやってもらう時間もなかったとしたら、それをホームワークにしてもかまいません。たとえば、次のように言うことができます。「今日は、○○さん［クライエント名］の抱える問題——どんな考えや気持ちに苦しんでいるのか、どんなことをして人生が悪い方向に進んでしまっているのか——についていろいろと話してきました。しかし、○○さんがどんな生き方をしたいか、大局的に見たときに○○さんにとって本当に大切なことは何か、といったことについて話すことができませんでした。そこで、もしよければ、次回のセッションまでに、そのことについて、このワークシートに書き込んでもらえますか？　これは、いま言ったような、○○さんがどう生きたいか、何を大切にしていきたいかということについて考えてもらうためのワークシートです」

別のワークシートをホームワークにするとしたら、「活力 vs. 苦悩の日記（Vitality vs. Suffering Diary）」や「問題と価値（Problems and Values）」を使うのがよいかもしれません（Extra Bits を参照のこと）。そのとき、クライエントには、このようなワークシートを使うことでさらに情報が得られ、セラピーの方向性を決めるのに役立つことも説明してください。

初回セッションが終わったら、その次は何を？

第6章と第7章（本章）を読んで、最初の（初回か2回目の）セッションでどのようなことをしたらよいかが、それなりにわかりましたか（そうだとよいのですが……）。もしそうなら、今あなたの頭の中には、「それでは、次は何をしたらいいんだろうか？」という疑問が湧いてきているのではありませんか。そして、その答えは、ここでも「場合による」です。もちろん、この疑問に対する「正しい」答えはありません。次の「正しい」ステップも、「間違った」ステップもありません。6つのコアプロセスは、すべて互いにつながり合い、重なり合っているため、セラピーでは、「このワークを、この順番で実施しなければならない」というものは存在しません。以下に紹介するのは、あくまで、次のステップになるかもしれないものにすぎません。というのも、実際のステップは、あなたがクライエントのニーズをどのようにアセスメントし、評価したかによって変わってくるからです。だからこそ、ここでのアドバイスは、あくまで心に留める程度にしておいてください――そして、個々のクライエントに合わせて、その選択を変えても、まったく問題ありません。

- クライエントが自分の感情に飲み込まれてしまっている／極端なフュージョン状態にある／解離状態にある／情動調整不全に陥っている／ひどく衝動的になっている場合：「碇を下ろす」（第10章）のような、グラウンディングのためのマインドフルネス・エクササイズから始める。
- クライエントがひどい悲嘆や喪失を体験している場合：セルフ・コンパッション（第18章）あるいは／それとともに「碇を下ろす」（第10章）から始める。
- クライエントの動機づけが弱いか、絶望感とフュージョンしている場合：価値（第19章）と絶望からの脱フュージョン（第14章）から始める。
- クライエントが、気持ちが楽になることやつらい感情を消し去ることに固執している場合：創造的絶望（第8章）から始める。

（カウンセリングを〔判決などによって〕義務づけられているクライエントについては、この本の守備範囲外です。それについては、上級用テキストである『使いこなすACT』〔*Getting Unstuck in ACT*; Harris, 2013〕を参照してください）

進むべき方向性を選択する

大まかに言うなら、最初のセッションの後、ACTプロトコルは、多くの場合、2つの選択肢からどちらかを選択します。その選択肢は、以下の2つの「問い」に基づいています。

A. クライエントが進みたい価値づけられた方向は、どのようなものか？

Aを選択した場合、一般的には、以下のようなステップを踏みます（ただし、順不同）。

- 価値の明確化
- ゴール設定
- 行動計画（アクションプランの立案）
- 問題解決
- スキルトレーニング
- エクスポージャー

チョイスポイントの視点からは、Aを選択した場合、**進**（すすむ）**ムーブ**に関する明確化とプランニングに焦点を当てます。

B. クライエントの邪魔をしているものは、何か？

Bを選択した場合、一般的には、以下のステップを踏みます（ただし、順不同）。

- 「今、この瞬間」との接触を用いて、非柔軟な注意を標的にする
- 脱フュージョンを用いて、フュージョンを標的にする

- アクセプタンスを用いて、体験の回避を標的にする
- セルフ・コンパッションを用いて、自己批判、自己嫌悪、自己軽視（self-neglect）を標的にする

チョイスポイントの視点から言うと、上記はすべて、**はずすスキル**（クライエント特有の**逸**(それる)**ムーブ**に対応した）に該当します。

どちらから始めるにしても、セラピーが進むにつれて、ＡとＢの方向性は統合されていくことになります。思い出してみてください。すべてのコアプロセスは、互いにつながっています。とはいえ、今は、心配しすぎる必要はありません。その２つを統合するやり方は、いずれ、この本でも説明します。

各セッションで何をするかを決める

ACTの目的は、いったい何だったでしょうか（思い出せましたか？）。それは「心理的柔軟性を育む」ことです。心理的柔軟性とは、価値に基づいた行動をしながら、そのとき体験していることに十分注意を向け、オープンでいられること――あるいはもっと簡単に言うなら、「『今、ここ』に存在し、オープンになり、大切なことをする」ができていること――です。私たちが求める成果は、マインドフルで、価値に基づく生き方、つまり、人生の一瞬一瞬としっかり触れながら、大切なことをする、ことなのです。

ACTのセラピストは、以下の３つのことをうまく実行する方法を学ぶ必要があります。

1. クライエント自身の思考や感情に対して、クライエントがオープンであることを促進する
2. クライエントが「今、ここ」に十分に関わること――つまり、クライエントが人生に関与し、重要なことに集中すること――を助ける
3. クライエントが、価値に導かれながら、その人にとって大切なことをして、効果的に行動するのを助ける

次のACTのトリフレックス（第1章で最初に紹介した）に、この3つの課題が互いにどのように関係し、どのようにACTのコアプロセスと関係しているのかを示しました。

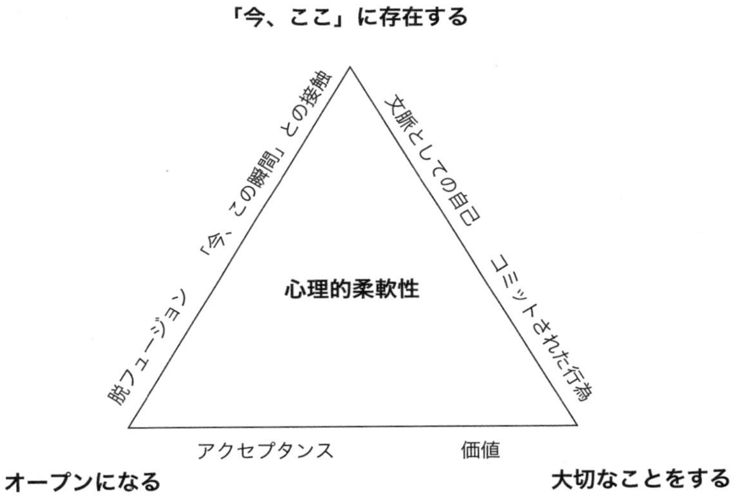

ACTのトリフレックス：「今、ここ」に存在し、オープンになり、大切なことをする

どのセッションにおいても、クライエントが「今、ここ」に存在し、オープンになり、大切なことをする、ということを助ける介入――その介入がどれだけ短くても長くても、どれだけ簡単でも複雑でも――は有益です。つまり、それが心理的柔軟性を促進させるからです。

要注意な用語 多くのACTのテキストでは、「『今、ここ』に存在する（be present）」、「オープンになる（open up）」、「大切なことをする（do what matters）」という表現はそれぞれ、「気づいている（aware）」「オープンな／心を開いた（open）」「関与する（engage）」状態を指す。

トリフレックスは、使い勝手のよい視覚的な「地図」として役立ちます。というのも、その視覚化によって、各セッションで何をすべきか（そのときのクライエントのニーズが何であるかに関するアセスメントに基づいて）が明確になるからです。

- クライエントが感情に飲み込まれている／解離状態にある／極端にフュージョンしているときは、一番の上の**「今、ここ」に存在する**から、つまり、グラウンディングと「碇を下ろす」から始める。
- クライエントに行動に取りかかってほしいときは、トリフレックスの右側、**大切なことをする**（価値とコミットされた行為）へと移る。ここでは価値を明確にし、ゴールを設定し、アクションプランを作成し、スキルを教える。
- クライエントが極端に行き詰まっている／どこにも向かっていない／フュージョンと体験の回避で麻痺状態になっているときは、左側の**オープンになる**（脱フュージョンとアクセプタンス）に移る。
- トリフレックスの右側あるいは左側（あるいは両方）で壁にぶち当たったら、**「今、ここ」に存在する**に立ち戻る。
- もしクライエントが、その人にとって大切なことをしっかりとやっているのなら、再び「今、ここ」に戻ってくる――クライエントがそのとき体験していることに注意を向けて、関与することを助け、自分のしていることに集中するのを助ける。また、もしクライエントが潜在的には楽しめることをしていたら、それを楽しみ、味わう方法を覚えるよう助ける。

アジェンダを設定する

クライエントが行き詰まっている、方向性を見失っている、あるいは感情にどっぷり飲み込まれているときほど、セッションのアジェンダをしっかり設定することが重要になってきます。これは、クライエントが「問題のはしご」をしているとしたら、二重の意味で重要です。「問題のはしご」とは、1つの問題に集中できず、次から次へと気になる問題に移ってしまうために、特定の問題を扱うための効果的なアクションプランや方略を考えることができない状態のことです。そういうとき、クライエントには、たとえば、次のように聞きます。「重要な問題、あるいは重要な生活の側面のうち１つを挙げることはできますか。それをセッションで重点的に取り上げ、改善していきたいのです」

たいていは、さらに、その理由も説明します。たとえば「というのも、そのほうが、セッションの効率が上がるからです。一度に複数の問題に取り組もうとすると、一つひとつの問題をきちんと扱うのが難しくなってしまうのです」のように説明します。

あるいは、その日のセッションで焦点を当てる問題、ゴール、人間関係、その他の生活の側面から、クライエントに１つ指定してもらうのもよいでしょう。その後、扱う問題が決まったら、それに対応するための具体的な「はずす」スキルやアクションプランについて考えていくことに対しても合意を得ましょう。

もちろん、アジェンダの設定にチョイスポイントを使うこともできます。その場合は、クライエントにチョイスポイントを提示し、次のように言うことができます。「今日のセッションでは、次の２つのどちらかに取り組むことができます。まず、進(すすむ)ムーブに焦点を当てると、○○さんが望む方向に人生の舵を切るために、今と異なるやり方をするとしたら、それはどんなことかを考えていくこと。もうひとつは、釣り針から自分をはずすスキルに焦点を当てて、嫌な考えや気持ちが出てきたときの対応を考えていくこと。どちらにしましょうか？」

クライエントが気持ちを楽にすることや痛みを完全になくしたいということに固執して、セラピーに望むものはそれ以外何もない、というような状態だったら、創造的絶望へ進みましょう。

クライエントが進(すすむ)ムーブを選んだときは、価値の明確化、あるいはゴール設定から始めましょう。

- クライエントがすでに価値を把握していたら、ゴールを設定する
- まだ価値が明確になっていなかったら、それをはっきりさせる。そして明確になった価値を使って、ゴールを設定する

• 価値に基づくゴールが設定できたら、それに基づくアクションプランを立てる

クライエントが「はずす」スキルを選んだら、一番簡単なもの――「碇を下ろす」、そしてシンプルな脱フュージョン――から始めましょう。

「はずす」スキルを教える大まかな手順

「はずす」スキルを教えるときに、必ず従わなければならない特定の順番というものはありませんが、私が一般向けのACTプロトコル「The Happiness Trap Online Program」（詳しくは https://thehappinesstrap.com）を作ったときは、以下の手順を採用しました。

1. 「碇を下ろす」／マインドフル・グラウンディング（第10章）
2. シンプルな脱フュージョン（例：気づき、名前をつける）（第11章）
3. 瞑想的な脱フュージョン（例：「流れに漂う葉っぱ」）（第15章）
4. 注意トレーニングと集中スキル（例：マインドフルな呼吸）（第17章）
5. 注意を向けて関与し、それを味わうスキル（例：マインドフルに食べる、飲む、歩く、聞く）（第17章）
6. セルフ・コンパッション（第18章）
7. 苦痛のアクセプタンス（第22章）
8. 気づく自己（第25章）

この順番は一般的なガイドラインとして使ってください。おそらく、多くのクライエントはこの順番でうまくいくと思います。しかし、これに必ず従わなければならないと考える必要はありません。必要に応じて変更していってください。常に柔軟にセラピーを進めながら、目の前のクライエントに合わせた対応をしたいのです。

セッションを構造化する

良いセッションの一般的な構造は、以下のようなものです（繰り返しますが、これは心に留める程度のもので、必要に応じて変えてください）。

1. マインドフルネス・エクササイズ
2. 前回のセッションの振り返り
3. アジェンダ
4. その日のメインの介入
5. ホームワーク

では、ひとつずつ簡単に見ていきましょう。

1. **マインドフルネス・エクササイズ**　毎回のセッションを、「碇を下ろす」やマインドフルネス呼吸のような、短いマインドフルネス・エクササイズから始めるのは、多くの場合、有効なやり方です。もちろん、必ずしもこれらから始めなくても問題ありません。ですが、これらのエクササイズから始めることで、クライエントとセラピストの両方がマインドフルな状態になれますし、体験的なセラピーへの期待感も生じます。

2. **前回のセッションの振り返り**　前回で扱った重要な内容、練習したエクササイズ、セッション後にクライエントが考えたこと、抱いた反応などについて振り返りましょう。クライエントがホームワークをやってきてくれていたら、「実際にやってみて、どうでしたか？」「何か新たに気づいたことがありましたか？」と聞いたりします。そうでなかった場合は「何がホームワークを邪魔したのでしょうか？」と聞いたりします。

3. **アジェンダ**　前述したように、その日のセッションのアジェンダに合意を得ましょう。

4. **その日のメインな介入**　もし、何らかのプロトコルに従っているなら、その回のセッションで扱うべき内容が事前にほぼ定まっているでしょう。しかし、柔軟であること——セッションで、そのとき起きていることに対応すること——は重要です。必要なときには、計画していたことをすべて諦められるようにしておきましょう（元の計画には、後でいつでも戻ってくればよいのですから）。プロトコルに従っていない場合は、前回終わったところから再開するか、今回設定したアジェンダに基づいて、新しい問題に取り組むことになるでしょう。

5. **ホームワーク**　クライエントには「次のセッションまでに何をするかによって、生活に本当に大きな違いが生まれるかどうかが決まる」ということを、繰り返し強調することが重要です。新しいスキルには、練習が必要だからです。価値づけられた行動には努力が必要です。毎回のセッションを終える前に、次回のセッションまでにクライエントが何を練習するか、実行するか、実験してみるかについて、話し合いによって決めて、その合意を取りつけましょう（注意！：あまりに押しつけがましくなったり、強制するために価値を使ってもいけません）。

Extra Bits（おまけ）

ACT Made Simple : The Extra Bits（http://www.actmindfully.com.au の「Free Stuff」ページからダウンロードできる）の第7章に、「活力 vs. 苦悩の日記（Vitality vs. Suffering Diary）」と「問題と価値（Problems and Values）」のワークシートを掲載した。（英語）

第７章のまとめ

ヒストリーを聴き取り、ラポールを築き、インフォームドコンセントを得て、セラピーの「行動のゴール」を設定したら、つまり最初の（初回か２回目の）セッションの主たる目的を果たしたら、能動的な介入へ移っていきます。そのとき重視するのは、セッション内での体験的セラピーとセッション間のホームワークです。

体験的セラピーでは、ACTのトリフレックスが示す３つの包括的プロセスの上で「ダンス」をしましょう。その包括的プロセスとは、「今、ここ」に存在する、オープンになる、大切なことをする、の３つです。

- クライエントに行動を起こしてもらうには？　→価値とコミットされた行為（進(すすむ)ムーブ）に取り組もう。
- クライエントが行き詰まっているときは？　→脱フュージョンとアクセプタンス（「はずす」スキル）に取り組もう。
- その両方で壁にぶち当たったら　→「『今、ここ』に存在する」と「碇を下ろす」（さらなる「はずす」スキル）へ立ち戻ることを目指そう。

第3部

肝心かなめのコト・モノ

第8章

そうぞうてき・ぜつぼう?!

幸せになりたい!

とにかく幸せになりたがっているクライエントを担当した経験はありませんか? セラピーに望むことはそれ以外何もない、といった感じのクライエントです。ありますよね? もし、そういった経験があるなら、それがどれだけ大変な経験だったことか! しかし、ご安心ください。ラッキーなことに、そんなクライエントと、うまくセラピーをするのを助けてくれるものがあります。それが、**創造的絶望**(*creative hopelessness*:CH)です(どうか、この名前で引いてしまわないでください)。

創造的絶望のまとめ

・**簡単に言うと…** **創造的絶望**とは、「望まない思考や感情を一生懸命、避けようとしても、消そうとしても、人生は良くなるどころか、かえって悪い方向に進んでしまう」ということに気づくプロセスのこと。その気づきによって、苦しい思考や感情の回避にまつわるアジェンダは、絶望に行き着くことになる。しかし、そこから「思考や感情に対応するための、今までとは異なる、新しい方法を探すこと」へと向かう、創造的な態度が生まれてくる。

・**その目的は?** ①感情コントロールのアジェンダ(詳細は後述)およ

び過度な体験の回避に関する代償について、クライエントの気づきを高めること、②感情コントロールのアジェンダにしがみつくのは有効ではないことに意図的に気づき、認めること。

・**別の言い方をすると…**　感情コントロールのアジェンダに立ち向かう。

・**その方法は？**　クライエントが望まない思考や感情を回避・排除するためにしてきたことに目を向け、それが短期的、長期的にどう作用するかを検討する。また、各方略の代償をすべて明らかにし、それが人生を良くしているか悪化させているかを考える。

・**使用するタイミングは？**　クライエントが、過度な「体験の回避」状態にあり、感情コントロールのアジェンダ（「私は良い気分でいなければならない」「こういう望ましくない考えや気持ちは消し去らなければならない」）に強く固執していることが明らかであるか、それが疑われるとき。

感情コントロールのアジェンダ

創造的絶望（CH）はACTモデルの一部です。これをセラピーに導入するのは、クライエントが感情コントロールのアジェンダ、つまり「自分の気持ちをコントロールしなければならない。望ましくない、不快で厄介な考え、気持ち、記憶を排除して、快適で心地良い、望ましいものに置き換えなくてはならない」というアジェンダにしがみついていることが明確なとき、あるいはそれがほぼ確信できるときです。

私たちは誰でも、このアジェンダをある程度抱えています。第2章を思い出してください。このアジェンダを持つことは、まったくノーマルなことです。そして、体験の回避も、ある程度であれば、問題ではありません。しかし、クライエントが感情コントロールのアジェンダに必死にしがみついていると、「体験の回避」の度合いが高まり、ほとんどの場合、大きな問題に発展していきます（注意：高いレベルの体験の回避は、うつ、不安症、長期的な障害、職務遂行能力の低下、PTSD、依存症や、その他多くの精神病理のリスクと直接的に相関があります）。

CH がそのような名前（「創造的絶望」という名前）になったのには、理由があります。それは、このような「自分の感情をコントロールする」というアジェンダの中に、絶望の感覚を作り出すことを目的としているからです（決して、自分の未来や人生、あるいは自分自身に対する絶望ではありません）。私たちが目指しているのは、①このアジェンダを弱体化させること、②クライエントに、新しいアジェンダ、つまりアクセプタンスのアジェンダに向かって、オープンになってもらうことなのです（ACT のテキストでは、これを「ウィリングネス（willingness）」と呼ぶ場合があります。この用語が指すのは、厄介な思考や感情と戦ったり、それを回避したりするのではなく、進んで、それを持ったままでいることです）。

創造的絶望が一度きりの介入になることは、めったにありません。たいていは、何セッションにもわたって、繰り返し立ち戻る必要があります。とはいえ、立ち戻っていくごとに、その所要時間は短くなり、それをするのも楽になっていきます。それでは、CH の「キモ」についての話へと移る前に、次の概念をはっきりさせておきましょう。その概念とは……

感情コントロール方略

感情コントロール方略（*emotional control strategies*：ECS）とは、主に、望ましくない思考や感情を消そうという目的で行うすべてを指します。言い換えると、主に、体験の回避によって動機づけられた顕在的または潜在的な行動を指します。たとえば、運動、祈り、瞑想から、アルコール、ヘロイン、自殺未遂まで、何でも ECS になってしまいます（注意：運動、祈り、瞑想が、主に価値によって動機づけられているのなら、それは ECS とは呼びません。ECSと呼ぶのは、あくまで、その主な目的が望ましくない感情の除去であるときだけです）。創造的絶望（CH）に対するワークでは、クライエントが使っているすべてのECSを、オープンな姿勢で、非評価判断的な態度で、眺めてみることが求められます。どんなECSに対しても、決して、善悪、正誤、ポジティブ／ネガティブといった視点から評価や判断をすることはしません。CHが目的としていることは、純粋に、そしてシンプルに、その方略がより良い人生を創造するために役立っているか（あるいは役立っていないか）を検討することなのです。

すべての感情コントロール方略を標的にするのか？

その答えは、一言で言うなら、**ノーーーーーーー！** 思い出してみてください。ACTモデルの基礎にあるのは、有効性（workability）の概念です。つまり、「その行動は、豊かで有意義な人生を築くのに、役立っているか？」を問うことです。そのため、もし、いま使っている感情コントロール方略（ECS）が、人生をより良く、より豊かにするのに役立っているのなら、そのままそれを続けてください！ しかし、実際には、ほとんどの人間は、ECSに頼りすぎてしまい、過剰に、頑なに、あるいは不適切にECSを使い、その結果、生活の質を低下させてしまいます。

チョコレートを食べることを例にとってみましょう。ひとかけの美味しいチョコレートをマインドフルに食べ、味わい、楽しむときは、気分が良いものと言えるでしょう（もちろん、チョコレートが好きならば）。ECSとして、柔軟に、そして適度にチョコレートを食べるのなら、その行動は人生を豊かにしてくれます。つまり「有効」なものと言えます。しかし、それを過剰に食べるようになってしまうと、体重増加といった健康上の代償を払うことになるかもしれません。さらに、心理的に激しい痛みを感じたとき、そこから気を逸らすためにチョコレートを食べるといった場合も、おそらく有効ではありません。

運動は、どうでしょうか。身体を動かすと気持ちがすっきりすることが多いと思います（運動中にそう感じなくても、少なくとも運動後は）。それに運動は、生活の質を上げてくれます。そのため、ECSとして運動を使っても、柔軟で、適度な範囲であれば、だいたい有効なものと言えるでしょう。しかし、それが過剰になってしまうと——たとえば、拒食症のクライエントが、毎日3時間ジムで運動し、痩せ細った状態を維持しようとしている場合——、運動のようなポジティブな行動さえも、その代償を伴うことになります。

さらに言えば、ACTでは、生活の質を上げるような活動（運動、瞑想、健康的な食事など）であっても、体験の回避（望まない感情から逃げるため）ではなく、価値（たとえば、セルフケア）に動機づけられているときのほうが、満足度が高く、充実感を得られる、と仮定しているのです。

たとえば、退屈、ストレス、不安など、感じたくない気持ちを振り払うために、美味しいものを食べたことはありませんか？　それは、心から満足できる体験でしたか？　食べ物を味わい楽しむ、大切な人と一緒に過ごし、美味しいものを分け合うといった価値を動機にして食べる場合と比較した場合、どうでしたか？　どちらが満足度は高かったでしょうか？　同じように、たとえば、それが慈善活動であっても、分かち合い、思いやり、奉仕、支援といった価値に動機づけられて行うときは、罪悪感や無価値感を振り払いたくて行うときよりも、はるかに大きな充実感が得られるのではないでしょうか。

そのため、私たちが目指すのは、クライエントが体験の回避ではなく、価値に導かれたアクションをとることができるように助けることです。クライエントには、単に望まないものから逃げるのではなく、自分にとって意義あるものへと意識的に進んでもらいたいと思っているのです。

この点をしっかり理解してもらうために、もう少し例を挙げましょう。あなたが運動をするのは、セルフケアといった価値によって動機づけられたものであったとしましょう。あるいは、あなたが祈るのは、神とつながるという価値によって動機づけられたものであったとしましょう。その場合、あなたの行動はECSではありません。なぜなら「主たる目的」が感情のコントロールではないからです。一方、望まない思考や感情を消そうとする目的でしているのなら、それはECSになります。

創造的絶望（CH）とは、有効性に基づく介入のことです。CHにおいて、セラピストがクライエントに求めるのは、次のようなことです。それは、自分が使っているすべてのECSを、しっかり、じっくり、ごまかさずにマインドフルに見つめ、それぞれの行動に対して、どんな代償を払っているかを考えてもらうことです。そして、それによって「ECSは、短期的には気持ちを楽にするのには有効かもしれないが、長期的には豊かで充実した有意義な生活を送るためには有効ではない」という現実と向き合ってもらいたいのです。

創造的絶望（CH）は、すべての人に必要なのか？

この答えも、ノーーーーーーーーー！（私の好きな言葉です）。クライエントが変化に向けて動機づけられ、感情コントロールのアジェンダに強くしがみついていなければ、あるいは、すでにマインドフルネスやACTになじみがあり、そういったアプローチにオープンであるのなら、CHは必要ありません。スキップする（飛ばす）ことができます。

どのくらい時間が必要なのか？

創造的絶望（CH）にかかる時間は、本当にさまざまです。Zettle（2007）が作成したうつ病のための介入プロトコルでは、最初のCH介入は20分間となっています。しかし、もっと短時間、数分で行う場合もあります(Strosahl, 2005)。その一方で、1セッションをまるごとCHに費やすセラピストもいます。つまり、理想としては、クライエントの問題に合わせて、CHという介入の量を「(薬剤の投与量を調整するように）滴定」していくのが望ましいと言えます。たとえば、自己認識が十分あり、新しいアイデアにもオープンで、知的に高いクライエントと、物質乱用歴が年齢と同じくらい長く、感情コントロールのアジェンダに必死にしがみついているクライエントであれば、後者のクライエントのほうが、はるかに集中的なCH介入を必要とするでしょう。

どのようにクライエントに慣れてもらうか？

創造的絶望（CH）にかける時間にかかわらず、まずは、クライエントを優しく、CHの「浅瀬」まで誘導し、徐々に深いところへ進んでいきましょう。いきなり、一番深いところへ頭から飛び込ませたりはしません。たとえば、次のように進めていきます。

セラピスト：そうすると、○○さん［クライエント名］がセラピーに一番に求めていることは、自分を苦しめる考えや気持ちを取り除きたいということみたいですね。たとえば……（クライエントが回避を望んでいる主な思考、感情、記憶、衝動などを振り返る）。

クライエント：そうです。そんな感じです。そう感じていることに耐えられないんです。とにかく幸せになりたいです。

セラピスト：もちろん、そうだと思います。誰だって、そうですよね？こういう気持ちは、本当につらいし、苦しいですよね。○○さんの生活に、かなりマイナスに影響しています。ですから、できるだけ早く、今の状況を一緒に変えていければ、と思っています。ただ、新しいことを試してみる前に、まずは、○○さんがすでに試されてきたことを整理する必要があります。そうすることで、何がうまくいって、何がうまくいかなかったかが見えてきます。ですので、少し時間をとって、○○さんがこれまでに試されてきたことを振り返ってみてもいいでしょうか？

ここまでで、感情コントロールのアジェンダに対峙（たいじ）する準備は整いました。実際には、次のような５つの基本的な質問を通して、そのアジェンダに立ち向かっていきます。

5つの基本的な質問

創造的絶望（CH）の実施にはさまざまな方法があります。とはいえ、突き詰めると、次の5つの質問に集約できるでしょう。

1. これまでに、何を試してきましたか？
2. それは、うまくいきましたか？（有効でしたか？）
3. その代償は、何でしたか？
4. どのような感情が湧いてきましたか？
5. 新しいことにオープンですか？

それでは、5つの質問について詳しく見ていきましょう。内容は盛りだくさんです。しかし、心配はいりません。「DOTSを結ぶ（Join the DOTS）」のワークシートをダウンロードしてみてください。そこに、重要なポイントがまとめてあります（Extra Bitsを参照のこと）。「DOTSを結ぶ」（あるいは、他のワークシートやツール、あるいはメモ帳）は、あなたとクライエントが、5つの質問を通して、収集した貴重な情報を記録しておくのにも使えます。

質問1：これまでに、何を試してきましたか？

創造的絶望（CH）における最初の質問は、「そういった望まない考えや気持ちを避けたり消したりするために、これまでに、どのようなことを試してきましたか？」というものです。ここでは、クライエントに、さまざまなことを思い出してもらう必要があります。そして、その思い出してもらいたい内容を、DOTSという頭字語にまとめました（漏れのないように質問できるように）。

D＝Distraction（気を紛らわす）

O = Opting out（そこから離れる）
T = Thinking strategies（考え込み方略）
S = Substances and other strategies（物質使用やその他の方略）

ではひとつずつ見ていきましょう。

D = Distraction（気を紛らわす）

私はクライエントに、次のように聞きます。「これまでに、そうした気持ちから、気を逸らそうとしたことがありますか？　テレビを見るとか、音楽を聴くとか、ゲームをするとか。外出したり、忙しくしたりとかは、どうですか。他に、気を紛らわせるためにしてきたことはありますか」

O = Opting out（そこから離れる）

これは、顕在的な回避行動をわかりやすい言葉にしたものです。顕在的な回避行動とは、自分の身体の外にある物事（人や場所、状況、活動、イベント）を回避することです。クライエントには、次のように尋ねます。「これまでに、そういった不快な考えや気持ちが湧き上がってくるきっかけとなっている状況、人、活動から、手を引いたり、離れたり、距離を置いたりしたことはありますか？　どんなことをやめたり、そこから距離を置いたりしてきましたか？」

始めやすいのは、多くの場合、「先延ばし」に関する内容です。たとえば、次のような質問をします。

先延ばしにしている重要なことはありますか？
避けている重要な課題はありますか？
近づかないようにしている人や場所はありますか？
先送りしている重要な活動はありますか？

T = Thinking strategies（考え込み方略）

ここでは、次のように質問します。「これまでに、考えることで自分の苦痛を取り除こうとしたことは、ありますか？」。考え込み方略のなかで代表的な例をいくつか挙げて、クライエントと一緒に、そのような方略を探っていきます。たとえば、次のように聞きます。「自分よりも『もっと大変そうな（状態が悪い）人がいる』と考えようとしたことはありますか？　無理にでもポジティブに考えようとしたことは？　自分の考えに反論したり、議論したりしたことは？　つらい考えを頭から追い出そうとしたことは？『たいしたことないさ』と思おうとしたことは？　自分を批判したことは？　自分に向かって『気合を入れろ！』『さっさと、やれ！』と言ったことは？」

S = Substances and other strategies（物質使用やその他の方略）

ここでは、最初に次のように質問します。「これまでに、苦痛を取り除こうとするために、どんなものを摂取したことがありますか？　ドラッグ？　アルコール？　処方薬？　アスピリン？　他の鎮痛剤？　コーヒー？　紅茶？　タバコ？　コーラ？　ピザ？　アイスクリーム？　ダブルチョコのティムタム（Tim Tam）？」（ティムタムはオーストラリア史上もっとも偉大な発明品だと思います。誠に素晴らしい、チョコレートでコーティングされたクッキーで、多くのオーストラリア人にとって主食のようなものになっています）

次に、他の方略についても探ってみましょう。「そういった気持ちから逃げるために、何か他の方法を使ったことはありますか？　医者やセラピストにかかったことは？　自己啓発本を読んだことは？　運動やヨガ、瞑想などを試したことは？　食生活を変えたことは？　自傷行為？　自殺？　リスクのあることや危険なことをしたことは？　ケンカや言い争いを吹っかけたことは？　常に忙しくする？　休暇の計画を立てる？　家事をする？　祈る？　自分を徹底的に責める？　諦める？　歯を食いしばって、無理やり何かをするとか？『なんで自分はこうなんだろう？』と自問するとか？」

実際のセッションでは、このようなプロセスは、たとえば以下のような会話となります。

セラピスト：セラピーに来られる方の多くは、どうにか気持ちを楽にできないか、どうにかひどい気分をやめられないかと、すでに、ご自身でいろいろな方法を試されています。そして、うまくいったものもあれば、うまくいかなかったものもあるようです。○○さんも、おそらく同じではないかと思います。そして、このセラピーで確実にしたいのは「うまくいかなかったことを、二度と繰り返さないようにする」ことです。ですので、ここで少し時間をとって、○○さんがこれまでに苦しい考えや気持ちを避けたり、取り除いたりするために試してきたことを、洗いざらいすべて探ってみたいのですが、いかがでしょうか？

クライエント：正直なところ、何も思い浮かびません。

セラピスト：では、少し思い出すお手伝いをさせてください。たとえば、他のことで気を逸らして、自分の感情から目を背けようとすることです。そうやって、自分の気を紛らわそうとしたことはありますか？

クライエント：もちろん、あります！

セラピスト：私も、同じです。○○さんは、具体的にはどうやって気を紛らわすのですか？

クライエント：テレビを見ます。音楽も聴きますし、読書に、マリファナも。

セラピスト：パソコンは？

クライエント：ええ、ゲームをしたり、ネットサーフィンをしたり、YouTubeでずっと「くだらないもの」を見てしまいます。

セラピスト：他には、いかがですか？

クライエント：（沈黙して首を振る）

セラピスト：では、他によく見られる例として、つらい気持ちになりやすいことから「離れる」というのがあります。○○さんは、大切な人や場所から距離を置くようになったり、活動をやめてしまったりした経験がありませんか？　本当は大切なのに、遠ざけたり、近づかないようにしたりしているものがあるでしょうか？

＊＊＊

セラピストは、このように「DOTS」すべてを確認していきます。所要時間は5～15分ほどです。その結果、DOTSの4つのカテゴリーごとに、2つか3つの方略を引き出すにとどまるかもしれませんし、逆に、クライエントがこれまでに使ってきた「ありとあらゆる方略」を振り返ることになるかもしれません。どちらになるかは、①クライエントが感情コントロールのアジェンダに、どのくらい強く固執しているか、そして、②セッション内でどのくらい時間をとれるか、で決まってきます。

質問2：それは、うまくいきましたか？

創造的絶望（CH）での2番目の質問は、「それは長期的に見て、うまくいきましたか？」というものです。ここでは、ほとんどの感情コントロール方略（ECS）が短期的にはクライエントの苦痛を和らげてくれることを認めたうえで、思いやりと敬意をもって、さらに、次のように聞きます。「では、長期的には、いかがですか？　そうした考えや気持ちは、永久に消えましたか、それとも戻ってきましたか？」

この質問の目的は、クライエントに、点と点（dots）を結んでもらうことです。つまり、クライエントは、自分の抱える痛みを消そうと努力に努力を重ねて、短期的にはそれを達成する方法を、星の数ほど見つけてきました——しかし、長期的に見れば、その痛みはいつも戻ってきてしまうのです！

質問2の進め方には、2通りあります。1つ目は、質問2をCHの独立した第2フェーズとして導入するという進め方です。この場合、フェーズ1でクライエントのECSをすべてリストアップします。そして、フェーズ2では、次のように質問していきます。

セラピスト：そうすると、いま挙げていただいた方法は、どれも短期的には○○さんを少し楽にしてくれたんですね？（クライエントは同意する）では、このなかに、苦しい気持ちを永久に消して、二度と戻ってこないようにしてくれたものはありますか。

クライエント：わかりません。たぶん、いくつかはあると思いますが。

セラピスト：なるほど。しかし、ほとんどの場合、苦しい気持ちは戻ってきたんですね？　そうでなければ、たぶん○○さんは、ここにいらっしゃいませんよね？

クライエント：ええ。

もうひとつの進め方は、質問1と質問2を2つのフェーズに分けて別々に聞くのではなく、一緒に聞いていく方法です。その場合、クライエントにECS（あるいはECSのカテゴリー）を1つ選んでもらい、セラピストは「では、その方法は短期的にはうまくいきましたか？　○○さんを少し楽にしてくれたでしょうか？」と聞きます。クライエントはだいたい、「はい」とか「最初は」とか「少しは」とか「初めは、少し楽でした」と答えます。そこで、セラピストはさらに、「では、長期的にはどうだったでしょうか？」「それはどのくらい続きましたか？」「つらい気持ちはどのくらいで戻ってきましたか？」と聞きます。

どちらのやり方でも、質問2の「締め方」は、次のようなものです。「○○さんは、本当にいろいろな方法を試されてきたんですね。そして、短期的にはだいたいの方法がうまくいき、少し楽になることができた。しかし、長期的には、つらい気持ちや考えがいつも戻ってきてしまう……」

次のような質問も有効かもしれません。「では、その痛み／不安／うつ症状はこの数年で変わらずでしょうか、良くなっているでしょうか、それとも、ひどくなっているでしょうか？」。ほとんどのクライエントは、年々ひどくなっていると答えます。

質問3：その代償は、何でしたか？

体験の回避が少しあるというレベルなら、問題になることはめったにありません。しかし、高いレベルで体験の回避がある場合には、たいてい大きな代償（コスト）を伴います。そのため、クライエントに、次のように質問します。「では、不快さを避けるために、そうしたやり方をとったときに、どんな代償を払ってきたかを考えてみませんか？」。ここでも、クライエントの記憶を促して、どんな代償を払ってきたかを思い出しやすくする必要があるでしょう。幸い、先ほどのDOTSという頭字語は、それを思い出すのに役立ちます。感情コントロール方略（ECS）の各カテゴリー（気を紛らわす、そこから離れる、考え込み方略、物質使用やその他の方略）について考えながら、それらの方略に過剰に頼ったときに、どのような代償が生じていたかを明確にしていきましょう。

実践のためのヒント　先述したように、私たちはACTの「マインドフルネス・ファシスト」ではないということだ。私たちは、あらゆる感情コントロール方略（ECS）に異を唱えたいわけではない。そのため、クライエントに対しても、それをはっきりさせるために、たとえば、次のように伝えよう。「もし、このなかに、長期的に見て、○○さんが望む生き方に役立っている方法があるなら、ぜひ続けてください！　それをやめてほしいとお願いしているわけではありません。やろうとしているのは、もし○○さんがよろしければですが、こうした方法を過剰に使いすぎると、どんな代償を払うことになるか考えてみることなんです」

「気を紛らわす」ことへの代償

自分の気を紛らわせる方略は、適度に柔軟に使われている場合、それが問題になることはめったにありません。ときには、非常に役立つことさえあります。しかし、それを過剰に使った場合、どのような代償を払うことになるでしょうか？　クライエントには、次のような質問をします。「気を紛らわせることに、どのくらいの時間を費やしていますか？」「そのとき、どのくらいは良い使い方をしていて、どのくらいは無駄な使い方をしていると感じますか？」「それには、どのくらいのお金がかかっていますか？」「それによって、○○さんの健康や仕事、人間関係に何らかの犠牲や損失が生じているでしょうか？」

「そこから離れる」ことへの代償

次は過剰に物事から距離を置くこと（顕在的回避）の代償について考えていきましょう。ほとんどの場合、もっとも大きな代償はさまざまな機会を逸することです。自分にとって大切で意味のある人、場所、状況、活動、イベントを避けるようになればなるほど、人生は縮小し、逃す機会は多くなります。たとえば、上司に昇給を願い出ることを避けていたら、その金銭的代償はどんなものでしょう？　難しい問題についてパートナーと腹を割って話すのを避けていたら、二人の関係や親密さに生じる代償はどんなものでしょう？　医者や歯医者へ行くのを避けていたら、あるいはジムへ行くのを避けていたら、健康上の代償はどんなものでしょう？

「考え込み方略」への代償

考え込み方略にかかるもっとも大きな代償に、思考に囚われた状態で一日が過ぎてしまう、ということがあります。それによって、人生のさまざまな機会を逃したり、十分に注意を向けて物事に関与することができなくなったり、自動操縦のような状態で物事をこなすことになったり、あるいは「分析麻痺」から抜け出せなくなったりします。もちろん、心理的な痛みがそれほど強くなければ――ごくわずかな不安や悲しみや罪悪感しかなければ――考え込み方略で痛みを和らげることはできます。しかし、状況がもっと複雑になって、心理的な痛みが増えていくと、考え込み方略の効果は低下していきます。

多くのクライエントにとって、もうひとつの代償は、時間を無駄にしてしまう――つまり、生活のなかで何かに取り組むのではなく、自分の頭の中で過ごしてしまう――ことです。そのようなときには、たいてい、セラピストは、次のような質問をする必要があります。「これまで、そのつらさをなんとかしようと考えてきた結果、どのくらいの時間をご自身の頭の中で過ごしてきましたか？　それによって、どのくらいの機会を逃してきたでしょうか？」

「物質使用やその他の方略」への代償

多くの場合、過剰に物質（薬物やアルコールなど）を使用することの代償について、クライエントに言ってもらうのはもっとも簡単です。たとえば、健康、仕事、幸福、経済状態、人間関係に関連する代償についてです。「歯を食いしばり、我慢して、無理してでもやり遂げる」ことへの代償は、いつまでも満たされず、疲れ果てた感覚です。また、その他の方略も挙がっていれば、その代償についても探る必要があります。

質問3の締め方

質問3を終えるときは、クライエントがこれまで一生懸命努力してきたこと、そしてそれは決して愚かなことではなかったことをしっかりと承認（validate）しなければなりません。たとえば、このように伝えます。「本当に努力されてきたんですね。これまで長い間、努力して努力して努力して、苦しい考えや気持ちをどうにか取り払おうとされてきたんですね。○○さんを怠け者と呼ぶことは誰にもできません。本当に一生懸命やってこられたのだと思います。それに○○さんを愚かなヤツだと言うこともできません。それは、誰だって同じようなことをするからです。私たちは皆、自分の気を紛らわせようとしますし、困難な課題や状況を避けようとします。いろいろと考えることで、つらさをどうにかしようとしたり、何かを摂取して気持ちを楽にしようとしたりします。私たちは誰もがそういうことをしていますし、私たちの文化も、そうすることを勧めています。実際に、友人、家族、健康の専門家、ファッション雑誌、自己啓発本なども、こうした方法を勧めています。そしてもちろん、こういう方法は実際、短期的には効果があります。束(つか)の間の安心を与えてくれます。しかし、長期的に見ると、つらい気持ちはいつもまた戻ってきますよね？　ここで立ち止まって、ちょっと考えてみませんか？　こうしたやり方は本当に、○○さんが望む生き方につながっているでしょうか？　○○さんがなりたい自分になることを助けてくれているでしょうか？」

実践のためのヒント　ここでの取り組みを有効なものにするには、セラピストは思いやりと敬意をもって、平等なスタンスで、クライエントに接する必要がある。ここで重要なのは、クライエントの体験──これまで必死に努力してきたと同時に、長期的にはうまくいっていないことについて──を承認（validate）することだ。当然、批判や評価判断をしている印象を与えてしまったら、クライエントは、自分が承認されていないと感じるだろう。だからこそ、私たちの誰もが、こうした方略を使うことを強調し、短期的には気持ちを楽にしてくれることが多いことを強調することが非常に重要だ。

質問４：どのような感情が湧いてきましたか？

ここでは、セラピストは、深い思いやりを示すとともに、クライエントがいま何を感じているかを質問します。たとえば、次のように聞きます。「実は、この話をしていると、多くの方は、このあたりで、とても強い感情を体験されます……悲しみであったり、怒りであったり、不安であったり……ですので、○○さんにも、そんな感情とかが湧いてきているんじゃないでしょうか……いかがですか？」

多くのクライエントは、感情的な反応──そのほとんどは、悲しみ、怒り、不安、罪悪感のなかから、いくつか組み合わされたもの──を体験します。セラピストとしては、出てきた感情が何であれ、それをノーマライズし（誰しも体験することであると伝え）、承認します（肯定的に認めます）。同時に、クライエントは「救われたような感覚」を持つことも多くあります。というのも、クライエント自身の体験──これまで、ずっと、そうした感情コントロール方略（ECS）を使ってきて、短期的には少し楽になるが、長期的にはうまくいっていないという体験──を、セラピストが肯定的に認めてくれているからです。

この時点で、クライエントが、ネガティブな自己評価（例：「私は、どうしようもない負け犬だ！」）とフュージョンすることもあります。その場合、

ECS は、誰もが普通に使っていること、さらに私たちの文化もそれを使うよう後押ししていることを繰り返し伝えてください。そして、そこから、すぐにできる基本的な脱フュージョンへと移ることができるでしょう。たとえば、次のように伝えます。

セラピスト：では、今、○○さんのマインドが、何をしているかに注意を向けてください。マインドが、スッと割り込んできて、○○さんを叩きのめそうとしていませんか。信じられないかもしれませんが、実は、今、○○さんのマインドは、○○さんを助けようとしているのです。そこには、次のような戦略が隠れているんです。「自分を叩きのめして、十分痛い目に遭わせておけば、その後は、自分の人生をなんとかやっていくことができるはず。もう、しくじることはないだろう」。マインドがこういうことをするのは、まったく自然でノーマルです。ただ残念ながら、その戦略はほとんど役には立ちません。ですので、マインドには好きに言わせておきましょう。その内容に、耳を傾けたり、気を取られたりする必要はありません。できそうですか？それでは、先ほどの話に戻りましょう。

セラピストがこのように応じることで、多くのクライエントは釣られた自分をはずすことができます。しかし、うまくいかなかった場合は、脱フュージョンに、もう少し時間を割く必要があるかもしれません。そのときは、第12章から第16章で紹介する方略を使ってください。同様に、クライエントが、この時点で強い感情に飲み込まれてしまっていたら、速やかにグラウンディングと「碇を下ろす」（第10章）を使いましょう。重要なのは、クライエントがどんな反応をしても、それを承認し、十分な思いやりと理解を示しながらノーマライズする、ということなのです。

質問5：新しいことにオープンですか？

クライエントが「感情をコントロールしようとして、必死にがんばることで、結果的に感じる徒労感」に触れることができたように見えたら「新しいことにはオープンですか？」と聞いてみましょう。たとえば、次のように聞いてみます。

セラピスト：では、ここで、簡単にまとめてみますね？　○○さんは、本当に長い間、感じたくない気持ちを消そうと努力されてきた。いろいろな方法を考えて、それをやってきた。しかし、どれも、短期的には○○さんを楽にしてくれたけれども、長期的にはうまくいかなかった、あるいは事態をさらに悪化させてしまった。さらに、○○さんは大きな代償も払ってきた。つまり、このようなやり方で人生を送ることは、結果的に、失うことのほうが多かった。今まとめたことを踏まえて……何か新しいことにトライしてみようという感じになれそうですか？　厄介な考えや気持ちに対してこれまでやってきた対処方法とはまったく違う新しいやり方を試してみよう、というふうになれそうですか？

オープンになり、好奇心と思いやりをもって、このプロセスを進めることができれば、クライエントは、セラピストから承認されていると感じることができるでしょう。自分の体験――具体的には、感情をコントロールしようと努力してきたが、長期的にはうまくいかず、人生は良くならずに、逆に悪化している――が、そのまま、まるごと認めてもらえていると感じられるでしょう。

次は、何を？

この時点でのクライエントの反応は、実にさまざまです。平然としているかもしれないし（「わかりました」）、やる気があるかもしれないし（「やりたいです！」）、不安かもしれません（「わかりません。どんなことですか？」）。クライエントがどのような反応であったとしても、セラピストは、それを認め、受け入れ、そして同時に、次に何をすればよいのかを判断する必要があります。クライエントは、本当の意味で、感情コントロールのアジェンダが有効ではないことを体験的に理解できたのでしょうか？　もし、できていないとしたら、もう少し創造的絶望（CH）を続ける必要があります。しかし、そのときは、ほとんどのセラピストは、「もがくのをやめる」（第９章）と呼ばれる一連の介入手続きを行います。

Extra Bits（おまけ）

ACT Made Simple : The Extra Bits（http://www.actmindfully.com.au の「Free Stuff」ページからダウンロードできる）の第８章に、「DOTS を結ぶ（Join the DOTS）」のワークシート（私が創造的絶望の質問内容を覚えるために作ったもの）を掲載した。このワークシートにクライエントと一緒に記入してもよいし、ホワイトボードに書き出してもよいだろう。同じくそこにある「活力 vs. 苦悩の日記（Vitality vs. Suffering Diary）」と「問題と価値（Problems and Values）」の２つのワークシートも有用である。（英語）

スキルアップのために

創造的絶望（CH）には、いくつかのステップがあるため、練習が必要です。以下のことを練習してみてください。

- 「DOTS を結ぶ（Join the DOTS）」ワークシートをダウンロードして、２部印刷する。一方には自分自身のことを書き（つまるところ、ACT の練習相手として一番良いのは、自分自身である）、もう一方には現在のクライエントのことを書く。
- その後、クライエントがそこにいると想像して、CH のステップを声に出して（あるいは、少なくとも頭の中で読みながら）全体の練習をする。セリフは、自分の話し方に合わせて、随時変えてもよい。
- 最後まで通して練習できたら、実際のセッションで、実際のクライエントを相手に実施してみる。

第8章のまとめ

創造的絶望（CH）は、ACTモデルでは「オプション」的な位置づけです。そのため、すべてのクライエントに行う必要はありません。しかし、体験の回避が顕著なクライエントや、気持ちを楽にすることだけを求めるクライエント、苦しい思考や感情を消すことにしか関心がないクライエントに対しては、必ず、CHを実施する必要があります。上述のようなクライエントにCHを実施しないでいると、必ずセラピーは行き詰まることになります。また、CHは、思いやりと好奇心——評価判断したり、見下したり、説教したりすることなく——をもって実施しなければなりません。それができていれば、「自分の体験を力強く承認（肯定）してもらえた」と、クライエントに実感してもらえるでしょう。

第9章

もがくのをやめる

回避しないとしたら、何をするのか？

仮に、望まない思考や感情を回避しないとしたら、その代わりに、何をしますか？　伝統的なACT用語では、回避の代わりのものを**ウィリングネス**（*willingness*）と呼びます。ウィリングネスとは、思考や感情から逃げたり、それと戦ったりする代わりに、進んで、それらを持ったままにすることを意味します。ウィリングネスには4つの中核的なマインドフルネス・スキル――脱フュージョン、アクセプタンス、柔軟な注意（「今、この瞬間」との接触）、文脈としての自己――が関わってきます。このうちの1つが関わることもあれば、いくつかが組み合わさって関わることもあります。

要注意な用語　「ウィリングネス」という言葉は、ACTでは、以下の2つの意味を持つ。①アクセプタンスと同義（交換可能な意味）で、進んで、自分の思考や感情を持ったままでいたり、そのためのスペースを作ったりすることを指す（その反対語は「我慢」であり、嫌々ながら／気乗りしないが、持ったままにしておくこと）。②何かを（怒りながらではなく、あるいは嫌々でもなく）自ら進んでやるという行為の質を指す。

ほとんどの場合、私たちのデフォルト設定は、つらい思考や感情が姿を現したら、それをどうにかしようと考える設定になっています。たとえば、それに対して、もがき、戦い、鎮圧・征服しようとしたり、逃げたり、あるいは隠れたりします。そのため、ウィリングネスの最初の一歩は、単純に「もがくのをやめる」ことになります。自分の思考や感情と戦ったり、そこから逃げたりするのをやめるのです。

セラピーのこの段階に持ち込まれることになる介入は、大きく分けると、以下の２つのタイプになります。

A. もがくこと自体を問題として認識させる
B. 感情をコントロールするという幻想を打ち砕く

創造的絶望（CH）の後、もしクライエントが待ちきれずに「じゃあ、何をしたらいいんですか？」と聞いてきたら、次のように答えてください。「良い質問ですね。先ほど、これから新しいスキルを学んで、つらい考えや気持ちに対応できるようになっていく、という話をしました。しかし、そのアプローチは、〇〇さん［クライエント名］が試してきた方法とはかなり違うので、いきなりその新しい方法をやってみようとすると、おそらく逆効果になってしまいます。そこで、もしよければ、その新しい方法を学ぶための準備を少ししておきたいと思いますが、いかがでしょうか……」

そして、「もがくこと自体が問題である」ということを伝えるために、セラピストは、「選択（チョイス）」というメタファーを使います（詳しくは、このあと、すぐ！）。

もがくのは問題であって、解決策ではない

このフレーズが意味するものは何か。それは「クライエントが、自分の感情をコントロールしようとするアジェンダに釣られた状態でいる限り、苦しみが増してしまうという悪循環から抜け出せない」ということです。多くのACTのテキストでは、次のフレーズが使われます。「コントロールは、問題なのであって、解決策ではない」。実は、私は、この表現があまり好きではありません。というのも、この表現によって、かえってコントロールによる問題についての混乱が生じてしまうからです。それについて、もう少し説明

していきます。

もし、クライエントが持っている力を発揮できるよう後押しをしようとするのなら、その人自身が、何をコントロールすることができるのかに目を向けてもらう必要があります。そのため、ACT では、次のようなステップを踏みます。

A. 「(自分で) コントロール**できる**こと」(表の右欄) と「(自分で) コントロール**できない**こと」(表の左欄) とを区別する
B. 「(自分で) コントロール**できない**こと」(表の左欄) をコントロールしようとするのをやめる
C. 「(自分で) コントロール**できる**こと」(表の右欄) については、積極的にコントロールしていく (そうすることが、有益であるならば)

次の表は、「(自分で) コントロール**できる**こと」(右欄) と「(自分で) コントロール**できない**こと」(左欄) との違いを明確にするために作成したものです。

コントロールできない	コントロールできる (かも)
ほぼすべての感情や気持ち	感情や気持ちに自分がどう反応するか
ほぼすべての思考	思考に自分がどう反応するか
ほぼすべての感覚	感覚に自分がどう反応するか
さまざまな記憶	記憶に自分がどう反応するか
望んだ結果を達成できるかどうか	望む結果になる可能性を高めるための自分の言動
何かをやっているときの気分	その何かにどのくらい集中するか／どのくらい意識を向けて関与するか
他人の言動	他人に影響を与える自分の言動
他人が自分をどう評価・認識するか	なりたい自分のように行動するかどうか

(次ページに続く)

コントロールできない（つづき）	**コントロールできる（かも）**（つづき）
未来で起こること	未来に影響を与える自分の言動
過去に起こったこと	過去に関する思考にどう反応するか
痛みを伴う喪失	喪失に直面したとき、自身に思いやりを向けること
人生が欲しいものを与えてくれるかどうか	人生が欲しいものを与えてくれるかどうかにかかわらず、人生と行動の指針となる自分の価値
人生で遭遇する困難のほとんど（例：仕事の問題、病気、怪我、大切な人が何かで苦しむこと、自然災害、経済危機、地球温暖化）	困難に直面したときに、人生と行動の指針とする自分にとっての価値、そしてセルフ・コンパッションの程度

この表では、右欄の項目に「(かも)」という言葉が添えられていることに気づきましたか？　もし、極度な認知的フュージョンの状態であったり、自動操縦状態であったり、解離状態であったりすれば、もちろん右側の欄についての内容は、ほとんどコントロールできないと思います。しかし、心理的柔軟性を育み、高めていくことができれば、それとともに、そのコントロールの程度も高まっていきます。

この表を見て、ACT が実は「さまざまなコントロールを推奨している」ということに気づいてもらえたのではないかと思います。私は、よく次のようにクライエントに話します。「○○さんが、人生の困難に直面してつらい気持ちになったときに、○○さんが今よりも、自分の言動をコントロールできるように、お手伝いをしたいと思っているのです」

そのため、問題なのは「コントロール」である、という混乱を招きそうな表現を使わずに、問題なのは「もがくこと」、あるいは、もう少し長いフレーズを使うとすれば、「つらい考えや気持ちと戦ったり、そこから逃げたりすること」という言い方をします（この表現のほうが、個人的には好きです）。

介入：「もがくのが問題である」ことを体験的に理解する

「もがくのをやめる」ための介入には、いくつかのタイプがあります。最初に紹介するタイプは、「問題なのは、つらい考えや気持ちそのものではなく、それをどうにかしようと**もがくこと**である」ということを体験的に理解してもらうことです。「もがくのが問題である」ということを伝えるためのメタファーは、たくさんあります。ここでは、まず、私のお気に入りのメタファーである「紙を押しやる」[訳注1)] を紹介します。そして、よく使っている「流砂の中で、もがく」と「モンスターとの綱引き」を見ていきましょう (どちらも、Hayes et al., 1999 より引用)。

紙を押しやる

紙を押しやる（Pushing Away Paper）エクササイズは、私が考案した「クリップボードの押し合い（Pushing the Clipboard）」(Harris, 2009a) を進化させたもので、「アクセプタンス」と「体験の回避」のためのメタファーになっています。以下のスクリプトは、一般的なバージョンなので、多くのクライエントに使えるものです。しかも、個々のクライエントに合わせて具体性を持たせると、さらに強力なものになります。たとえば、「あなたが大切に思う人たち」の代わりに「旦那さんであるマイケルさんや、娘さんのサラさん」と言うことができます。

私がこれを使うときは、自分の椅子をクライエントの隣に置いて横並びに座り、紙を一枚ずつ持ちます。椅子の背もたれは壁につけて、自分もクライエントも部屋の中央を向くようにします。そして、すべての行動（以下に、説明があります）は同時に行います。もちろん、このやり方どおりに実施しなければならないわけではありません。自分のスタイルに合うよう、自由に変更を加えることができます。なお、実施する前に、クライエントが避けた

訳注1）『教えて！ ラスハリス先生 ACT がわかる Q & A』（ラス・ハリス著，星和書店，pp. 321-325）の「紙を押しやる」エクササイズも参照。

り逃げたりしている具体的な思考、感情、情動、記憶、衝動、渇望、感覚を、使用する紙に書いておくとより効果的です。

以下のスクリプトを読みながら、ぜひセラピストの役割を実際に演じてみてください。紙を一枚用意し、スクリプトに書いてあることに従って、それを押しのけることを、実際にクライエントと行っている場面を想像してみてください。

【注意】これは、身体を使ったメタファーなので、クライエントやあなたの首や肩に問題があり、動かすと痛くなりそうであれば、実施しないでください。その代わりに、「流砂の中で、もがく」や「モンスターとの綱引き」のような、言葉だけを使うメタファーを使ってください。

＊＊＊

セラピスト：（クライエントと隣り合わせに、互いに部屋の中央を向いて座り）それでは、○○さんの前のあの辺りにあるもの（部屋にあるものや反対側の壁の辺りを指さしながら）が、すべて○○さんにとって、とても大事で、心の底から大切にしているものだと想像してみてください。○○さんの人生を意義あるものにしている（あるいは過去に、そうしていた）ものすべてです。○○さんにとって、大切な人、場所、活動、大好きな食べ物や飲み物、お気に入りの音楽、本、映画といったものです。○○さんの好きなこと全部、大好きで一緒に時間を過ごしたい人たち全員です。

しかし、それだけではありません。あの辺りには、今すぐに対応しないといけない、ありとあらゆる問題や課題があります。たとえば……（クライエントのヒストリーをもとに、具体例をいくつか挙げる。「息子さんとのいさかい」「経済問題」「健康問題」「訴訟問題」「職探し」「がんの化学療法」など）。

あの辺りには、さらに、日々の生活を成り立たせるために取り組まないといけない、ありとあらゆることがあります。買い物、料理、運転、確定申告などです。

では、これから、エクササイズを始めますね。これから私がすることをマネしてください。まず、○○さんの消したいと思っている、つらい考え、気持ち、感情、記憶すべてが「この紙」であると思ってください。想像できましたか。では、この紙の端をこのように持って、できるだけ自分から遠ざけてみてください（紙の端を両手で持ち、腕をピンと伸ばして、紙をできるだけで遠くに押しやるようにします。クライエントにも同じことをしてもらいます）。これが、私たちの「文化」が勧めていることです。つまり、つらい考えや気持ちを追い払うことが推奨されています。あなたのお友達も、お医者さんも、カウンセラーも、ファッション雑誌も皆、そうしたほうがいいと言うでしょう。そうですよね？　おや、（次のセリフはユーモアを込めて言う）お互い全力を出し切っていないみたいですね。もっとがんばって紙を自分から遠ざけてみましょう。限界まで、できるだけ遠くに、紙を押しやってください。肘をまっすぐ伸ばして、肩の関節の可動域を最大限使って、嫌な考えや気持ちをできるだけ遠くへ押しやってみましょう（セラピストとクライエントは、エクササイズの次のパートの間ずっと、この姿勢を維持します。つまり、紙の端をしっかり握り、腕をまっすぐ伸ばし、できるだけ胸から離した場所で紙を持ち続けます)。

それでは、この状態で、気づいたことはありませんか。3つくらい、あると思います。まず……疲れてきましたよね？　まだ1分も経っていないのに、手がプルプルし始めています。これを一日中続けられますか？　疲労の度合いは、どれくらいでしょう？

次に、注意の集中は、どのくらいできていますか？　散漫になっていませんか？　目の前に大切な人がいたとして、その人に100%注意を向けることはできそうですか？　大好きな映画がいま上映されていたとして、どのくらい集中して観続けることができるでしょうか？　重要な仕事をいま抱えていたとして、あるいは解決すべき問題や取り組まないといけない課題があったとして、それに集中することは、できそうですか？

最後に気づいてもらいたいことは、○○さんの全エネルギーや全ての努力を「紙を押しやる」ことに費やしていたら、実際にアクションしたり、生活をうまく回すために必ずしなければならないことをしたりする、たとえば（クライエントのヒストリーをもとに、具体例をいくつか挙げる。「夕食を作る」「運転する」「赤ちゃんを抱っこする」「パソコンで文章を打つ」など）は、どのくらい大変なものになるでしょうか。自分の考えや気持ちをどうにかしようと四苦八苦すると、生活がどれほど大変なものになるでしょうか。おそらく、「紙を押しやる」ことに注意がいってしまい、生活のなかで起こっている他のことを見逃してしまっているのではありませんか。集中できなくて、疲れ切ってしまい、日々の生活をうまく回すために必要なことをするのもままならない、といった感じはありませんか。

それでは、考えや気持ちをどうにかしようと**もがくのをやめる**と、どうなるかを見てみましょう。（セラピストは、自分の腕の力を抜き、紙を膝に置く。クライエントにも同じことをしてもらう。クライエントはたいてい、ひと息ついて「あ〜、楽になりました」と言うでしょう）もがくのをやめると、違いますよね？　だいぶ楽ですよね？　体力も使わなくて済みます。目の前のことに注意を向けて取り組んだり、集中したりすることが、どのくらい楽になるでしょう？　好きな人が目の前にいたとして、どのくらい関わりやすくなりますか？　やるべき仕事や解決すべき問題があったとして、それに集中するのがどのくらい楽になりますか？　ちょっと腕や手を動かしましょう（腕や手を軽く振ったり回したりする。クライエントも同じことをする）。もがくのをやめれば、実際にアクションをとるのは楽になりますよね？　運転したり、赤ちゃんを抱っこしたり、夕食を作ったりすることができるようになると思います。

つまり、（膝に置いた紙を指して）これは、なくなってはいません。考えや気持ちが消えたわけではありません。今も、ここにあります。しかし、私たちは今、考えや気持ちに対応する新しい方法を手に入れました。こうした考えや気持ちに、今までとは違ったやり方で、対応しているのです。

苦しい考えや気持ちは、今はもう私たちの足を引っ張っていません。邪魔もしていませんし、私たちを振り回してもいません。そして、もしこういう考えや気持ちに有益な使い方があるとしたら、それらを使うこともできます。経験があるかもしれませんが、本当につらい考えや気持ちにも、有益な情報が隠れていることが多いんです。もしかしたら、単に対応すべき問題を教えてくれていたり、「今のやり方ではうまくいかないよ」とか、「もっと自分に優しくしないといけないよ」と教えてくれていたりするだけかもしれませんが……そして、もし有効な使い方がないのであれば、ただそこに置いておけばいいわけですし。

＊＊＊

このスクリプトの最後の段落に、ご注目！　ACT では、つらい気持ちを否定することも、無視することもありません。オープンになって、好奇心をもって、それを眺めるのです。感情は偉大な知恵の源泉ですから、それらを受け入れるだけで、止めることはしません。第 23 章で詳しく見ていきますが、ACT では、それらの感情を積極的に「味方」にしていこうとします。

実践のためのヒント　ときには、クライエントが「やらなくてもいいですか？」と言って紙を床に投げ捨てることもある。そんなときは、創造的絶望で明らかになった回避方略のなかから主だったものをまとめながら、次のように伝える。「はい、○○さんが短期的に楽になる方法をいくつかお持ちであることは、先ほど一緒に確認しましたが――ドラッグを使うとか、困難な状況を避けるとか、ゲームをして気を逸らすとか――、そうした後、つらい気持ちはどのくらい経って戻ってきましたか？　そんなに時間はかからないですよね？　ですから、これ（紙を投げ捨てる動作をする）は、基本的にはこれ（紙を遠くへ押しやる動作をする）と同じなんです。そして、私がいま話しているのは、どちらともまったく違うことで、たとえば、こういうこと（紙を膝に置く）です」

次は、「もがくのをやめる」を伝えるためによく使われる２つのメタファーを見ていきましょう。

■流砂の中で、もがく

セラピスト：古い映画にはよく、悪役が流砂に落ちていくシーンがありますよね？　もがけば、もがくほど沈んでしまう、あのシーンです。流砂にのまれたとき一番してはいけないのはもがくことです。生き延びるには、仰向けになって手足を広げ、砂の表面に浮かべばいいのです。しかし、これがなかなか難しい。身体は本能的に、なんとかしようと、もがいてしまうからです。本能に従って、もがき続ければ、溺れてしまいます。仰向けになって浮くのは（本能に逆らう行動ですから）心理的には「落ち着かない」ものです。しかし、実際には、もがくよりも、身体的な負担はずっと少ないのです。

■モンスターとの綱引き

セラピスト：それでは、巨大な「不安のモンスター」と綱引きをしているところを想像してみてください（クライエントの問題に合わせ、「うつのモンスター」のように名前を変える）。綱の端の一方は○○さんが握り、もう一方はそのモンスターが握っています。そして両者の真ん中には、大きな底なし沼が広がっています。○○さんは力いっぱい綱を引きますが、モンスターは怪力で、徐々に○○さんを沼の方へ引き寄せていきます。この状況では、どうするのが一番いいでしょうか？

クライエント：もっと強く引く。

セラピスト：はい、それが自然な反応です。しかし、○○さんが強く引けば引くほど、モンスターも力を入れて引っ張り返してきます。そうなると、膠着(こうちゃく)状態に陥ってしまいます。どうすればいいと思いますか？

クライエント：綱を放す、ということですか？

セラピスト：そのとおりです。もちろん、綱を放してもモンスターは消えません。しかし、もう引っ張り合いはしなくて済みます。そうすれば、何かもっと有意義なことに力を注げます。

「もがくこと自体が問題である」という説明には、他にもたくさんのメタファーを使うことができます。基本的には、「何か問題に直面している状況で、本能的に自然にやりたくなることをやり続けると、状況はますます悪くなる」というメッセージを伝えられるものなら、何でもよいのです。有名な例には、車がスリップしているときに急ブレーキをかける、急流に逆らって泳ぐ、穴から出ようとしてもっと穴を掘ってしまう、痒(かゆ)いところを掻いてしまう、スキーのスピードが出すぎているときに後傾姿勢をとる、などがあります。さらに、別のメタファーとして「抵抗スイッチ（Struggle Switch）」（Harris, 2007）というのもあります。これは第22章で紹介します。

実践のためのヒント　後のセッションでクライエントが自己破滅的な感情コントロール方略に逆戻りしてしまうことがあったら、またこうしたメタファーに戻ってくればよい。たとえば、クライエントから3日連続で飲みすぎてしまったという報告があったら、敬意と思いやりを込めて、次のように返答してみてください。「ついつい流砂の中で、もがいてしまいますよね。よくやってしまいます。習慣を断つのは難しいですよね」あるいは「3日も、こうだった（「紙を遠くへ押しやる」仕草をする）のなら、だいぶ疲れたのではないかと思います」

介入：感情と認知のコントロールという幻想を打ち砕く

このタイプの介入で、私たちが打ち砕こうとしているのは、「人間は、自分の思考や感情をコントロールできる」という神話や幻想です。たとえば、クライエントには、次のように伝えます。「私たちは、自分の感情をコントロールできないかと、あれこれと試しますが、どれもうまくいきません。しかし、それが、まったくコントロールできないというわけではないのです。ただ、思っていたよりもはるかにコントロールできない……もし、○○さんさえよければ、そのことを体感できるように、いくつかエクササイズをやってみたいと思います」。そしてクライエントと一緒に、下記のエクササイズのうちから数個、あるいはすべてを、好きな順番、好きな組み合わせでやっていきます（最初の2つは、Harris, 2007、残りはHayes et al., 1999からの引用）。

■記憶を消す

セラピスト：少し時間をとりますので、今日、どうやって、ここまで来たのかを思い出してみてください。できましたか？　では、次に、その記憶を消してください。きれいさっぱり消してみてください。（少し待って）いかがですか？

■足を麻痺させる

セラピスト：では、自分の左足を完全に麻痺させてください。のこぎりで切られても何も感じないくらい、しっかり麻痺させてください。（少し待って）いかがですか？

■考えない

セラピスト：次のエクササイズでは、私が言ったことについて考えないようにしてください。ほんの一瞬でも考えてはいけません。それでは、いきますよ……アイスクリームのことを考えないでください。自分の好きな味について考えてはいけません。夏の暑い日に、アイスクリームが口の中で溶けていく感覚についても考えてはいけません。（少し待って）いかがですか？

■ウソ発見器

セラピスト：私はマッド・サイエンティストで、実験のために○○さんを誘拐してきたとします。私は、○○さんを、精度の高いポリグラフ、つまりウソ発見器につなぎました。この装置は、○○さんの中のどんなわずかな不安でも察知できます。ごまかすことはできません。ほんのわずかでも不安の兆候が見られたら、アラームが鳴り響きます。それでは、実験を始めましょう。今、この瞬間から、○○さんは少しの不安も感じてはいません。もし不安が検知されたら、このレバーを引いて、100万ボルトの電流を流します。（少し待って）さあ、どうなるでしょう？

クライエント：「丸焦げ」になってしまうと思います。

セラピスト：そのとおりです。たとえ自分の命がかかっていたとしても、不安を抑え込むことはできません。

恋に落ちる

セラピスト：では、もし○○さんが私の望みをかなえることができたら、100億円をもらえるとしましょう。そう、100億円！　何をしてほしいかというと、これから、○○さんが会ったこともない、見知らぬ人をここに連れてきますので、一瞬でその人と恋に落ち、夢中になってください。それができたら100億円を差し上げます。できますか？

クライエント：相手がブラッド・ピットだったら、できるかも。

セラピスト：実は、ここに連れてくる人は、性差別主義者で、人種差別主義者で、そして同性愛嫌悪の人です。四六時中、口汚い言葉を叫んでいて、一年間もお風呂に入っていませんし、歯も磨いていません。

クライエント：それなら、無理です！

セラピスト：100億円、もらえるとしても？

クライエント：試してみることなら、できるかも……

セラピスト：確かに、好きになったふりは、できそうです。その人を抱きしめて、キスをして「愛してる、愛してる！」と言うことはできますよね。なぜかというと、自分の行動はコントロールできるからです。でも、自分の気持ちはコントロールできますか？

クライエント：できません。

さて、その次は？

できれば、この時点で、クライエントに新しいスキルを学ぶ準備が整っていてほしいものです。もし、まだセッションの時間が残っていたら、すぐにスキルの練習に入ってかまいません。最初に始める、もっとも簡単なスキルは（ほとんどのクライエントにとって）、「碇を下ろす」というエクササイズか、あるいは簡単な（瞑想的でない）脱フュージョンです。もう少し難しいものなら、アクセプタンス、セルフ・コンパッション、文脈としての自己です。

スキル形成を始める時間がない場合は、クライエントに、そのことを説明し、さらに、次のように伝えてください。「よろしければ、次回のセッションでは、つらい考えや気持ちに対応する新しい方法に焦点を当てたいと思っています。いかがでしょうか？」。このように、次回に持ち越す場合は、今、セッションで使用した「もがく」メタファーを強化するような簡単なホームワークを設定できるとよいでしょう。たとえば、クライエントに、日々の生活のなかで、自分がいつ「一生懸命、遠くへ押しやろうとしている」「綱引きをしている」あるいは「流砂の中で、もがいている」のかに気づき、遠くへ押しやる／綱引きをする／もがく、といったことをやめたら、そのとき、どのような変化が起きたかについて自覚的になるように伝えてください。

さらに良いのは、（クライエントにやる気があれば）日記をつけてもらうことです。いつ、どこでそのもがきが起こったか、何がきっかけだったか、結果的にどうなったか、そして、どんなときにもがくのをやめたか、それによってどんな違いが生まれたか、などを記録するように伝えます。こうしたホームワークは、前章の創造的絶望のホームワークの代わりとして提案するのでもよいですし、それに追加するというのでもよいと思います。

Extra Bits（おまけ）

ACT Made Simple : The Extra Bits（http://www.actmindfully.com.au の「Free Stuff」ページからダウンロードできる）の第９章に、①「日々のもがき（Daily Struggle）」ワークシート、②クライエントの感情に対するもがきをノーマライズし、承認し、なぜそうしてしまうかを理解してもらう方法、③「紙を押しやる」エクササイズに対する「レアで扱いの難しい」反応への対応策、そして、④「ウソ発見器」メタファーの YouTube アニメへのリンクを掲載した。（英語）

スキルアップのために

私がこれから何を言うか、おそらく予想がつきますよね？「この章を読むだけでは、足りません。練習あるのみ」です。つ・ま・り、

- 実際に、クライエントに話しかけているつもりで、エクササイズとメタファーをすべて声に出して読もう（あるいは少なくとも、頭の中で通し練習をしよう）。
- 自分の思考や感情に対する「もがき」の傾向に注意を向けよう。いつ、どこでもがきが起こったか、何がきっかけだったか、結果的にどうなったか、もしあれば、どんなときにもがくのをやめたか、それによってどんな違いが生まれたか、を日記に書いてみよう。

第９章のまとめ

「もがくのをやめる」メタファーは、フォーマルで明確なアクセプタンスのワークに移行するための良い流れを作ってくれます。また、それは、創造的絶望とウィリングネスをつなぐ良い架け橋でもあるのです。

第10章

碇を下ろす

多目的なマインドフルネス・ツール

「**碇**（いかり）**を下ろす**（*dropping anchor*）」は、「今、この瞬間」と接触するためのシンプルながらも強力なテクニックです。その目的は、クライエントが「今、ここにしっかり存在する」とともに、そのときしていることに注意を向けて関与し、自分の行動に対するコントロールを取り戻し、自分の注意を「今、ここ」で、もっとも重要なことに集中できるよう助けることです。これは、ほとんどの人に対して非常に効果があり、他のマインドフルネス・テクニックに比べて、かなり教えやすいものです。そのため、私としては、ACT プロトコルのなかで、今よりももっと幅広く活用されたらよいのではないかと思っています。

個人的には、以下のような問題で苦しんでいるクライエントに対して、最初にちゃんと教える最初のマインドフルネス・スキルとして「碇を下ろす」をお勧めします。

- 情動の調整不全
- 低覚醒
- 過覚醒
- 解離
- 圧倒されるような情動
- 衝動的行動
- 強迫的行動

- 極端なフュージョン
- フラッシュバック
- パニック発作

さらに、このスキルはマインドフルネスに興味のあるクライエント、厄介な思考・感情から自分をうまく「はずせる」ようになりたいクライエントに対して、最初に教えるスキルとしても適しています。また、あなた自身が創造的絶望と「もがくのをやめる」に取り組んだ後に、積極的にウィリングネスを養う最初の一歩としても素晴らしい選択となるでしょう（それくらい、私の好きなテクニックなのです！）。

「碇を下ろす」の導入

「感情の嵐（Emotional Storm)」のメタファー（Harris, 2007）は、クライエントに「碇を下ろす」を紹介するのに、良い方法です。

「感情の嵐」のメタファー

以下のやりとりでは、クライエントは強い不安に飲み込まれています。セラピストは、まず、クライエントに「その感情を、どこで一番強く感じていますか？」と質問します。

クライエント：あらゆるところです！　この辺りで、めちゃくちゃ感じています（自分の胸と腹を指さす)。

セラピスト：胸やお腹の辺りで、より強く感じるんですね。頭の中は、どのような感じですか？

クライエント：最悪です。とにかくグルグルしています（頭の横で指をくるくる回す)。

セラピスト：先ほど話してくださったような考えが頭の中でグルグル回っているんですね。そして、感情も胸やお腹の周りを渦巻いている。まるで、感情の嵐が、○○さん［クライエント名］の中で吹き荒れているようですね。そして、その嵐に吹き飛ばされてしまいそうなのに、○○さんにできる有効なことは何一つない。言ってみれば、自然の力の「なすがまま」といった感じでしょうか？

クライエント：そのとおりすぎます！

セラピスト：では、○○さんの乗った船が、港に入ったところを想像してください。ちょうど、時を同じくして、ものすごい嵐が巻き起こりつつあります。最優先すべきことは、何でしょうか？

クライエント：船を桟橋に結ぶことでしょうか。

セラピスト：そうですよね。船をすぐに桟橋に結ぶか、碇を下ろすことです。そして、これは私たちにも言えることです。感情の嵐が巻き起こったときに、まずやるべきことは、碇を下ろすことです。当たり前ですが、碇を下ろしても嵐はおさまりません。碇は、天候をコントロールすることはできません。しかし、嵐が去るまで、私たちをしっかりとつなぎ留めてくれます。

実践のためのヒント　ここでは、船が港に近づいている、あるいはすでに港に入っている点をはっきり伝えることが重要だ。というのも、航海中に嵐に遭った場合は、碇を下ろさないで波を乗り切ろうとするからだ。

ACTでは、セラピストは、メタファーを使うときに柔軟であるべきです。そして、クライエントに合わせて、常にメタファーを適応させ、変化させます。私は2016年に、世界保健機関（WHO）からの依頼で、世界各地の難民キャンプで使うためのACTプロトコルを（たくさんの人の助けを得て）執筆する栄誉にあずかりました（Epping-Jordan et al., 2016）。難を逃れてきた人たちには、トラウマ関連の障害、情動の調整不全が多いと考え、そのプロトコルでは「碇を下ろす」を最初のマインドフルネス・エクササイズに設定しました。しかし、最初に対象となった2カ国（シリアとウガンダ）は、どちらも文化的に船や航海との強い結びつきがありませんでした。そこで、私は「碇を下ろす」の代わりに、以下の「グラウンディング（grounding）」のメタファーに変えたのです。

あなたは今、木の上の一番高い枝にいると想像してください。そのとき、突然、嵐が起こります。強い風に揺さぶられ、あなたは振り落とされないように、枝に必死にしがみつきます。今、しなければならないことは何でしょうか？　当たり前ですが、そのまま枝の上にいたくはないですよね。できるだけ早く地面に下りたいはずです。もちろん地面に下りても、嵐はやみません。しかし、そこが一番安全な場所です。それに、もしそのまま木の上にいたら、自分にとって有益なことが何もできません。たとえば、木の根元に自分の子どもがいても、木の上からでは、その子を守ることも、安心させることもできません。しかし、地面に下りてしまえば、すぐに子どもを抱きしめ、嵐がやむまで安心させることができるでしょう。ここで、私たちが目指すのは、自分の中で感情の嵐が吹き荒れたとき、このように自分自身を「地に足をつけさせる」方法を学ぶことです。感情の嵐が、何からできていようと――怒りでも、悲しみでも、恐れでも、罪悪感でも、絶望感でも――「地に足をつける」のが、早ければ早いほどよいのです。

「碇を下ろす」ための３つのステップ

「碇を下ろす」エクササイズは、どれも３つのステップを繰り返す構造になっています。覚えやすいように、ACE（エース）という頭字語で表現しました。

A — **A**cknowledge your inner experience（自分の内的体験を認識する）
C — **C**ome back into your body（自分の身体に戻る）
E — **E**ngage with the world（世界に関与する）

それでは、ひとつずつ見ていきましょう。

A — Acknowledge your inner experience（自分の内的体験を認識する）
ここでの目的は、シンプルに、どんな思考、感情、情動、記憶、感覚、衝動であっても、それをそのまま認識することです。これは、たとえば「今、悲しい気分です」「つらい記憶が蘇っています」「怒りを感じています」などと、（頭の中でも声に出してでも）言葉にすると効果的なことが多くあります。

C — Come back into your body（自分の身体に戻る） ここでの目的は、自己コントロール感を取り戻すことです。そのために、つらい思考や感情がそこにあるときに自分がもっともコントロールできるもの、つまり物理的、身体的な行為に注意を向けます。たとえば、身体を動かす、ストレッチをする、姿勢を変える、姿勢良く座る、立つ、歩く、呼吸を変える、背筋を伸ばす、床を踏みしめる、といったことです。こうすることで、自分の身体のコントロールを素早く取り戻すことができます。そして、それは、身をもってあらゆる有効なアクションを起こす（物理的行動、顕在的行動をとる）ための重要な第一歩です。

E — Engage with the world（世界に関与する） このステップにおける目的は、気づきを広げることです。自分がどこにいるか、何をしているか、何が見えるか、何が聞こえるか、何に触れるか、どんな味がするか、どんな匂いがするか、といったことに気づくことです。このようなことをするのは思考や感情から気を逸らすためではなく、思考や感情の他に「何が」ここにあるかに気づくためです。

碇を下ろすための手がかりは何か？

「碇を下ろす」を導入するタイミングを教えてくれる主な手がかりは3つあります。それは、以下のとおりです。

1. クライエントが（脱フュージョン、アクセプタンス、「今、この瞬間」

との接触、または、文脈としての自己に対する基礎となるような）簡単なマインドフルネス・スキルを学びたがっている
2. クライエントが極度のフュージョン状態にあり、セッションに注意を向けて関与したり参加したりすることができない
3. クライエントが情動に飲み込まれ、衝動的／強迫的に行動している、あるいは解離状態にある

碇を下ろす：なぜスクリプトをそのまま実施すべきではないか？

あなたが「碇を下ろす」エクササイズを自分に対して、あるいはクライエントと共に行うときは、どうか**スクリプトに固執しない**でください。これから紹介するスクリプトには何億兆もの（そして、おそらくは何億兆京もの）バリエーションが考えられます。だからどうか、柔軟で、創造的でいてください。たとえば、クライエントが慢性痛を抱えており、床を踏みしめると痛みが悪化するようだったら、床を踏みしめるようにお願いするのは、やめましょう！　その代わりに、そっと、うなずく動作をしてもらう、つま先を動かしてもらう、机を指で叩いてもらう、肩をすくめる、といったことをしてもらいましょう。

「碇を下ろす」エクササイズ

理想的には、このエクササイズを始める前に、クライエントが「感情の嵐」の内容について——どんな思考、感情、気持ち、記憶に苦しんでいるのか——話してくれているとよいでしょう。そういう状態になっていれば、「とてもつらい記憶が出てきました。たくさんの悲しみ、たくさんの怒りもあります」というように、具体的な話ができるからです。しかし、クライエントがあまりにつらい状態で話せない、あるいはどんな思考や感情が出てきているかわからない、言いたくないというときは、「痛み」「不快感」「苦痛」「ぼんやりした苦しさ」「つらい思考や感情」、あるいはそのまま「感情の嵐」

といった、漠然とした表現を使ってください（そのような表現は、以下のスクリプトでは**太字のゴシック**で強調してあります）。

このエクササイズでは、教示ごとに、たっぷり10秒の「間（ま）」をとりましょう。また、声の調子も、優しく、気持ちを落ち着かせるような言い方にしてください。クライエントの自分に対する意識を和らげ、ラポールの感覚（「私たちは一緒に取り組んでいる、私たちはチームだ」）を築くために、セラピストはすべての行為（例：足で床を踏みしめる、両手の指先を合わせて押す）に関してクライエントのモデルになる（やって見せる）べきです。強く推奨するのは、まず、このスクリプトを声に出して読み、それから演劇で割り振られた役の「セリフと動き」を練習するようなつもりで、実際に演じてみることです。それができない、したくないという場合は、少なくとも頭の中で積極的にリハーサルしてください。

今、つらい気持ちにあふれているのですね。○○さんが苦しんでいらっしゃることがわかります。とても大変であることも伝わってきます。何かしらお役に立てることがあると思うのですが、これから私が言うことをやっていただくことは可能でしょうか？　もちろん、言いたくないことは言わなくて大丈夫です。ただ、もし話したいと思うのでしたら、遠慮なさらずにお話しください。

ではまず、少し時間をとって、今、**苦しい考えや気持ちが出ていることに注意を向けてみてください**。

同時に、足で強く床を踏みしめることができるかも確かめてみてください。足を床に向かって（セラピストは自分で床を強く踏みしめる）……そうです。足裏に床を感じてください。

では、次は、椅子に「浅く」座って、背筋を伸ばしてください（セラピストは、話しながら実演する）……お尻に椅子を感じてください。背筋が自分を支えていることにも注意を向けてください。

では、今度は、ゆっくり両手を合わせてください。そしてそのまま、やさしく肘や肩を動かしてみてください（セラピストは、話しながら実演する）。

腕を動かすと、指先から肩甲骨まで動くのを感じてください。

少し時間をとって、○○さんを苦しめている**たくさんの痛みがここにあることに注意を向けてください**……○○さんが望んだわけではありませんが……痛みはそこにあります……その痛みは、厄介で、つらいものです。どこかに行ってほしくても、どこにも行ってくれません……。

それが、**どんなタイプの痛みなのかにそっと気づいてみてください**……たとえば、心の中で、「これは、悲しみ」「これは、不安」「これは、つらい記憶」と言ってみてください（もし、すでに痛みがどのようなものか分かっているのなら、具体的にそれを言ってもらってください）。

では、次に、**今、つらい考えや気持ちがあることに気づいてください**。そして同時に、痛みの周りには、それを包み、それを抱えている身体があることに気づいてください。その身体は、○○さんが動かし、コントロールすることのできる身体です。もう一度、背筋を伸ばして、今度は全身を意識してみてください――手、足、腕、太ももから膝下（セラピストは背筋を伸ばす）。ひとつずつ、優しく動かし、動いているのを感じてください……腕をしっかり伸ばしてみましょう（セラピストは腕を伸ばす）……筋肉が伸びていることに気づいてください……足を強く踏みしめて、床を感じてください（セラピストは足で床を踏みしめる）。

では、今度は、部屋を見渡してみてください――上、下、右から左――（セラピストは部屋を見渡す）そして、目に入るものを5つ意識してください。

今度は、耳に入る音を3つ、4つ意識してください――私から聞こえる音、○○さん自身から聞こえる音、あるいは周囲の部屋から聞こえる音を意識してください。

今度は、○○さんご自身と私を意識してみてください（セラピストは身ぶりで自分とクライエントを指す）。ここで一緒に、チームとしてエクササイズに取り組んでいることを意識してください。

では、ここには○○さんを苦しめている**厄介な考えや気持ちがあることに気づいてください**。そして同時に、椅子に座った自分の身体にも気づくことができるかを試してみてください……では、そっと身体を動かし、ストレッチしてください（セラピストは身体を動かしストレッチを行う）……そうです、自分の腕や足をコントロールしてください。

同時に、自分の周囲にある部屋を意識してください（セラピストは部屋を見渡す）。

同時に、○○さんご自身と私を意識してください（セラピストは身ぶりで自分とクライエントを指す）。ここで一緒に、チームとしてエクササイズに取り組んでいることを意識してください。

セラピストはこのサイクル——自分の内的体験を認識する、自分の身体に戻る、世界に関与する——を、クライエントがグラウンディングできるまで繰り返します。グラウンディングできたかどうかは、非言語的な反応（例：表情、姿勢、アイコンタクト）から読み取れるかもしれませんし、セッションに注意を向けて、関与できていることを伝える言語的な反応（例：気楽に話す、質問をしたり、質問に答えたりする、思考や感情を言語化する）からわかるかもしれません。セラピストは、以下のように、クライエントの感想を聞く簡単な質問をして、エクササイズを終えます。

何かが変わったように感じますか？　苦しい考えや気持ちに釣られている度合いが弱くなったでしょうか？　苦しい考えや気持ちに「押し流される」度合いや「悩まされる」度合いが、弱まったでしょうか？

私と関わることや「今、ここ」に存在することが、少し楽にできるようになったでしょうか？　私の話や、一緒にしていることに、少しは集中しやすくなったでしょうか？

自分の身体（手や足や口の動き）に対して、先ほどよりもコントロールが利くようになったでしょうか？　試してみましょう。腕や足を動かして、ストレッチしてみてください（セラピストは身体を動かしストレッチを行い、クライエントもマネるよう促す）。今していることについて、先ほどよりもコントロールできる感じがしますか？

実践のためのヒント　どの質問でも、セラピストは決してクライエントの痛みが減ったか、あるいは「気分が良くなったか」とは尋ねていないことに注意してほしい。そのように聞いてしまうと、このエクササイズの目的は、つらい感情を軽減・除去することであるという誤ったメッセージを送ることになってしまう。もちろん、つらい感情が和らぐことはよくある。しかしACTでは、それはボーナスであって、主たる目的ではない。

上記のスクリプトで**太字のゴシック**になっていたセリフを全部読みましたか？　実は、どれも「つらい思考や感情に気づいてください」という教示のバリエーションになっていました。この点こそが、ACTと他のほぼすべてのセラピーモデルとの大きな違い（そして非常に重要な違い）なのです。ACT以外のほぼあらゆるセラピー・モデルでは、クライエントに対して、繰り返し自分のつらい私的体験に気づき、意識するよう教示することは、ありません。なぜ、ACTでは、それをするのでしょうか？　それは、痛みの存在を繰り返し認識しなかったら、こうしたエクササイズがマインドフルネス・テクニックとしてではなく、気を逸らすためのテクニックとして機能する可能性が高いからです。クライエントは、つらい考えや気持ちから逃げたりそれを避けたりするためにエクササイズを使い、苦しさや不安を軽減しようとするでしょう（実際、いくつかのモデルでは、それこそがグラウンディング・テクニックの主要なねらいである場合があります）。しかし、思い出してください。気を逸らすことは、マインドフルネスとは、まさに対極に位置します。この違いを忘れてしまっていた場合は、第3章を読み返してください。

碇を下ろすエクササイズの所要時間は？

このテクニックの目的は、クライエントが「今、ここに、しっかり存在する」ようになり、そのときしていることに注意を向けて関与し、自分の行動に対するコントロールを取り戻し、自分の注意を「今、ここ」でもっとも重要なことに向け直せるよう助けることです。そのため、「碇を下ろす」エクササイズには、その目的を達成するのに必要なだけ時間を費やします。たいていは、1～2分間で十分です。しかし、感情に飲み込まれたり、解離状態だったりしたために、10～15分間も、エクササイズを続ける必要があったクライエントもいました。逆に、クライエントがほんの少し「漂っている」程度のときは、10秒間バージョンで十分ということもあります。

【注意事項】 クライエントを泣きやませるため、クライエントの注意を感情から逸らすため、あるいは自分が気まずくなって話題を変えるために、このテクニックを用いるのは、すべて非常に誤った使い方になります。

もちろん「碇を下ろす」エクササイズが有用だと思ったときは、そのたびに繰り返し実施してもよいのです。たとえば、解離しやすいクライエントやフラッシュバックのあるクライエントと取り組んでいるときは、1回のセッションで、何度も「碇を下ろす」ことになるかもしれません。一般的には、「碇を下ろす」に対するクライエントの反応は、セッションが進むごとにより速く、より劇的に変化していくため、エクササイズに必要な時間はどんどん短くしていくことができます。反対に、このシンプルなエクササイズの土台の上にさらに積み重ね、拡大し、他のコアプロセスを持ち込むこともできます。たとえば、セルフ・コンパッションのエクササイズへと拡大することもできます（第18章参照）。

クライエントにどのように利点に気づいてもらうか？

エクササイズを終えた後、クライエントには、その利点について考えてもらうのがよいでしょう。たとえば、次のような質問が役に立ちます。

- このエクササイズは、セッション以外の場所では、どのように役立つと思いますか？
- 「感情の嵐」は、どこで、どんなときに起こりますか？　そういう状況では、このエクササイズは、どのような助けになりそうでしょうか？
- このエクササイズは、いつ、どんなときに応用できそうですか？　誰と、どんなことをしますか？
- このエクササイズは、XYZ（＝クライエントの抱える問題や行動のゴール）に関して、どのような助けになると思いますか？

クライエントが「碇を下ろす」をセラピー以外の場でどのように活用できそうか、そしてそれがどのように自分の行動のゴール（第6章参照）に関連するかを確認することができたら、そこで初めて「次のセッションまでに、これを練習してみてもよいと思えますか？」と尋ねます。答えが「はい」なら、そこから「いつ、どこで練習できそうですか？」「どのくらいの時間？」「どのくらいの頻度で？」といった質問に移っていきましょう。

実践のためのヒント　クライエントにこのエクササイズはどのように役立ちそうかと聞くと、「リラックスできます」「不安を和らげてくれます」「気持ちから注意を逸らしてくれます」といった答えが返ってきたとしよう。その場合は、次のように伝えることができるだろう。「確かに、そうなったら素敵なボーナスですね――そのときはそのボーナスを満喫しましょう――しかし、実のところ、それはこのエクササイズの目的ではありません。本当の目的を明確にするために、少し時間をいただいてもよろしいでしょうか？」。そして「紙を押しやる」エクササイズ（第9章）を再度行おう。

いつ、どのように利用するか？

「碇を下ろす」は、ACTのなかでも、もっとも多様な使い方のできるスキルのひとつです。ところで、ACEの公式がACTのトリフレックスと、きれいに重なることに気づいたでしょうか？　自分の内的体験を認識することは、**オープンになる**方法を学ぶための有効な第一歩になります。自分の身体に戻ることは、**大切なことをする**準備のための有効な第一歩です。そして、世界に関与することは、**「今、ここ」に存在する**方法を学ぶことです。つまり、このシンプルなエクササイズは、それだけでACTの全コアプロセスに対する土台を築いてくれるのです。そのため「碇を下ろす」は、さまざまなタイプの問題に使える素晴らしい介入なのです。それでは、その多様な活用方法のうちのいくつかを見てみましょう。

天候が良いときに碇を下ろす

「碇を下ろす」の練習は、いつでも、どこでも、どんな活動をしているときでも実施できます。もちろん「感情の天気」が素晴らしく良いときでも可能です。なにしろ、たとえ暖かく、よく晴れた日であっても、碇を下ろさなければ、船は漂ってしまって、港から沖に流されて離れていってしまいます。そして、私たちの誰もが、一日を通して何度も「流されて」しまいます。つまり、自分の思考に囚われて、そのときしていることから注意が逸れて、散漫になってしまうのです。そのため、クライエントへのホームワークとして、一日を通して「碇を下ろす」練習をすることを課しましょう。たとえば、次のように話します。

セラピスト：一日の中で、自分が「流された」と気づいたとき、つまり、ある考えや気持ちにすっかり囚われて、そのときしていることにうまく集中できなくなったり、きちんと取り組むことができなくなったりしたときは、**碇を下ろして**みましょう。先ほど練習したエクササイズの「10秒バージョン」をやってみてください。まず、それがどんな考えや気持ちであれ、何が、○○さんの注意をつかんで離さないのかに気づき、それから自分の身体に戻って、身体をコントロールしてみましょう。そして、周囲に広がる世界——自分がどこにいるか、何をしているか——に気づいてみましょう。その後、自分の注意を向けるべきものに向け直して、そのときにすべきことをできるようにしましょう。

（セラピストはこのことについて簡単にクライエントと話し合い、それか

ら以下のようにさらに進める）

セラピスト：また、一日を通して突然現れる、厄介ではあるもののしんどすぎない状況で、これを練習するのもよいと思います。たとえばそう、交通渋滞に巻き込まれたときとか、約束に遅れそうなとき、お子さんの身支度がいつまで経っても終わらないとき、もう絶対しないと思うようなバカみたいなミスをしたとき、誰かがうっかり○○さんの神経を逆なでするようなことを言ってしまったとき、などです。自分がちょっと不安になったり、腹が立ったり、イライラしたりした状況で、このエクササイズを何度も練習しておけば、もっと大きな「感情の嵐」が吹き荒れたときに対応できるようになります。逆に言うと、普段から練習しておかないと、本当に必要なときに実行することができない、ということでもあります。

創造的になる

「碇を下ろす」ための最初のステップは、そのとき生じている思考や感情を認識することです。それが、極端につらいものでも、ちょっと不快なものでも、ある程度中立的なものでも、とても快適なものでも、単なる無の感覚であっても（つまり、ありとあらゆる思考や感情に対して気づくことです）。

残る２つのステップに関しての選択は無数にあります。たとえば、クライエントが自分の身体のコントロールを取り戻せるよう、マインドフルにコップ一杯の水を飲んでもらってもよいですし、立って部屋を歩き回ってもらってもかまいません。他にも、お菓子を食べる、ストレッチをする、姿勢を変える、親指をぐるぐる回す、うなずく動作をする、何かモノ（本、ペン、装飾品など）をつかむ、指で何かの表面の感触を確かめる、座っている椅子を触る、心臓の上にそっと手を置く（これは第18章で見るように、素敵なセルフ・コンパッションのエクササイズへとつなげることができます）、舌で歯をなぞるなど、できることはたくさんあります。

そして、クライエントに、世界に関与してもらうためには、何か聞こえるもの、見えるもの、触れるもの、味わえるもの、匂いを嗅げるものに気づいてもらいましょう。他にも、自分がどう呼吸しているか、どう座っているか、目に溜まった涙やそれが頬を流れる感覚、顔に当たる風の感覚、背筋がまっすぐ伸びた感覚、身体の姿勢、エアコンの音などに気づいてもらうのでもかまいません。

つまり、創造的であり続けましょう。そのとき存在している思考や感情を認識することに――繰り返し、繰り返し、繰り返し――戻ってくる限り、心ゆくまでアドリブを繰り広げてもらってかまいません。なぜ、思考や感情を認識するステップが、それほど大切なのでしょうか？　それは「自分は、もっとも厄介な思考や感情に対してさえ、柔軟に対応できる」とクライエントに学んでほしいからです。つまり「自分は、つらい感情や思考の存在をマインドフルに認識し、自分の行動をコントロールし、そのとき一番大切なことに注意を向けることができる」と学んでほしいからです。

それでは「碇を下ろした」後は、何をするのか？

クライエントのなかには「『碇を下ろした』後は、何をしたらいいのですか？」と聞いてくる人がいます。そのような場合には、次のように答えます。

セラピスト：それは良い質問です。考え方としては「碇を下ろす」ことができた後は、何か効果的なこと、自分の生活をもっと良いものにできるようなことをします。「今、私は進ムーブができているだろうか？」と自問して、もし答えがノーだったら、そのときしていることをやめて、代わりに進ムーブになることをしましょう。もしその答えがイエスだったら――もし進ムーブができていたら――それに完全に集中しましょう。そのときしていることに注意を向けて、それに取り組みましょう。

クライエント：進ムーブについて、何も思いつかなかったら、どうしたらいいですか？

セラピスト：実は、次回以降、何回かのセッションにわたって、まさにその部分について、かなりの時間を割く予定です。つまり、○○さんがどんな人になりたいか、どのように生きていきたいかを考えていく予定です。ですから、進（すすむ）ムーブを思いつかない、ということはなくなっていくと思いますし、どうしても思いつかなかったときは一緒に考えていきましょう。

Extra Bits（おまけ）

ACT Made Simple : The Extra Bits（http://www.actmindfully.com.au の「Free Stuff」ページからダウンロードできる）の第10章に、無料でダウンロードできる「碇を下ろす」エクササイズの読み上げ音声を掲載した。エクササイズは何種類かあり、長さは1分から11分とさまざまだ。また、①いつ感情を抱いたまま「腰を下ろす」のか、②ベッドで横になったときの碇の下ろし方、③クライエントが「うまくいきません」とか「よくわかりません。こんなことをして何になるんですか？」と言ってきたときはどうするか、④解離やフラッシュバックに対する「碇を下ろす」の使い方、⑤スマートフォンアプリ ACT Companion の役に立つ使い方に関する Q&A も掲載した。（英語）

スキルアップのために

ここでは、Extra Bits で紹介した「碇を下ろす」エクササイズの音声を聴き、できるだけ頻繁に練習することをお勧めします。このスキルを磨く努力をしておくと、クライエントへの教え方がうまくなるだけでなく、セッション中に自分が思考や感情とフュージョンしてしまった、思考や感情に飲み込まれてしまった、といった厄介な状況で役に立つでしょう。さらに、以下のいくつか、あるいはすべてを試してみてください。

- 本章のすべてのスクリプトを（できれば声に出して）読む。自分が本当にクライエントと話しているつもりで、必要に応じて言葉や言い回しを変える。

- 自分なりの「碇を下ろす」エクササイズを作る。台本を書き出し練習する。
- 一日を通して「感情の天候」が穏やかなときと「荒れ模様」のときの両方で「碇を下ろす」練習をする。
- できるだけ早く実際のセッションで「碇を下ろす」エクササイズを積極的に使い始める。

第10章のまとめ

「碇を下ろす」エクササイズはどれも、3つのステップを繰り返す構造になっています。

A — **A**cknowledge your inner experience（自分の内的体験を認識する）
C — **C**ome back into your body（自分の身体に戻る）
E — **E**ngage with the world（世界に関与する）

セラピストはこの構造に沿って、文字通り何百通りものエクササイズを即興で作ることができます。「碇を下ろす」を実践すると、自動操縦のスイッチを切ることができ、厄介な思考や感情から自分をはずしたりそれを置いておくスペースを作ったりする助けとなります。さらに、気づきを高め、自分の行動に対する意識的なコントロールが可能となります。こうした効果を持つ「碇を下ろす」は、①衝動的／強迫的／攻撃的／依存的／自傷的行動の「回路遮断」、②心配する、繰り返し思い悩むといった認知プロセスの中断、③強烈な感情、極度のフュージョンおよび解離への効果的な反応、という3つの目的のために非常に有効なスキルです。

第11章

その思考に気づこう

大きな問題

ACTの観点から考えた場合、クライエントを苦しめる問題のうちで、最大のものを1つ挙げるとすれば、何になると思いますか？（そう、読者の皆さんなら、すでにご存じかと思うのですが、この章を始めるにあたって、良い質問だと思ったのです）。認知的フュージョンです。それは、全体に関わる包括的な臨床的問題です（多くのACT初学者は「体験の回避こそ、ACTにおける一番の問題である」という誤解を抱きやすいものです。しかし、思い出してください。体験の回避が問題になることは多いものの、常に問題になるというわけではありません。また、問題につながっている場合も、体験の回避だけがクライエントの抱える唯一の問題というケースは、ほとんどありません）。

脱フュージョンのまとめ

・**簡単に言うと…**　**フュージョン**（*fusion*）とは、自分の認知が行動を支配することである。支配されるのは身体的活動（顕在的行動）、あるいは注意（潜在的行動）、あるいはその両方である。**脱フュージョン**（*defusion*）とは、自分の認知に柔軟に対応し、認知が行動に**影響を与えることはあっても、支配はしない**ようにすることである。

・その目的は？　認知が持っている元々の性質、つまり認知とは言葉や映像の組み合わせにすぎないということに気づくこと。認知を字義通りに解釈するのではなく、もっと柔軟に、有効性の観点から対応すること（つまり、その認知が、正しいか間違っているか、ポジティブかネガティブかではなく、どれだけ役に立っているかという観点から対応すること）。

・別の言い方をすると…　字義通りの解釈から脱する（deliteralization; この用語はもうほとんど使われなくなった）。距離を置く（距離をとる）。

・その方法は？　以下の３つによって、自分の認知に注意を向ける。

好奇心：認知が持っている元々の性質が文字や映像の組み合わせであることを理解する。

オープンさ：その認知が役に立っているかどうかを探る。

柔軟性：それが役に立つものであるなら、それに導いてもらう。役に立たないものなら、そのままにしておく。

・使用するタイミングは？　認知が（顕在的あるいは潜在的）行動を支配し、有効で価値に基づいた生き方を妨げるとき。

脱フュージョンのためには、次のことを学ぶ必要があります。

- 認知の内容から抜け出す（認知の正誤やポジティブ・ネガティブの問題ではない）
- 認知と戦うのをやめる、あるいは認知を回避しようとするのをやめる（認知は脅威でも障害でもない）
- 認知に従うのをやめる（認知は従うべき命令や法律ではない）
- 認知をきつく握りしめるのをやめる（認知は執着すべきものでも、すが

りつくべきものでもない）

- 認知だけに注意のすべてを向けるのをやめる（認知は「今、ここ」での体験のうちのひとつの側面にすぎない）

認知に関する2つの重要なポイントを復習しておきましょう。

1. ACTで「思考」という言葉を使うときは、あらゆるタイプの認知を指している。信念、態度、想定、スキーマ、空想、記憶、イメージ、意図、欲求、さらに、衝動や渇望、感情、情動などの認知的側面も含まれる。
2. 認知はあらゆる情動に不可欠な要素である。認知抜きの情動というものは存在しない（これこそが、私が「思考や感情とのフュージョン」について、頻繁に話す理由である）。

脱フュージョンは、どのように始める？

あるセッションで、セラピストが脱フュージョンに明確に焦点を当てたいと思った場合、クライエントを導く方法は、たくさんあります。たとえば、セラピーの初期で、進(すすむ)ムーブに焦点を当てていたとしましょう。クライエントの価値を明らかにし、いくつかゴールを設定したものの、クライエントが実際に行動を起こさないとき、次のような質問をします。「何が行動するのを邪魔していますか？」「マインドは何と言って、それをやめさせようとしているのでしょうか？」「このような価値に基づいて行動する／このゴールを達成する／なりたい自分になる／自分の求める関係を築くのを、何が妨げているでしょうか？」「○○さん［クライエント名］のマインドは、どのようなことを言って躊躇させる／身動きをとれなくさせる／実行を難しくさせているのでしょうか？」

あるいは、セラピー開始当初は「自分をはずすスキル」に焦点を当てていたとしましょう。そして、その後に初めて積極的に教えるスキルとして、この章で紹介するような簡単な脱フュージョンのテクニックを導入してもよいと思います（ただし、私の経験では、たいていの人にとって学びやすいのは「碇を下ろす」エクササイズです。私は、そこから始めるのが好きです）。さらに、別のやり方として、創造的絶望と「もがくのをやめる」を実施した後、つまり、闘争や逃走を選ばずに厄介な思考を進んでそこに置いておくウィリングネスを養った後に、脱フュージョンに入っていく道も考えられます。

では、脱フュージョンのワークを積極的に始める際に、まず知っておくべきことは何かと言うと……

あなたを「釣る」のは、何ですか？

私たちセラピストは、初回セッションから、脱フュージョンの「種を蒔いて」おきます。それは、純粋にヒストリーを聴取するときの質問の中に埋め込んでおくのです。たとえば、私が決まってする質問のひとつが、次のようなものです。「私が○○さんのマインドの声を聞くことができたとしましょう。マインドが○○さんを叩きのめしながら、○○さん自身や、○○さんの人生が、いかに不十分であるかを語っているときに、もっとも意地悪で、ひどく、手厳しいことは、何でしょうか？」

このような質問には、脱フュージョンがこっそり埋め込まれていることに気づいてもらえたでしょうか。マインドの「声を聞く」や「マインドの言っている」ことに気づく、といった考え方は（あるいは「マインド」「○○さんのマインド」について話すことさえ）小さな脱フュージョンの促進につながります。たいていは、このような話し方をすることで、クライエントが自分の認知に対して、新しい形で、それまで以上の好奇心とオープンさをもって注意を向ける助けとなります。そして、このような質問には膨大なバリエーションが考えられます。たとえば、クライエントの抱える問題が不安だったとしたら、「マインドは、○○さんを本当に不安にさせたいとき、何と言ってきますか？」。あるいは、それが攻撃性だったとしたら、「マインドは、○○さんを本当に怒らせたいとき、何と言ってきますか？」。あるいは「うつ（ひどい気分の落ち込み）」だったとしたら、「私が○○さんのマインドの声を聞くことができるとしましょう。マインドが全力で○○さんを絶望的な気分にさせようとしてきて、もっとも気持ちを落ち込ませるときに、何が聞こえてくるでしょうか？」。

このような質問は、クライエントが、主にどのようなタイプの認知とフュージョンしているかを確認するために有効です（フュージョンの主要な6つのパターンを覚えているでしょうか？　それは、過去、未来、自己概念、理由、ルール、評価判断です。もし忘れていたら、第2章を再読してください）。さらに、クライエントの言葉に注意深く耳を傾けてみてください。そうすると、自己批判している（自己概念）、不安を感じたくないと言っている（感情の回避）、心配する内容について語っている（未来）、やりたいことがなぜできないかを説明している（理由づけ）、他者に対する意見を語っている（評価判断）、完璧主義的な考えを口にしている（ルール）、これまでのあらゆる失敗について詳細に語っている（過去）など、クライエント自身が、自分のフュージョンについて、たくさんの情報をセラピストに提供してくれているのです。

そして、もちろん、第7章の最後に載せたようなホームワーク（自分を釣り上げる思考や感情、その結果として生じる「逸ムーブ」に積極的に気づく）を、クライエントがすでに行っていた場合、脱フュージョンのワークに使える貴重な情報は、数多く手元にあるでしょう。

それに加えて、どのセッションの、どんな場面でも、次のような質問をすることができます。

- 「では、○○さんのマインドは、いま何と言っていますか？」
- 「それについて、○○さんのマインドは、何と言っているでしょうか？」
- 「いま自分が何を考えているのかに気づくことができますか？」
- 「もし、私に、○○さんのマインドの声を聞くことができたら、どんなことが聞こえてくるでしょうか？」

ここまで紹介した質問はどれも、認知の内容を明らかにするのに役立ちます。しかし、それよりも、はるかに重要なのは、次のステップになります。

それは、認知の機能（つまり、認知が顕在的あるいは潜在的行動に与える影響）を明らかにすることです。私はこのステップを、遊び心を込めて次のように呼んでいます。

リンクさせる／つなげる

ここでセラピストが援助・促進させようしていることは、クライエントが認知とのフュージョンと、それ（フュージョン）が行動に与える影響とを「つなげる（make the link）」ことです。言い換えると、問題になっている認知が行動を支配するようになると、実際にどのようなことが起こるのかを明らかにしよう、ということになります。フュージョンの結果、（顕在的あるいは潜在的）行動にどのような変化が起きて、どのような問題が生じるでしょうか？　このステップを飛ばしてしまうと、まず間違いなく、行き詰まることになります。なぜか？　それは、フュージョンが自分の行動に与える悪い影響を理解できていなければ、クライエントは脱フュージョン・スキルを学ぶことに関心を持てないからです。

フュージョンと顕在的行動（物理的な行為、活動）とを「つなげる」質問には、たとえば、次のようなものがあります。

- こうした考えに釣られてしまうと、その後は、どうなりますか？（何をしますか？　何をしなくなりますか？　自分の行動がどのように変わりますか？　どのように言動が変わりますか？）
- 仮に、映画の撮影班が○○さんに密着して毎日24時間撮影し、私がその映像を後で見ることになったとしたら、○○さんのどのような言動から、こうした考えに釣られたことが理解できるでしょうか？
- このような考えに振り回される／悩まされる／人生の手綱を握られる／主導権を奪われると、どのように行動が変わりますか？　やり始めること、やらなくなること、今までよりも増える行動、減る行動は何でしょうか？
- このような考えに囚われる／巻き込まれる／没頭すると、次はどうなりますか？　何をしますか？　何をするのをやめたり、先延ばしにしたりしますか？

- このような考えに基づいて行動すると／自分の言動がこうした考えに先導されると、どのようなことをするようになりますか？　○○さんの密着映像では、それが、どのような行動や言葉となって表れるでしょうか？
- このような考えに釣られてしまうと、パートナー／子ども／友人／親／雇用主／従業員／同僚に対する接し方が、どのように変わるでしょうか？　自分の言動に、どのような変化があるでしょうか？

通常、一筋縄ではいかないのは「潜在的行動に、どのような変化が起きているのか」を明確にすることです（例：何もしない、そのときしていることではなく思考や感情に焦点化してしまう、大切な人と一緒にいても注意散漫／うわの空になる、自動操縦のように物事を行う、など）。そのため、多くの場合、次のような「誘導質問」をする必要があります。

このような考えや気持ちに「釣られた」ときは……

- 誰（あるいは何）から切り離されますか／つながりが切れますか／関わりがなくなりますか？
- 誰（あるいは何）に集中するのが、難しいですか？
- 誰に注意を向ける／誰と関わるのが、難しいですか？
- どのような大切なことが、うまくできなくなりますか／すぐに気持ちが逸れてしまいますか？

上記の質問はすべて、簡単にチョイスポイントの図に落とし込めるものであることに気づいたでしょうか。厄介な認知は、図の下部に位置し、それとフュージョンしてしまうと（「釣られる」の矢印）、顕在的行動にも、潜在的行動にも問題となる変化が起こる（逸(それる)ムーブ）ことになります。

実践のためのヒント　上記の質問は、どれも「考え」について聞いているが、心配、自己評価、恐れ、予測、「不十分」物語、復讐の空想、「お先真っ暗」シナリオ、怒りに満ちた考え、不安いっぱいの考え、といった言葉に置き換えてもよい。また、感情や情動、欲求、衝動、渇望、イメージ、記憶についてもまったく同じ質問をすることができる。

クライエントの「あなたを釣っているもの」が理解できて、フュージョンとその影響を「リンクさせる」ことができたら、その次は……

新しいスキルを提案する

ACT 初学者の人からは、繰り返し、繰り返し、繰り返し（そして、さらに繰り返し）「どうやって、クライエントに、マインドフルネス／脱フュージョン／アクセプタンス／セルフ・コンパッションを売り込むとよいでしょうか？」といったような内容の質問を受けます。私の答えは、いつも同じです。「売り込まないでください。クライエントに売り込もうとするのではなく、提案してください」。まず、クライエントの抱える問題を明らかにし、それを ACT のフォーミュレーションで捉え直してみましょう。その後、「これは、自分の抱える具体的な問題と直接に関連があり、それに対して、各種の手続きが有効である」ということが、クライエントにも明確に理解できるようなスキルを提案しましょう。そこに売り込みは必要ありません。

たとえば、クライエントが「うつ」のときに、セラピストが「マインドフルネスが役に立ちます」と言ったところで、問題（うつ）と解決策（マインドフルネス）の関連性は非常に曖昧で、クライエントが興味を持つことは少ないでしょう。しかし、セラピストが、次のように言ったとしたら、どうでしょうか？

セラピスト：では、次のように、まとめることができるでしょうか？　○○さんの「うつ」には、いくつかの側面があり、できれば、そのすべてに対応できればと考えています。ただし、個人的には、マインドが〇〇さんを叩きのめすやり方——〇〇さんが「いかに負け犬か、いかにその人生が救いようがないか、いかに努力しても無駄か、いかに未来なんてないかを言ってくる」というところ——から始めるのが一番よいのではないかと考えています。このような考えに囚われてしまうと、〇〇さんは自分の望む方向に人生の舵を切れなくなってしまうようですね。そういうときは、お酒を飲み、マリファナを吸い、部屋に引きこもって、人と関わるのを避け、以前には楽しめていたことをやらなくなってしまう。いま言ったようなことで、だいたい、合っていますか？

クライエント：はい、そんな感じです。

セラピスト：（思いやりを込めて）それは、本当に、つらいですよね。長い間、ずいぶん苦しまれてきたんですね。

クライエント：だから、ここにいるんです。

セラピスト：ただ、このような考えに囚われ続ける限り、その苦しさはずっと続いてしまいます。そこで、新しいスキル、そういう厄介な考えの「釣り針」から自分をはずすためのスキルを学ぶことに興味がありませんか？　そのスキルは、厄介な考えの持つ力を奪って、〇〇さんをこれ以上、悩ませたり、落ち込ませたり、尻込みさせたりしないようにするためのものです。

＊＊＊

もう一度、上記のやりとりを読んで、次の点を確認してください。

A. セラピストは、フュージョンの主な内容を簡単にまとめている（何が、あなたを釣っているのですか？）

B. フュージョンと問題になっている行動との関係を明確にしている（「つなげる」）

C. フュージョンへの対応策として、特定の新しいスキルを学ぶ選択肢を提案している（「マインドフルネス」という言葉を一度も使うことなく）

このように明確に伝えることをしないと、多くのクライエントは、混乱し、疑いを持ち、やる気を失い、あからさまな反発を見せることがあります。

次のやりとりでも、セラピストは、先述の３ステップを踏んでいます。ただし、こちらのケースでは、主に潜在的な行動が変化しています。

セラピスト：ここで、今の内容を簡単にまとめてもいいでしょうか？　はっきりしているのは、○○さんにとって、心配が大きな問題である、ということですね？

クライエント：そのとおりです。

セラピスト：そして、不安に満ちた考えに釣られてしまうと、そのときしていることに注意を向けて関与したり、目の前の物事に集中したり、そのとき起こっていることを味わったり、大切な人たちと十分に「今、ここ」に存在したりすることが、とても難しくなってしまう。そして、そのことによって、○○さんはとてもダメージを受け続けている。今も苦しんでいる。

クライエント：はい。

セラピスト：そうですよね。そして、こうした不安に釣られている限り、このような状態はずっと続いてしまいます。だからこそ、ここで私から、ひとつ提案があるのです。今から新しいスキルを学んでみる、というのはどうでしょうか？

クライエント：どういう意味ですか？

セラピスト：つまり、強い不安から、自分をはずす方法を学ぶことで、それに囚われるのではなく、手放して、日々起こっていることにしっかり関わり、集中して、大切な人たちと今まで以上に「今、ここ」にいられるようになる、ということです。どうでしょうか？

＊＊＊

このやりとりで、セラピストが、「心配する」を「不安に満ちた考えに釣られる」とリフレーム（捉え直しを）していることに気づいたでしょうか？　これは「心配する」の他にも、「破局的に捉える」「最悪の事態を予想する」などをリフレームするときにも、とても有効です。つまるところ、不安と「心配する」は、同じではありません。不安は単なる感情です。一方、「心配する」は「起こるかもしれない悪い物事に関する認知」とフュージョンすることです。不安が生じるのを止めることはできません。しかし、不安に満ちた考えとのフュージョンから脱すること、不安な気持ちを置いておくスペースを作ること、そしてそのときしていることに注意を向け直すことはできます。これが「心配する」ことへの対応策になります。

この時点で、クライエントが脱フュージョン・スキルの習得に対して、オープンになり、関心を持ってくれていればいいのですが、そうでない場合は、どうしたらよいでしょうか。クライエントが「そんなの、うまくいくわけない」「前に試したが、ダメだった」「とにかく、この考えを消してしまいたいだけなんだけど」「うつがひどくて、新しいスキルなんて学べっこない」「そのためにここに来たわけではないのに」「ポジティブに考えられるようになりたい」「ひどい気分でいるのをやめたい」と言ってきたら、あなたは、どうしますか？　いま挙げたすべての質問（さらにもっと）に対して、どのように応えるかについては、第14章の「脱フュージョンへのバリア」で詳しく取り上げます。ここではひとまず、クライエントが前向きで、学ぶつもりがあると仮定しておきましょう。一般的には、次のようなステップで進めていきます。

A. 脱フュージョンのメタファー
B. 脱フュージョン・スキルの練習
C. 脱フュージョン・ホームワークの設定

このうちBとCは、次の2つの章で取り上げますので、この章ではAについて、ごく簡単に見ていきます。しかし、まずは、非常に重要な実践について、少しだけ触れます。これは、最初のセッションから始まり、その後のすべてのセッションでも継続され、そして、脱フュージョンを促すときに、とても重要な「裏方の役割」を果たすものになります。

思考をノーマライズし、承認する

厄介な思考をノーマライズし承認することで、アクセプタンスと脱フュージョンが促進されます。クライエントは、自ら進んで、思考をただそこに置いておくことができるようになると、その思考をなにがなんでも排除しようとはしなくなります。そして多くの場合、自分が「ノーマルである」と知るだけで、とても安心します。このやり方はたくさんあります。そして、どのセッションにおいても行うことができますが、私の「お気に入り」のひとつは、こんな感じで（実感を込めて）語る方法です……

あなたのマインドは、私のマインドに、よく似ている

セラピスト：ところで、○○さんのマインドは、私のマインドとよく似ています。

クライエント：（驚いて）そうなんですか？

セラピスト：はい、○○さんに向かってマインドが言うこと——たとえば「おまえは出来損ないだ」とか「また、ヘマをしたな」とか、「みんな、おまえのことなんか嫌いだ」とか——は、私のマインドと同じです。

クライエント：それは驚きです。

セラピスト：なぜですか？

クライエント：ええと、なんというか、その、先生はセラピストで、こういう訓練を受けているから……

セラピスト：確かに、訓練は受けてきました。しかし、私のマインドも、○○さんのマインドとまったく同じように進化してきたから、似たようなものなのです。

セラピストが、すでに人間のマインドの進化について掘り下げていたなら、ここでは重要な部分だけを、少し復習するだけでよいでしょう。もし、まだこの話題に触れていなかったら、それを扱うにはちょうどいいタイミン

グだと思います。ACTには、この進化に関する、さまざまなバージョンが用意されています。私はそれをまとめて、こう呼びます……

「原始人のマインド」のメタファー

セラピストは、このメタファーのさまざまなバージョンを使うことによって、実質的にあらゆる厄介な認知パターンをノーマライズすることができます。ひとつ例を挙げてみましょう。

セラピスト：先ほど話していただいたことは、それに囚われると、何をするにもおっくうになってしまうとか、生活がますますつらくなってしまうという厄介な思考がいくつかある、ということでした。もし、○○さんのマインドが、私のマインドと似たものであれば、マインドは、そういった思考を切らすことはありません。ずっとペラペラと、しゃべりかけてきます。

クライエント：（うなずきながら）本当に！

セラピスト：実は、それには、もっともな理由があるんです。少し時間をとって、その話をしてもよろしいでしょうか？

クライエント：もちろんです。

セラピスト：えー、それは、人間のマインドが進化してきた過程と関係しています。私たちの遠い祖先は、常に危険と隣り合わせの世界で、つまり大きな牙を持った生き物がいたるところに潜んだり、うろついたりしているような世界で、生きていました。ですから、その時代は、マインドは常に危険に目を光らせ、何らかの形で自分を傷つけ害をなす可能性のあるものを事前に察知していました。「気をつけろ。その洞窟にはクマがいるかもしれない。その茂みにはオオカミがいるかもしれない。向こうにいる人は敵だろうか？　味方だろうか？」。もし、○○さんが原始人で、○○さんのマインドがきちんとこの仕事をしていなかったら、○○さんはすぐに死んでしまうでしょう。そして、それこそが、祖先から受け継いだものなのです。私たちの現代のマインドは、基本的に「傷つくな」マシーンです。常に、何らかの形で○○

さんを傷つけ害をなす可能性のあるものを察知し、○○さんに警告しようとします。「太るぞ」「試験で大失敗するぞ」「ふられるかもしれない」。これは、まったくノーマルな状態なのです。誰のマインドも、同じことをします。これはただ、私たちのマインドの一番大切な仕事なのです。つまり「私たちを守って、生き延びさせる」ことをしようとしているだけなんです。

＊＊＊

私たちは、このメタファーを使って、強力なメッセージを伝えようとしています。「あなたのマインドは、機能不全を起こしているわけではありません。ただ、すべてのマインドがするべき仕事をしているだけなのです。私たちのマインドは、評価判断を下し、過去についてくよくよと思い悩み、未来について心配し、問題を探し、自分と他人を比べるようにして、進化してきました。あなたのマインドは、欠陥品ではありません。ただ自分の仕事をしているのです」

実践のためのヒント　誰もが進化論を信じているわけではない。あなたのクライエントが、それを信じていない人だった場合、そのときはメタファーを修正しよう。進化論／原始人／先史時代といった側面を省き、ただ「マインドの最優先の任務は、あなたの安全を確保すること、あなたを守ること、あなたに危害が及ばないようにすることなのです」という内容の話をしよう。

「原始人のマインド」の別のバージョンでは「比較の必然性」に注目しています。以下では、クライエントに話すような文体ですが、現実世界では、ときどき話を止めて、クライエントに確認を求めます。たとえば、「○○さんのマインドと、似ていますか？」というような質問をします。

マインドはいかにして自分と他人を比較するよう進化したか

セラピスト：私たちのマインドが、どのように進化してきたかという話はすでに少ししました。しかし、実は、あの話には続きがあります。先史時代、生存に絶対に欠かせないことは、どこかのグループに属することでした。グループから追い出されてしまったら、すぐにオオカミの餌食になってしまったでしょう。では、マインドは、どのようにしてそれを阻止するのでしょうか？　まず、マインドは、部族の各メンバーと自分とを比較していきます。「自分は、なじめているだろうか？」「正しいことをしているだろうか？」「ちゃんとうまくやれているだろうか？」「追い出されるようなことをしていないだろうか？」。結果として、現代の私たちのマインドも、常に自分を他人と比べます。しかし、今は、小さなグループや部族だけが存在するのではありません。私たちは、この星にいる人間全員と自分とを比べることができてしまうのです。裕福で有名で美しい人、映画スター、トップアスリート、さらにはフィクションのスーパーヒーローなどと比べてしまいます。そして、何らかの点で、自分よりも「より良い」人——たとえば、自分よりも裕福な人、背の高い人、年上の人、若い人、髪の毛の多い人、肌のきれいな人、高い地位にある人、身なりの良い人、大きな車に乗っている人など——を探すのに、遠くを見渡す必要はありません。こうした比較を続けた結果、私たちは誰もが、それぞれ「自分は、不十分だ」という物語を抱えながら生きています。ほとんどの場合、これは子ども時代から始まります。ただし、ごくまれに、それが思春期まで始まらない地域もあるようです。そして、次は、この地球でもっともよく守られている「秘密」についてです。誰もが、次のような物語を（いくつかのバージョンで）持っています——「私は年を取りすぎている／太りすぎている／頭が悪すぎる／つまらなすぎる／中身がなさすぎる／好感度が低すぎる／怠け者すぎる／無能すぎる……」とか、「私には、賢さ／お金／細さが足りない」といったものです。私たちは全員が、このような物語を持っているのにもかかわらず、それについては誰も話そうとしないのです。

脱フュージョンのメタファーを導入する

脱フュージョンのスキルを本格的に練習し始める前に、フュージョンのコスト（不利益）と脱フュージョンのベネフィット（利益）を伝えるメタファーを紹介していきましょう。このメタファーによって、クライエントは、「脱フュージョンの目的は何か」そして「それが、どのように自分にとって、役に立つか」を理解するようになるでしょう。その目的に沿ったメタファーとして、私が一番好きなのが「両手を思考や感情に見立てる（Hands as Thoughts and Feelings)」エクササイズ[訳注1)]です。第2章では、その「超・簡易」バージョンを紹介しました。次に紹介するのは、より長く、そして詳細なバージョンです。

「両手を思考や感情に見立てる」メタファー —— 拡大版

このエクササイズは主に、フュージョンと脱フュージョンに関するメタファーです。これは、私が以前に作った「両手を思考に見立てる（Hands as Thoughts)」エクササイズ（Harris, 2009a）から発展させたもので、その教示は第9章の「紙を押しやる」エクササイズと重複しているところが多くあります。以下のスクリプトは、「最大公約数」的なバージョンなので、だいたいどんな人にでも使うことができます。しかし、クライエントごとに具体性を持たせたほうがより強力になります。そのため「大切に思う人たち」といった表現の代わりに、たとえば「旦那さんであるマイケルさん、娘のサラさん」と言い換えましょう。

私がこのエクササイズを実施するときは、自分の椅子をクライエントの方に移動させ、クライエントと隣り合う形で、壁を背にして部屋の中央を向いて座り、すべての動作を2人で同時に行います。しかし、もちろん、あなたも同じようにする必要はありません。ACTのどのエクササイズもそうであ

訳注1）『教えて！ ラスハリス先生 ACTがわかるQ＆A』（ラス・ハリス著，星和書店，pp. 317-320）の「『手＝考えや気持ち』と捉えるエクササイズ」がこれに該当する。

るように、自分に合うよう自由に変更・修正を加えてもらって、まったく問題ありません。私がそうするのは、そのほうが自分にとって、より強力だからです。

個人的には、このエクササイズの素敵な2種類の修正バージョンも好きです。ひとつは、関連する思考や感情を紙に書き、それを手の代わりに使うやり方です。もうひとつは、紙ではなく、包装材のプチプチ（気泡緩衝材）、セロファン、透明ファイルのような、薄くて柔らかく透明な素材に油性ペンで書くやり方です。

セラピスト：（クライエントと隣り合わせに、互いに部屋の中央を向いて座り）それでは、○○さんの前のあの辺りにあるもの（部屋にあるものや反対側の壁の辺りを指さしながら）が、すべて○○さんにとって、とても大事で、心の底から大切にしているものだと想像してみてください。○○さんの人生を意義あるものにしている（あるいは過去に、そうしていた）ものすべてです。○○さんにとって、大切な人、場所、活動、大好きな食べ物や飲み物、お気に入りの音楽、本、映画といったものです。○○さんの好きなこと全部、大好きで一緒に時間を過ごしたい人たち全員です。

しかし、それだけではありません。あの辺りには、今すぐに対応しないといけない、ありとあらゆる問題や課題があります。たとえば……（クライエントのヒストリーをもとに、具体例をいくつか挙げる。「息子さんとのいさかい」「経済問題」「健康問題」「訴訟問題」「職探し」「がんの化学療法」など）。

あの辺りには、さらに、日々の生活を成り立たせるために取り組まないといけない、ありとあらゆることがあります。買い物、料理、運転、確定申告などです。

では、これから、エクササイズを始めますね。これから私がすることをマネしてください。まず、自分の手が、自分の考えや気持ちである、と想像しましょう。両手をこのように合わせてみてください（手のひらを上に向け、開いた本のような形に両手を合わせる。クライエントにもマネしてもらう)。では、自分の考えに釣られると、何が起こるかを見てみましょう(ゆっくりと手を顔に向かって動かし、手が目を覆ってしまうようにする。クライエントにもマネしてもらう。エクササイズの次のセクションでは、セラピストもクライエントもその状態を維持する)。

ここでは、次の3つのことについて注目してみてください。まず、このような状態にあると、どれくらい多くのことを見逃してしまうでしょうか? どのくらい大切な人や物から切り離され、それに集中するのが難しくなるでしょうか? 愛する人が目の前にいたとして、どれだけ、その人から切り離されているでしょうか? 向こうで、好きな映画が上映されていたとして、どれくらい見逃すことになるでしょうか?

2つ目に、このような状態のままだと、しなければならないことに集中するのが、どれだけ難しいことかということに注意を向けてください。今、目の前に重要な仕事があったとして、それに集中するのが、どの程度、難しいものになるでしょうか? 対応すべき問題や取り組むべき課題があったとして、そこに自分の注意を100%向けるのがどれだけ難しいでしょうか?

3つ目に、このような状態のままであると、行動を起こすのがどれだけ難しいか、生活を成り立たせるために必要なことをするのがどれだけ難しいか、ということに注意を向けてみてください。たとえば……(クライエントのヒストリーをもとに、具体例をいくつか挙げる。たとえば、「夕食を作る」「運転する」「赤ちゃんを抱っこする」「パソコンで文章を打つ」「好きな人にハグをする」など)。さて、考えや気持ちに釣られた状態だと、生活(を送ること)は、どれくらい難しいものになるでしょうか。それに気づいてみましょう。いろいろな機会を逃してしまいますし、切り離されて、断絶されてしまいます。集中するのが難しく、生活をうまくいくようにするために、やらなければならないことをするのは、しんどいですよね。

それでは、考えや気持ちから、自分をはずすとどうなるかを見ていきましょう（両手をゆっくりと顔から離し、膝に乗るまで下げていく。クライエントにもマネしてもらう）。考えや気持ちからはずれたら、どうなったかについて注意を向けてください。部屋の景色はいかがでしょうか？　集中したり意識を向けたりするのがどれほど楽になったでしょうか？　好きな人が目の前にいたとして、先ほどと比べて、どれくらい「つながり」を感じられるでしょうか？　取り組むべき課題や対応すべき問題があったとして、今の状態のままだと、それに集中するのは簡単でしょうか。それでは、実際に、手や腕を動かしてみましょう（手や腕を軽く振るように動かす。クライエントにもマネしてもらう）。このような状態のままであると、行動を起こすのは、どの程度、楽でしょうか？　運転したり、お子さんを抱っこしたり、夕食を作ったり、パソコンで作業したり、好きな人にハグしたりするのが、どれほど楽でしょうか？（例を挙げながら、それぞれの動作をマネる。クライエントがここで、セラピストをマネることはほとんどないが、それでかまわない）

それでは、これ（再び膝の上に置かれた手を示す）が消えてしまったわけではないことに気づいてみてください。私たちは先ほど、手を切り落としたわけでも、なかったことにしたわけでもありません。手は、今もここにあります。つまり、もし両手を使って、何か有益なことができるのであれば、そのときは手を使うことができます。実は、本当につらい考えや気持ちであっても、私たちの役に立つ有益な情報を含んでいることが多いのです。もしかしたら、単に、対応すべき問題や変えなければいけないことを指し示しているだけとか、「もっと自分に優しくしろ」ということを思い出させようとしているだけ、ということもあります。そして、もし、両手を使って、何も有益なことが実感できないのであれば、そのときは、ただこうして置いておくことができます。

Extra Bits（おまけ）

ACT Made Simple : The Extra Bits（http://www.actmindfully.com.au の「Free Stuff」ページからダウンロードできる）の第 11 章に、①「両手を思考や感情に見立てる」メタファーに対する一筋縄ではいかない反応とその対応策、②セッション中にクライエントがフュージョンしそうになっていることが見て取れたときに「リンクさせる」方法、③思考が自分をコントロールするという幻想を打ち砕く方法を掲載した。（英語）

スキルアップのために

以上で、脱フュージョンの「あれやこれや」について、おわかりいただけたでしょうか。もしそうなら、実際に脱フュージョンをやってみる準備は「完璧」でしょう。そこで、ミッションです。

- 本章のスクリプトやセラピストのセリフをすべて声に出して練習し、必要に応じて言葉を変更・修正する。
- 「両手を思考や感情に見立てる」メタファーを少なくとも2回、通しで練習する。このメタファーには、こまごました内容がいろいろ含まれているので、少し練習が必要だ。
- 「リンクさせる／つなげる」の項から、自分がとくに気に入った質問を2つか3つ選び、それを暗記するか、自分なりのバージョンを考えよう。そして、何度か声に出して、または頭の中で練習してから、できるだけ早く実際のセッションで試してみよう。
- 自分のクライエントの2、3人を思い浮かべよう。そして、①彼らがフュージョンしているものをどのように短くまとめるか、②フュージョンの結果起こった（顕在的あるいは潜在的）行動の変化をどのように描写するか、③その状態の助けとなる具体的で新しいスキルをどのように提案するかを考えてみよう。何回か（声に出してあるいは頭の中で）練習したら、実際にクライエントに対して実践してみよう。

第 11 章のまとめ

脱フュージョンのための「シーン設定」には、5つの基本ステップがあります。そのステップは、①「何があなたを釣っているんですか？」（クライエントがフュージョンしている認知の内容を明らかにする）、②リンクさせる／つなげる（フュージョンと問題行動とをつなげる）、③新しいスキルを提案する（先に明らかにした問題の解決策として、脱フュージョンを提案する）、④厄介な思考をノーマライズし承認する、⑤フュージョンのデメリットと脱フュージョンのメリットを要約したメタファーを紹介する、になります。

第12章

脱フュージョンを「深堀り」する

「宝の山」が、あなたを待っている

クライエントから、体験的エクササイズを行う許可を一度得てしまえば、そこから先は「脱フュージョンの宝庫」です（実際、あまりに多くて、圧倒されてしまうかもしれません――「第16章：『テクニックの詰め込みすぎ』とその他の危険」を参照のこと）。第13章（次章）ではセラピーセッションのやりとりを見ていきますが、この章では、脱フュージョンを自分に試してみてください（ACTの最高の練習相手は、いつだって自分です）。

この章を読み進めてエクササイズを実践する際は、次のことに注意してください。遊び心ある脱フュージョン・テクニック（たとえば「クライエントの思考を『物語』と呼ぶ」や「思考を歌う」など）の実施には、危険が潜んでいます。注意深く行わないと、簡単に「承認されていない」「思いやりがない」「茶化されている」「バカにされている」という印象を与えてしまいます。

そのため、思いやりをもって、クライエントと一緒に取り組むことが重要です。クライエントの苦しみにしっかりと触れ、クライエントがどれほどの痛みを経験してきたかを承認しましょう。私たちは、共感、優しさ、平等、尊重のスタンスから、同盟関係を築くのです。そして、共にチームとして、つらい思考に対応する新たな方法を見つけ、マインドフルで、価値に基づく生き方を可能にするような新たなスタイルを養っていくのです。

脱フュージョンの「テイスト」

これから、いくつかの脱フュージョン・テクニックを紹介していきます。どのテクニックも、私が自分のクライエントと、前章にまとめたワークの後に、頻繁に使用するものです。それでは、紙を一枚用意してください。そして、あなたのマインドがときどき吐き出してはあなたを打ちのめす、ネガティブな自己評価的思考を2つ、3つ書いてください。それは、エクササイズをするときの題材として必要になるからです。

書けましたか？　書けたら、そのなかで、あなたを一番悩ませる思考を選んで、これから紹介するエクササイズに取り組むときに使ってください（各エクササイズの最初に、その思考と10秒間フュージョンするようにしてください。もちろん、実際のクライエントには、その必要はないでしょう――すでにフュージョンしているはずですから！）。

「実験」として実施する

クライエントと、このタイプのエクササイズを行うときは、次のような言い方が有効だろうと思います。「これからすることは、実験だと思ってください。というのも、これが役に立つことを期待していますが、実際に何が起こるか、確実なことは言えないからです」。このように話すことで、クライエントとセラピストが互いに、好奇心に満ちたオープンな態度になることができるからです。もちろん、それは、あなたにも当てはまります。次のエクササイズを行う際は、一つひとつを実験として捉えてください。そして、予想しなかった結果になったとしても、それに対してオープンなままでいましょう。エクササイズのいくつかは、まったく効果を発揮しなかったり、あなたのフュージョン・レベルに変化が見られなかったりすることがあります。一方、あるエクササイズは、ほんのわずかな脱フュージョンを促すこともあれば、別のエクササイズは、大きな脱フュージョンを引き起こすこともあります。さらに、別のエクササイズは、逆に、多少のフュージョンを引き起こし、フュージョン・レベルを1つ上げてしまうかもしれません。だからこそ、好奇心をもって、何が起こるかを見てみましょう。

いくつかテクニックをご紹介！

それでは、前章で紹介した「土台づくり」を行った後で、私が、たいてい最初に教える、フォーマルな脱フュージョン・テクニックから始めましょう。

「私は〜という考えを持っている」

これは、すぐに実施できるシンプルなエクササイズ（Hayes et al., 1999より改変）です。どんな人にも、脱フュージョンを体験してもらうことができます。そのエクササイズの流れは、次のようなものになります。

> ネガティブな自己評価を「私はXである」という形の短い文にしてください。たとえば「私は負け組だ」「私は賢さが足りない」といった感じです。
>
> それでは、その思考と10秒間フュージョンしてください。つまり、その思考に没頭して、できる限り信じ込もうとしてください。
>
> では、次に、その同じ思考を「私は〜という考えを持っている」というフレーズの中に組み込んで、声に出さずに（心の中で）繰り返してください。たとえば、「私は、『私は負け組だ』という考えを持っている」という感じです。
>
> もう一度、同じようなことをしますね。今度は、「私は、自分が〜という考えを持っていることに気づいている」というフレーズに組み込んでみます。たとえば、「私は、自分が『私は負け組だ』という考えを持っていることに気づいている」という感じです。

＊＊＊

何か、変化は起こりましたか？　思考から自分を切り離す感覚、思考から距離を置く感覚がありましたか？　変化が起こらなかったときは、別の思考を使って、もう一度やってみてください。

実際のセッションでは、この後、次のように続けます。

セラピスト：どうですか？　問題の思考は、どうなりましたか？

クライエント：多少トゲがなくなった気がします。

セラピスト：思考から自分を切り離せたような感覚、思考と距離を置けたような感覚があったということですね？

クライエント：はい、少し遠くなった感じがします。

セラピスト：その考えが、どの辺まで移動した感じがするか、手を使って、教えてもらってもいいですか？

クライエント：この辺りでしょうか（胸の前で両腕を伸ばす）。

セラピスト：これが、「思考をはずす」という感覚です。自分を思考から切り離して、思考が動き回るスペースを作ります。

他のやり方も考えられます。たとえば、次のように尋ねてもよいかもしれません。「今のような話し方を、今後も試してみようと思えましたか？　たとえば、『こんなこと、とうてい無理！』といった、しんどい考え、つらい考え、あるいは役に立たない考えが浮かんできたとしましょう。そういう考えが浮かんだら、『私は、「こんなこと、とうてい無理！」という考えを持っています』と、私に言ってみてください」

一度、「私は～という考えを持っている」というエクササイズを経験した後は、何度でも、簡単なテクニックとして、それを使い回すことができます。その例を２つ挙げてみましょう。

クライエント：こんなこと、とうてい無理です……

セラピスト：つまり、○○さん［クライエント名］は、今、「こんなこと、とうてい無理」という考えを持っているんですね？

＊＊＊

セラピスト：今の内容をもう一度、言っていただけますか？　ただし、今度は、「私は〜という考えを持っています」という文に埋め込んで言ってみてください。

クライエント：私は「私はまぬけなバカだ」という考えを持っています。

セラピスト：何か違いを感じますか？

クライエント：はい、2回目のほうが嫌な感じがしません。

実践のためのヒント　この「私は〜を持っている」テクニックは、感情や衝動、記憶、感覚などに対して使うこともできる。たとえば「私は不安な気持ちを持っています」「私は逃げ出したいという衝動を持っています」。代わりのフレーズとして有効なのは、「私は〜に気づいている」である。たとえば、「私は嫌な記憶に気づいています」「私は胸が苦しいことに気づいています」といったようなものである。

メロディに乗せて歌う、変な声で言う

この2つのエクササイズ（Hayes et al., 1999より抜粋）でも、先ほど使ったネガティブな自己評価を使ってください。もし、その思考がすでにインパクトを失っていたら、別のものを使うようにしてください。

ネガティブな自己評価を「私はXである」という形の短い文にして、その思考と10秒間フュージョンしてください。

では、声に出さず頭の中で、その思考を「ハッピー・バースデー」のメロディに乗せて、歌ってみてください。

今度は、同じように頭の中で、アニメか、映画のキャラクターの声、あるいはスポーツ実況の声で、その思考を言ってみてください。

＊＊＊

今度は、どのようなことが起こったでしょうか？　思考から自分を切り離す感覚、思考から距離を置く感覚をつかむことができたでしょうか？　よく

わからなかった場合は、別の思考を使って、もう一度、トライしてみてください。

このエクササイズのバリエーションには、思考を声に出して歌う、変な声で言う、極端にゆっくりと大げさに言う（「わぁーたぁーしぃーはぁー、バァーカァーだぁー」）などがあります。ここで、注意しなければならないことがあります（忘れずに！）。こうしたユーモアを含んだテクニックは、正しい文脈で使うと非常に効果的ですが、間違った文脈で使えば「承認されていない」「バカにされている」と感じさせてしまう危険性があります。たとえば、クライエントが末期のがん患者だった場合、死期が近いことに関する思考を「ハッピー・バースデー」に乗せて歌ってください、とは、決して言わないでください。

コンピューターのスクリーン

このエクササイズ（Harris, 2007）は、視覚化するのが得意な人に対して、とくに有効です。以下のスクリプトでは、想像上のコンピューター画面を使っていますが、実物のコンピューターを使う（ラップトップやタブレット、iPad 上で、PowerPoint や Keynote にタイプしていく）のでも、何色かのペンと紙を使うのでも、あるいはスケッチ、描画、イラスト用のスマートフォンアプリを使うのでも、かまいません。そのステップは、以下のとおりです。

ネガティブな自己評価と 10 秒間フュージョンしてください。

次に、コンピューターのスクリーンを思い浮かべて、そこにあなたの思考が、黒い文字で書かれていると想像してください。

では、頭の中で、画面上にある文章を変えてみましょう。たとえば、文字と文字の間にスペースを入れて、間隔を空けてみましょう。次は、句読点をすべて削除して、隙間がないようにして、それを横書きから縦書きにしてみましょう。

そのまま頭の中で、文字の色を変えてみましょう。まずは緑に変えて、今度は青、次は黄色にしてみましょう。

今度は、フォントを変えてみましょう。斜体に変えたら、次は、クールなフォントに変えて、その後は、子ども向けの絵本で見るような、大きくて楽しい感じのフォントにしてみましょう。

では、最初の黒い文字に戻してください。そして、今度は、『おかあさんといっしょ』[訳注1)] に出てくるような感じで、文字を動かしてみましょう。ぴょんぴょん飛び跳ねさせたり、芋虫のようにクネクネさせたり、円を描くようにクルクル回したりしてみましょう。

もう一度、最初のシンプルな黒い文字に戻してください。今度は、カラオケの歌詞のように、一文字ずつ色が変わっていくところを想像してみてください（同時に「ハッピー・バースデー」のメロディで歌ってみてください）。

＊＊＊

どうでしたか？　何かが変わりましたか？　思考との距離がとれた感じがしましたか？　思考のインパクトは、少しは弱まったでしょうか？

さらに脱フュージョンを「深掘り」

脱フュージョンの「テイスト」を味わってもらったので、脱フュージョンに対する、いくつかの一般的な反応、さまざまな誤解、そして脱フュージョンではないものについて検討していきましょう。

バカにされてる？

「先ほどのエクササイズのなかに、見下されている、茶化されている、あるいはバカにされている、と感じるものがありましたか？　もし、そういったものがあったとしたら、心よりお詫びします。しかし、それは、決して私

訳注1）『おかあさんといっしょ』は、2歳から4歳児を対象としたNHKの教育エンターテインメント番組。原書では「『セサミストリート』のアニメ」。

がもともと意図したことではありません。世の中には、あなたの問題をすぐに『そんなこと、知ったことではないよ』とか『たいした問題じゃない』と言う人がいますが、私は、そういう人たちとは違います。もし、不快な思いをさせてしまったとしたら、本当に申し訳なく思いますし、そのエクササイズは、あなたにフィットしていなかったのだろうと思います」

……というのが、脱フュージョンのエクササイズに否定的な反応を示したクライエントたちに、私が伝える内容の概要です。そういうときは、すぐに謝罪し、本来の意図を明確にして、裏目に出てしまったそのエクササイズは使わないようにしましょう（少なくとも、今のところは）。

でも、本当に、そうなんです！

先ほどのエクササイズの最中、あなたのマインドは「でも、そうなんだ！　嘘じゃない。私は、本当にXYZなんです！」と抗議してきませんでしたか？　クライエントは、まさにこういった理由から、脱フュージョン・テクニックに抵抗したり、批判したりします。私は、たいてい、有効性の観点から、その批判などに対応します。たとえば、こんなふうに言います。「実は、このアプローチでは『○○さんの思考が、正しいのか、間違っているのか』ということは、問題ではないんです。問題なのは、こうした思考が○○さんの『人生の舵を取る』とどのようになるか、ということなんです。もし、この思考を『固く握りしめて』いたら、あるいは、この思考が○○さんの行動を指図していたら、それは○○さんが自分の望む人生を送る助けとなっているでしょうか？　ゴールを達成するのに役立ち、人間関係を改善することに役立ち、なりたい自分らしく行動することに役に立っているでしょうか？」

以下のスクリプトは、あるセッションでのやりとりです。

クライエント：でも、本当のことです。私は悪い母親なんです。

セラピスト：ええと……私がセッションで絶対にするつもりのないことが、一つあるのです。それは、何が本当で、何が本当でないかを○○

さんと議論することです。今、私たちの関心は、この思考が○○さんにとって役に立っているのかどうか、です。たとえば、○○さんが「自分は悪い母親だ」という考えにすっかり飲み込まれたとしたら、○○さんは「自分がなりたいような母親」になれそうですか？

クライエント：そう思うことでお尻を叩かれて行動できることも、たまにあります。

セラピスト：確かに、そういうことも、たまにはあると思います。とはいえ、それが○○さんの足を引っ張っているように見えるのですが、いかがですか？

クライエント：そうです。

セラピスト：そして、その考えに引っ張られて、ずぶずぶと深みにはまっていってしまうと、お子さんをほったらかしにするようになっている、そうではありませんか？　つまり、ほとんどの場合、その考えが、○○さんを釣り上げてしまうと、○○さんがなりたいような母親になるのに役立っていないのではないかと……

クライエント：そうだと思います。

セラピスト：では、その考えが正しいかどうかは脇に置いておくとして、代わりに、この考えから、自分をはずす方法を学んでみる、というのはどうでしょうか？　そうすることで、自分が本当になりたい母親になることにエネルギーを注げるようになると思うのです。いかがでしょう？

フュージョン vs. 信憑性

フュージョンと信憑性（しんぴょうせい）（believability）は、同じものではありません。人は、自分が信じていない考えとフュージョンすることもできます（例：自分が本当に実行するとは思っていなくても、心を惹きつけてやまない復讐の空想にどっぷり浸かることはできます）し、信じている考えとのフュージョンから抜け出すこともできます。私が以前行ったワークショップでは、朝のコーヒー休憩のときに、出席者の一人――ここではナオミと呼んでおきます

——が、私のところに来て「自分には悪性脳腫瘍があるのだ」と話しました。彼女の話では「不治の腫瘍で、伝統的な内科的治療も、外科的治療も試したし、気が遠くなるほどの代替医療・療法も試したが、どれも効果はなかった。残された時間はせいぜい数カ月、もしかしたらわずか数週間かもしれない」ということでした。彼女がワークショップに出席したのは、個人的な理由、自分が抱える恐怖に対処し、迫りくる死を受け入れられるようにするためでした。ナオミは、私に「なかなかワークショップに集中することができない。つい、死について——愛する人との別離について、自分の脳に広がる腫瘍について、いずれ状態が悪化して麻痺が起こり、昏睡状態になり、そして死に至ることについて——考えてしまう」と話しました。

もちろん、末期の疾患を抱えているとしたら、「死について考える」時間と場所を設定するのが有益なことであるのは、明らかです。たとえば、遺書を書くとき、葬式の計画を立てるとき、医療関連の手続きを行うとき、愛する人と怖い気持ちを共有するときです。しかし、自分の成長のためにワークショップに出席しているなら、死に関する思考にすっかり囚われたまま、ワークショップの内容が頭に入ってこないのでは、参加している意味がありません。そのため、私は、ナオミの話に思いやりをもって耳を傾け、彼女の感じる恐怖が「もっともである」と認めた後、いま話してくれた物語に、名前をつけるようにお願いしました。彼女が選んだタイトルは「『恐ろしい死』の物語」でした。

私はさらに、この「『恐ろしい死』の物語」という名前を繰り返し言うことをワークショップ中に練習するようにお願いしました。2日目の半ばには、ナオミは死にまつわる思考から著しく脱フュージョンしていました。ただし、その思考に対する信憑性はまったく変わっていません——もちろん、変わることは期待していませんでした。なぜなら、それは100%真実なので——しかし、今のナオミは、その思考に囚われることなく、自由に浮かんだり消えたりさせておくことができるようになっていました。

思考から脱フュージョンすると、確かに思考の信憑性が低下することも多くあります——しかし、ACTの考え方からすると、それはとくに重要ではありません。突き詰めれば、「思考を信じる」とは「それを真実とみなす」

ということです。しかし、ACTでは、ある思考が真実であるか否かは重要ではありません。重要なことは、その思考を、効果的に行動し自分の求める人生を築くための指針として使えるかどうかです。

柔軟な思考が持つ力

覚えておいてほしいことがあります。それは、私たちセラピストが援助しようとしているのは、クライエントが有益でない認知のレパートリーから脱フュージョンすることだけではないということです。「より柔軟に考えられるようになる」ことも援助しようとしているのです。これは、**認知の柔軟性**（*cognitive flexibility*）として知られています。もっとも一般的には、クライエントが、問題解決、行動計画、方略立案、リフレーミング、思考実験、視点取りといったことを通じて、認知の柔軟性を養えるように援助します。認知の柔軟性のさまざまな側面については、これから多くの章で触れることになりますが、（この本の下巻の）第27章の全部が、その話題に割かれています。

よくある誤解

クライエントは、脱フュージョンについて誤解していることが多いものです。しかし、それは、多くの新米ACTセラピストも同じです。そういう人たちは、脱フュージョンのポイントは、つらい思考、イメージ、記憶を消すこと、あるいはそうした認知に伴う、つらい気持ちを和らげることだと思っているようです。しかし、正しくは、次のとおりですので、ぜひ記憶に留めておいてください。

- 脱フュージョンのねらいは、気分を良くすることでも、望まない思考を消してしまうことでもない
- 脱フュージョンのねらいは、①認知による行動のコントロール（問題を引き起こすレベルの）を軽減する、②心理的に「今、ここ」に存在して

いられるよう促す、そして③体験に集中できるよう促すことである
- 言い換えると、脱フュージョンのねらいは、マインドフルで、価値に基づく生き方を可能にすることである

クライエントがつらい思考から脱フュージョンすると、つらい思考が消えた、気持ちが楽になった、あるいはその両方と感じることは、よくあることです。その場合セラピストは、①それはあくまでボーナスにすぎず、メインの目的ではない、②「いつも起こるわけではないから期待しない」ことを明確にする必要があります。というのも、その点をはっきり伝えておかないと、クライエントは自分の思考や感情をコントロールする目的で、脱フュージョンを使い始める可能性があるからです。そのような使い方をするようになると、もはやマインドフルネスのテクニックとしては機能しなくなり、感情コントロールのテクニックに堕してしまうことになります。さらに、そうなってしまうと、クライエントがイライラするのも、ガッカリするのも、時間の問題です（そして、わざわざ「効果がない」と不満をぶつけられます）。それでは、セラピストによる説明の仕方として考えられる例を2つ挙げましょう。

クライエント：すごいです。さっきの考えが消えました。

セラピスト：おもしろいですね。実は、考えが消えてしまうこともあれば、消えてしまわないこともあるんです。そのまま、そこに残り続けることもあるんです。ここでの目的は、考えや気持ちを消してしまうことではありません。ここでの目的は、考えや気持ちに囚われなくなり、それを置いておくためのスペースを作り、どうにかしようともがくことをしないで、ただそのままにしておくことです——そうすれば、仮に、その考えが頭の中をうろついていても、○○さんが何か大切なことに取り組んだり、自分の人生に集中したりするのを、邪魔されなくなります。

＊＊＊

クライエント：いい感じです。不安感が弱まりました。

セラピスト：おもしろいですね。そういうことはよく起こるのですが、決して必ず起こるわけではありません。ですから、これを感情コントロール方法とは思わないでいただきたいんです。ここでの目的は、思考でがんじがらめになっている状態から抜け出して、「今、この瞬間」にいられること、そして重要だと思うことをすることです。ですから、もし気持ちが楽になったのなら、もちろんその状態を満喫していただきたいのですが、どうか「それは、あくまでボーナスだ」とお考えください。本来の目的ではないのです。感情をコントロールするためにこのテクニックを使うと、すぐにガッカリすることになります。

＊＊＊

説明を聞いたクライエントが落胆した様子、あるいは驚いた様子だったとしたら、脱フュージョンの目的を誤解していたということになります。そのときは、復習が必要です――さらに、創造的絶望に（再度）触れる必要もあるかもしれません。簡単な復習の方法としては、「両手を思考や感情に見立てる」メタファー（第 11 章）を「再演」し、思考や感情が変わらずそこにあることを確認する（最後の部分）よう、強調するとよいでしょう。

脱フュージョンは拒絶ではない

私たちの目的は、オープンになって、好奇心をもって、自分の認知に対応することです。決して認知を拒絶することではありません。もっとも厄介で、つらい認知や認知プロセスでさえ、たいてい「役立つ何か」を提供してくれます。たとえば、不安に満ちた思考は対応すべき問題を指し示してくれていることが多いですし、自己評価的な思考はなおざりにしている価値を示してくれていることが多いものです。なお、後続の章では、有効ではない思考から「良い部分を抽出する」方法を見ていきます。

セラピストのなかには「ACT は、思考の内容には興味がない」と考えるようになる人がいます。しかし、これもまた大きな誤解です。ACT では確かに、思考の内容の真偽を直接に問い詰めることも、議論することもしませんし、ネガティブかポジティブかを評価判断する（judge）こともありません。しかし、思考の内容に関心は持っています。なぜなら、有効性の観点から、その思考を評価する（アセスメントする）ためには、まず思考の内容を知る必要があるからです。

脱フュージョンが「裏目に出る」とき

クライエントに脱フュージョン・テクニックを行ってもらうと、意図したのとは反対の効果が表れることがあります。つまり、実施する前よりも、さらに強くフュージョンしてしまうことです。ありがたいことに、そういったことは頻繁に起こるわけではありません。しかし、起こったときは大きな問題となります。もし、フュージョンが強くなってしまったときは、まず、自分自身にACTを実践しましょう。たとえば、碇を下ろし、「私は出来の悪いセラピストだ」という物語から自分をはずし、不安を置いておくスペースを作り、クライエントに注意を向け直しましょう。そして、クライエントに謝罪し、その場をクライエントがフュージョンと脱フュージョンとの区別を学ぶ機会へと変えてしまいましょう。たとえば、こんな感じで進めていきます。

セラピスト：申し訳ありません、予期しない結果になってしまいました。多くの場合、このエクササイズは、思考から「一歩下がって、距離を置く」のに役立つのですが、今回は、逆効果になってしまったようです。そこで、今の状況を踏まえて、そうなってしまったことを「大切なことを学ぶ機会」とさせてください。今、自分が先ほどよりもさらに強くこの考えに囚われていることに注意を向けてみてください。その考えが自分にどれだけ強い影響を与えているかも意識してみてください。これが「釣られる」という状態です。

Extra Bits（おまけ）

ACT Made Simple : The Extra Bits（http://www.actmindfully.com.au の「Free Stuff」ページからダウンロードできる）の第 12 章に、①クライエントが脱フュージョンしているかの判別方法と、②「Titchener's Repetition（ティチェナーの復唱）」という人気の高い脱フュージョン・テクニックを掲載した。（英語）

スキルアップのために

これで、脱フュージョンは終わりだろうかって？　とんでもない！　次の第 13 章では、脱フュージョン・バイキング（選び放題の多種多様な方法）を、その次の第 14 章では、一般的な「脱フュージョンに対するバリア」を見ていきます。そのため、次章以降を読み進める前に、以下に、スキルを磨いていただくための提案をいくつかしたいと思います。

- 飛ばした脱フュージョン・テクニックがあったら、戻って実際にやってみる。
- クライエントに話しかけているつもりで、すべてのエクササイズを声に出して読む（あるいは少なくとも、そうしている場面を鮮明に思い描く）。
- 好きなテクニックを 1 つ選び、これから一週間使ってみる。自分が釣られたことに気づいたら、碇を下ろし、自分を釣った思考を意識する。碇を下ろした後も思考に絡めとられていたら、選んだテクニックを使って、その思考と遊んでみる。そして、何が起こるかを意識してみる。

第 12 章のまとめ

脱フュージョン・テクニックは数えきれないほどあり、本章に載せたものはそのごく一部にすぎません。脱フュージョン・テクニックをクライエントに紹介するときは、常に大きな思いやりと敬意をもって紹介しましょう。また、最初にはっきりと論理的根拠を示し（第11章の「リンクさせる／つなげる」参照）、クライエントが混乱したり承認されていないと感じたりするリスクを避けましょう。

どのテクニックも実験としてやってみましょう——やってみるまで、何が起こるか確実なことは言えないからです。そして、「脱フュージョンのねらいは、気持ちを楽にすること／望まない思考を排除することだと考える」といった、よくある誤解に注意しましょう。

第13章

脱フュージョン・バイキング

選択肢がいっぱい！

西洋の伝統的なことわざに「猫の皮を剝ぐ方法は一つではない」というものがあります。私個人としては、このことわざが常に正しいかどうかを保証できません。というのも、私には猫の皮を剝いだ経験はないからです（やってみるつもりもないけど）。しかし、このことわざの信憑性がどうあれ、この章の導入としては有効なのではないかと考えました。つまり、私は、これから「1回のセッションで、脱フュージョンのモデルを提示し、実際に脱フュージョンを生起させ、それを強化する方法は、文字通り、何百通りも存在する」という話をしたかったからです[訳注1)]。多くのACT初学者が、その種類の膨大さに圧倒されるのも無理はありません。そこで、ここでは、よりシンプルに説明していきます。

脱フュージョンの「3つのN」

脱フュージョンの手順には、決まった順序があるわけでも手順の数があるわけでもありません。しかし、すべての脱フュージョン・テクニックは、認知を「認識する／気づく（noticing）」ことから始まり、多くの場合、その認知に「名前をつける／名詞化する（naming）」というステップも組み合わ

訳注1）「猫の皮を剝ぐ方法は一つではない」は、物事を達成する方法はいろいろあるといった意味のことわざ。

されます。そして、多くのテクニックには、その認知を「ニュートラル化する／中和する（neutralizing)」というステップも含まれます。この「3つのN」をもう少し詳しく見ていきましょう。

認識する／気づく（Noticing）

どんなタイプの脱フュージョン・テクニックでも、基本手順の１つ目は、どのような認知がそこにあるかを自覚することです。クライエントが自分の認知を自覚する助けとして、たとえば、次のような言葉がけができるでしょう。「自分が、いま何を考えているかに気づいてください」「マインドが、いま何をしているか気づいてみてください」「どんな考えが浮かんでくるかに気づいてみてください」「マインドは、どんなことを言ってきますか？」「何が○○さん［クライエント名］を釣っているでしょうか？」「マインドは、何をしていますか？」

名前をつける／名詞化する（Naming）

多くの場合、認知や認知プロセスに名前をつけるのが、脱フュージョンの第２ステップです。「名前をつける」ことはシンプルにもできますし（たとえば「考え事」「心配事」「自己評価」「白黒の思考」「最悪の見通し」など)、遊び心も取り入れることができます（たとえば「不十分物語」「陰々滅々ラジオ」「マインドのおしゃべり」「内なる口汚い批評家、再び」)。あるいは、メタ的な言い回しにしてもよいかもしれません（たとえば「私は～という考えを持っている」「私のマインドが出てきた」)。さらに、「ほーら！」「またか」「知ってるよ」といった、マインドが繰り返し現れることを記述する単語やフレーズを加えてもよいでしょう。

ニュートラル化する／中和する（Neutralizing）

ほとんどの脱フュージョン・テクニックには、「ニュートラル化する／中和する（neutralizing）」と私が呼んでいるステップが含まれています（ただし、これは正式なACT用語ではありません。私がセラピストのトレーニングをするときに、この単語を使うと便利なので、そう呼んでいます）。この言葉は、自分の認知を、新たな文脈に置き、それが与える影響をニュートラルにして和らげることを指します。ニュートラル化のもっとも簡単な方法は、その認知を有効性の観点から眺めることです。「もし、この考えに基づいて行動したら／先導や助言を任せたら／こだわって考え込んだら／囚われたら／従ったら／この考えを鵜呑み（うの）にしたら／きつく握りしめていたら／この考えが○○さんの選択を指示したら……それは○○さんの求める人生に○○さんを近づけてくれるでしょうか、遠ざけてしまうでしょうか？／なりたい自分になるのを助けてくれるでしょうか？／効果的に行動するのを助けてくれるでしょうか？」

有効性に加えて、ニュートラル化には、以下の方略をお好みで組み合わせて使ってもよいでしょう（それぞれは重複している部分が多くあります）。

思考がモノであるかのように観察する　その思考が、どのような言葉やイメージで構成されているかに気づきます。大きさや場所を意識します。それが、どのように行き来するか――動き、速度、方向を意識します。

思考を描写する　その思考の性質や特徴を、そこに含まれる言葉やイメージの点から描写します。大きさ、場所、動き、速度、方向などの点から描写します。その他の象徴的性質の点から描写します（例：「熱い考え」「重い考え」「ベトベトした考え」「フックがたくさんついた考え」）。

思考の特徴を使って遊ぶ　その思考の以下のような特徴を使って遊んでみます。

- 視覚的特徴 ―― 形、大きさ、色、質感、硬さ、明るさ
- 聴覚的特徴 ―― 音量、速度、声、音の調子、音の高低。歌う、ゆっくり／速く言う、いろいろな声音で言う、音楽をつける

- 運動感覚的特徴 —— 位置、動き、方向、速度、場所

思考を描き出す 文字にする、絵にする、色を塗る、タイプする、彫刻にする、踊る、演じる、歌う、パントマイムする、文章にする、写真やコラージュで表現する、などです。

思考を置き換える 思考を想像のなかの何か別のものの上に置く（例：流れに漂う葉っぱ、ベルトコンベアの上のスーツケース、空を漂う雲、ショーウィンドウに並ぶ商品のラベル）、思考を部屋にあるものの上に置く（例：椅子や本棚の上に置く、壁に投影する）、思考を別の媒体に移し替える（例：テレビの字幕、スマートフォンのテキストメッセージ、ラジオから流れてくる音声）などです。

認知プロセスに個性を与える たとえば、厳しく自己評価するパターンを「内なる批評家」、心配し、破局的に捉え、最悪を想定するパターンを「陰々滅々ラジオ」と特徴づけます。

脱フュージョン：セラピーセッションの実際

以下のやりとり（スクリプト）のなかで、山ほどある脱フュージョンを促す方法のほんのいくつかを紹介しましょう。このクライエントのジェーンは24歳の独身女性で、職業はカイロプラクターです。場面は、2回目のセッションを始めて20分ほど経ったところで、ここまでに、①ウォームアップとして、短い「碇を下ろす」エクササイズ、②前回のセッションの簡単な振り返り（クライエントがどのくらい「碇を下ろす」練習をしたか、やってみてどんな効果があったか）、そして、③人間のマインドがどのように進化してきたかの簡単な説明を行った、という状態です。

脱フュージョンの導入（その1）

セラピスト：さて、先週わかったことのひとつは、ジェーンさんは「自分は価値がない存在」「役立たず」という考えに、よく釣られてしまう、ということでしたね。そして、それがジェーンさんの抱える問題の大きなものであると……

クライエント：ええ、そうです。自分が存在していることは「スペースの無駄」という感じがします。今も、私と話して、先生の時間を無駄にしているのではないか、と思ったりしています。

セラピスト：今、お話をしているだけでも、身体がぐったりと沈んだように見えました。まるで、椅子に沈み込んでいってしまいそうな感じです。「自分は価値がない存在」といった考えが、ジェーンさんの足かせとなって、足を引っ張っているんだなと強く感じます（クライエントがうなずく）。きっと、とてもおつらいと思います（クライエントは再びうなずき、目に涙を浮かべる）。今、どんなことを感じていますか？

クライエント：（首を横に振って）くだらない。

セラピスト：何がくだらないのですか？

クライエント：私です。今の私です（涙をぬぐいながら）。先生に、私を助けられるとは思えません。

セラピスト：そういう考えが浮かんでくるのは、当然だと思います。そういう考えを持つ人はたくさんいます。とくにセラピーを始めたばかりの頃はそうです。そして、正直に言えば、セラピーが必ずジェーンさんの助けになると保証することはできません。ですが、ジェーンさんがより良い人生を歩めるよう、私ができる限りのお手伝いをすることは保証します。ですから、ちょっとセラピーを続けてみませんか？　絶望的だという考えを持ちながらでも、続けてみて、何が起こるか、試してみませんか？

クライエント：わかりました。

セラピスト：ありがとうございます。では、前回のセッションで一緒に決めたことを覚えていますか。ジェーンさんのここでの目標のひとつは、厄介な考えや気持ちに完全に振り回されなくて済むよう、新しい対応の仕方を学ぶことでしたよね。これは、今も、重要な目標ですか？

クライエント：ええ。

セラピスト：よかった（白い索引カードを取り出す）。では、もしよろしければ、一緒に取り組むための材料となるよう、これから、このカードにジェーンさんがよく考えることをいくつか書いていきたいと思います。よろしいですか？

クライエント：はい、大丈夫です。

セラピスト：ありがとうございます。では、マインドがジェーンさんを叩きのめすとき、つまり、ジェーンさんの人としての欠点や人生の欠点を指摘してくるとき、そして、それが頭から離れなくなるとき――そういうときに、私がジェーンさんのマインドの声を聞くことができたとしたら、どうでしょう。喩えるなら、ジェーンさんのマインドにプラグを差して、話している内容を聞くことができたとしたら、私にはどんなことが聞こえてくるでしょうか？

クライエント：えーと、うーん……すごくネガティブなことばかりで、えーと、たとえば、「おまえはバカだ」とか「おまえは怠け者だ」とか「おまえなんか、誰からも好かれない」とか。

セラピスト：なるほど。では、今の内容を、ここに書いておきますね（カードに、クライエントが言った思考を書いていく）。ジェーンさんのマインドは、「私はバカだ……私は怠け者だ……私なんか、誰からも好かれない」。他には、いかがですか？

クライエント：わかりません。

セラピスト：ええと、ジェーンさんは、先ほど「くだらない」「スペースの無駄」と言っていました。先週は「価値がない」「役立たず」と言っていました。マインドは、よくこういう悪口を言ってきますか？

クライエント：ええ。

セラピスト：（今の内容を書きながら）わかりました。では、ジェーンさんのマインドは「私はくだらない人間だ……私は価値がない……私は役立たず……私はスペースの無駄」と言うと。他にはいかがですか？

クライエント：（くすっと笑って）もう十分じゃないですか？

セラピスト：はい、確かに——ただ、ジェーンさんのマインドは、何か将来に関する、ひどく暗い物語や怖い物語を話したりしてこないかな、と思ったので。なんというか、マインドがジェーンさんを本当に絶望させたいときに言ってくる、一番恐ろしい話とか。そういうのはありませんか？

クライエント：えーと、ただ単に「私はもう終わってる」って。「未来なんてない。人生はもう終わってて、おまえは死ぬんだ」って……。

セラピスト：なるほど、ジェーンさんのマインドは、そうとう口が悪いですね。それも書いておきましょう（声に出して言いながら書いていく）。「私はもう終わってる……未来なんてない……人生はもう終わってて、私は死ぬんだ！」これくらいでいいでしょうか。さて、前回のセッションでも伺ったのですが、確認のためにもう一度お尋ねしますね。ジェーンさんが、こういう考えに釣られたときは、どんな「逸（それる）ムーブ」をしますか？

それでは、ここまでのやりとりを解説してみましょう。読み進める前に、上記のやりとりをもう一度通して読み返して、セラピストがそれとなく脱フュージョンの文脈を構築するために行っている、さまざまな工夫を確認してみてください。たとえば、思考をノーマライズし、そこにあることを許す、マインドを「実体のある存在」として扱う、マインドに耳を傾ける、思考を書き出す、思考を声に出して読む、思考を「物語」として描写する、そして、「リンクさせる／つなげる」。それでは、それぞれについて簡単に見ていきましょう。

思考をノーマライズし、そこにあることを許す　「先生に、私を助けられるとは思えません」というクライエントの言葉に対して、セラピストが「そういう考えが浮かんでくるのは、当然だと思います」と返答したことに気づきましたか。ある思考をノーマル／自然／普通／よくあるものと描写し、それについて評価判断を下さない／議論しない／訂正しない／排除しないようにすることで、クライエントの脱フュージョンを促すことができます。

マインドを「実体のある存在」として扱う　脱フュージョンのためには、自分の思考と距離を置くことが必要です。そのため、ACTでは、遊び心を込めて、そしてメタファーとして、マインドが別個の独立した存在であるかのように話すと効果的であることが多いものです。たとえば、このセラピストは、マインドが「頭から離れなくなる」「○○さんを叩きのめす」「悪口を言う」と描写し、さらにユーモアを込めて「○○さんのマインドは、そうとう口が悪いんですね」ともコメントしています。

マインドに耳を傾ける　多くの脱フュージョン・テクニックには、思考の聴覚的性質について自覚的であること、あるいはそれを使って遊んでみることが含まれています。このセラピストは、「マインドの声を聞く」「話している内容を聞く」「どんなことが聞こえてくるか」といった表現を使っていました。

思考を書き出す　思考から自分を切り離すもっとも簡単な方法のひとつは、思考を書き出すことです。そうすることで、一歩下がって、思考を本来の姿、つまり音声の羅列として見ることができるようになります。このやりとりのように、セラピストが書いてクライエントに渡してもいいですし、クライエント自身が書いてもかまいません。

思考を声に出して読む　このセラピストは、クライエントの思考を声に出して読み上げていました（その際、必ず「○○さんは」ではなく「私は」という言葉で始めていました）。まるで、セラピストが自分自身の思考を読み上げているかのようで、これも多くの場合、思考と自分を分ける感覚を強めることに役立ちます。

思考を物語として描写する　ACTでは、思考を「物語」として捉えることが多いです。そうすることで、マインドを語り手に見立て、クライエントがその物語に夢中になってしまう、没頭してしまうなどと表現するメタファーにうまくつながります。このセラピストは、具体的に、将来に関する「暗い物語や怖い物語」はないかと尋ねていました。

リンクさせる／つなげる　このセラピストは最後に、「○○さんが、こうした考えに釣られたときは、どんな『逸(それる)ムーブ』をしますか？」という便利な質問をして、「リンクさせる／つなげる」への導入としています。

脱フュージョンの導入（その2）

セラピストは、ここで3分ほど使って、簡単に「リンクさせる／つなげる」（第11章）ワークを行いました。その結果、クライエントが釣られたときは、社会的に引きこもる、テレビ番組を大量に一気に見る、タバコを吸う、家族に対してイライラしやすく怒りっぽくなる、過剰に寝る、仕事に行かずに会社を休むという連絡を入れる、もっといい仕事に応募するのを先延ばしにする、ジャンクフードをたくさん食べるといった行動をとることがわかりました。

この情報を得た後、セラピストは、以下のように新しいスキルを提案していきます。

セラピスト：では、ジェーンさんが、こうした考えに釣られたときは、問題を大きくするだけの行動に引きずり込まれて、生活がますます悪い方向に向かってしまうんですね？

クライエント：ええ、さっきも言いましたが、私は終わってるんです！

セラピスト：ジェーンさんがそのように言っていたのは確かに聞きましたし、ここにも書きました（カードを指さしながら）。では、ここから、自分をはずす方法をご紹介しようと思うのですが、興味が持てそうですか？

クライエント：はい、でも、できるかわかりません。
セラピスト：とりあえず、試してみましょう。それからでも遅くはありません（カードをクライエントに渡して）。マインドがジェーンさんを叩きのめすときは、そこに書かれているようなことを言いますか？
クライエント：（カードに目を落として）はい。

セラピストは、ここでクライエントと一緒に「両手を思考や感情に見立てる」メタファーを行います。第11章で紹介したバージョンとは、大きな違いが一つあります。それは、クライエントの手の代わりに、思考を書き込んだカードを使ってもらう点です。クライエントはまず、カードを目の前に掲げ（フュージョンの象徴）、その後、カードを下げて膝に置きます（脱フュージョンの象徴）。

脱フュージョンの導入（その3）

次のやりとりは、「両手を思考や感情に見立てる」メタファーが終わった時点から始まります。カードは、今、クライエントの膝に置かれ、文字の書かれた面が上を向いているので、そこに書かれた思考は、クライエントにもセラピストにも、はっきりと見えています。

セラピスト：はい、いいでしょうか。これが「自分をはずす」というスキルの基本的な考え方です。そして、実際には何をどうすればよいのかを覚えていただけるよう、これから、いくつかの「実験」をしていきたいと思います。今、「実験」と言ったのは、このスキルは、ジェーンさんの役に立つだろうと私は思っているのですが、実際に、何がどうなるかは試してみるまでわからないからです。ですから、ここでは、好奇心をもってやってみて、どうなるか見てみる、という態度でいきたいと思います。
クライエント：わかりました。
セラピスト：はい、それでは、（カードを指さして）そこにある考えが、消えてしまってはいないことに注目してください。すべて、今も、そこに、ジェーンさんの膝の上にあります。そして、もしジェーンさんが望むなら、その考えに自分を釣らせることもできます。実際に、やってみましょう。カードに視線を向けて、意識をすべて集中して、そこにある考えがジェーンさんに釣り針を引っかけて引き寄せるままにしてみてください（クライエントは膝の上のカードを見る）。そして、その考えに引きずり込まれるままにしておき、私と切り離されていく感覚に気づいてください——周囲の世界とのつながりが失われていく感覚に気づいてください（クライエントは、うなずく）。その考えがジェーンさんの生気を吸い取っているのを感じるでしょうか？（クライエントは、うなずく）では、私の方を見てください（クライエントは、顔を上げてセラピストを見る）。それでは、今度は、ジェーンさんと私がここにいること、一緒にセラピーに取り組んでいることに気づいてみてください。そして、自分の身体に戻り、足で床を踏みしめ、ストレッチをして、背筋を伸ばしてください。そして、ジェーンさんがいる部屋の中に注意を向けて、見えるもの、聞こえる音に気づいてください（クライエントは部屋の中を見渡す）。そこに、つらい考えの山があります、その考えの周りに、ジェーンさんの身体があります。そして身体の周りに部屋があります。そして、ジェーンさんと私がここにいて、このエクササイズをしています。さて、ここで、お尋ねしたいのですが——下を向いて、自分の思考に囚われているのと（クライエントの膝の上のカードを指す）、そこから抜け出して世界の中に存在し、私とやりとりしているのと、どちらがいいですか？

クライエント：（笑顔で）こっちのほうがいいです。

セラピスト：私もです。

クライエント：でも、何度もカードを見たくなります。

セラピスト：当然だと思います。私たちは「マインドの言うことは、どれもすごく重要なので、100％注意を向けないといけない」と信じるように、マインドから教え込まれているからです。しかし、実際には、そのカードには、何も新しいことは書いていないですよね？　どれもおそらく、どのくらいでしょう、何百回、何千回と、ジェーンさんが考えてきたことですよね？

クライエント：たぶん、何百万回です。

セラピスト：はい。ですから、ここで、ジェーンさんには「選択肢がある」ことに気づいてほしいのです。下を向いて、そこにある考えに囚われていることもできますし、ただ、そこに置いておいて、周りの世界と関わりを持つこともできます。どちらを選ぶかは、ジェーンさん次第です。どちらを選びますか？

クライエント：えーと……（確信がない様子。カードに目を落とす）。

セラピスト：（温かくユーモアを込めた調子で）あ、ジェーンさんが「いなくなり」ました（クライエントは、再び顔を上げてセラピストを見る）。あ、また戻ってきましたね。思考がどれほど簡単にジェーンさんを釣り上げてしまうか、わかりましたか？

クライエント：ええ。わかりました。いつも、こうなります。

セラピスト：はい——ジェーンさんも、私も、この星の全員が、いつもそうなります。私たちが相手にしているのは「それ」なんです。それが、マインドのすることです。ジェーンさんに、釣り針を引っかけて釣り上げます。そして、その釣り針から自分をはずす方法のひとつが、例の「碇を下ろす」というものです。しかし、他にもやり方はたくさんあります。ですので、もしやってみようと思っていただけるなら、そういうテクニックのいくつかを試してみたいと考えています——繰り返しになりますが、これは「実験」です——やってみて、どのようになるかを検証していきましょう。それで、よろしいですか？

クライエント：はい、大丈夫です。

では、ここまでのやりとりをもう少し分解していきましょう。思考をカードに書き出し、それを物理的なメタファーとして使えば、それ自体が脱フュージョンのテクニックとなります。また、このやりとりでは、多少の心理教育も行われます。クライエントは、このエクササイズを通して、脱フュージョンがいかに「今、ここ」に存在し、セラピストに意識を向けて関与することを助けるか、反対にフュージョンがいかにそれを妨害するかを体験しているのです（このエクササイズはもちろん、「碇を下ろす」の変形のひとつです）。

このやりとりの最後では、セラピストは「他のテクニックもいくつか試してみるつもりがあるか」と尋ね、クライエントは「はい、大丈夫です」と答えています。そのため、この後は、好きな脱フュージョン・テクニック（1つでも、複数でも）を紹介することができます。原則としては、長くて瞑想的なものよりも、短く簡単なものから始めるのがベターです。

しかし、クライエントがあまり乗り気でない場合はどうしたらよいでしょうか。「思考をただそこに置いておくのは嫌だ――消してしまいたい！」と言われたら、どうしますか？　あるいは「大丈夫」と口では言っているけれど、声の調子や仕草から、まったくやる気のないことが伝わってきたら、どうしますか？　セラピストは、どのように対応すればよいでしょうか？

もう、おわかりですね？　そうです。どちらのケースも、セラピストは、短い「創造的絶望」の介入を行うことになるでしょう。まず、クライエントがつらい思考を消すためにやってきたことをすべて振り返ります。次に、そのやってきたことが長期的にどの程度、有効だったかを評価（アセスメント）します。そして、クライエントが、どんなコストを払ってきたかを確認します。そのようなステップを踏んだ後、「では、○○さんが、何年も、こうした考えを消そうと努力されてきたにもかかわらず、それが明らかにずっとうまくいかなかったことを考えると、今までとは違ったやり方を試してみるのも、悪くないかもしれません。どうしますか？」といった質問をします。

脱フュージョンの導入（その4）

4番目のやりとりは、最後のパートになります。取り上げた部分は「その3」の終わりから、約15分後のやりとりです。そこに至るまでの15分の間に、セラピストは、前章で実際にあなたに試してもらった簡単な脱フュージョン・テクニックのいくつかを、カードに書かれた具体的な考えを使いながら、クライエントに体験してもらいました。その間ずっと、カードはクライエントの膝に置かれたままになっていて、その状態が脱フュージョンおよびアクセプタンスの継続的なメタファーとして機能しています。クライエントが、ときどき下を向いてカードを見たとき、セラピストはすかさず「釣られましたか？」と聞きます。クライエントは、すぐに顔を上げるので、そこで、セラピストは明るい調子で「あ、戻ってきましたね」と言うのです。

そして、この「その4」では、セラピストが、このセッション全体について、別の脱フュージョン・テクニックである「物語に名前をつける（Naming the Story）」（Harris, 2007）を適用していきます。これは、都合の良いことにホームワークの役目も果たしてくれます。

セラピスト：では、そのカードに書いてある考えへと戻ってみましょう。これから、ある質問をしますが、ちょっと変な質問になるかもしれません。

クライエント：もう、慣れましたよ（笑う）。

セラピスト：（笑う）この問題には、たくさんのつらい考え、気持ち、感情、記憶がピッタリとくっついていて、それはジェーンさんの子ども時代、お母さんが最初に家を出ていったときまで、遡（さかのぼ）ることになります。ここで、このような考え、気持ち、記憶をすべて、すくい上げて、ジェーンさんの人生のドキュメンタリーや自伝としてまとめる——すべてを詰め込んだ映画や特別な本を作る——ことを想像してみてください。それを他の人に見せることはないでしょう。あるいは、本当に信頼できる身近な人にだけは見せるかもしれません。

さて、その本の表紙カバーに載せるタイトル、すべてを要約するようなタイトルを考えてみましょう。理想的には、短いほうがよいですよね。たとえば、「不十分」物語というタイトルだったら、いろいろなケースに対応できそうです。これは、誰か、何か、あるいは人生の何らかの側面がいつも不十分である、不十分だった、この先も不十分だ、という物語です。ですから、ジェーンさんの物語も「不十分」物語というタイトルでもいいですし、ジェーンさん自身が考えた別のタイトルでも、もちろんいいですよ。たとえば「価値がない」物語とか、「私は終わってる！」物語とか。

クライエント：(考えながら) うーん。

セラピスト：ゆっくり考えてください。自分の物語をくだらないものとして扱ったり、軽く見たりするのでなければ、ユーモアのあるタイトルでも、大丈夫です。

クライエント：あの、じゃあ「役立たずのジェーン」物語でもいいですか？

セラピスト：いいですね。確認ですが、そのタイトルには、ジェーンさんの苦しさが反映されていて、それを軽く扱っていませんよね？

クライエント：はい。

セラピスト：わかりました。では、そのカードを貸していただけますか？（クライエントはカードを渡す）このカードの裏に、少し書き込みますね（セラピストはカードを裏返して、何かを書き始める。書きながら、ゆっくり声に出して読み上げる)。私は、今、こう書きました。「ああ、ほら！　またただ！　『役立たずのジェーン』物語だ！　これ、知ってるよ」

クライエント：なるほど。

セラピスト：次の実験をしましょう。もし嫌でなければ、カードの表に書いてある、つらい考えをすべて読んで、それがジェーンさんを釣り上げるままにしてください。そして、完全に釣られた状態になったら、カードを裏返して、そこに書いてあることを読んでください。その後に床を足で踏みしめ、碇を下ろしてみてください。そこまでできたら、私に教えてください。そして、やってみて、どうなったか、効果があったかも教えてください。よろしいですか？

クライエント：声に出して読むんですか？

セラピスト：いいえ、頭の中だけで読んでください。やってみないと、どうなるかわかりません。もちろん効果があるといいのですが、これは「実験として、やっているんだ」ということを忘れないでください。よろしいですか？

クライエント：はい、大丈夫です（セラピストはカードをクライエントに渡す。クライエントは書いてあるネガティブな思考をすべて読み、顔をしかめる。その後カードを裏返して、そこに書いてあることを黙読する。「ああ、ほら！　まただ！　『役立たずのジェーン』物語だ！　これ、知ってるよ」。クライエントは笑みをこぼし、顔を上げてセラピストを見る）。

セラピスト：笑っていますね。どうしてですか？

クライエント：先生が言ったとおりです。これは「物語なんだ」って思えます。これが正体なんですね。「役立たずのジェーン」物語。

セラピスト：そして、今、その物語に釣られていますか？

クライエント：いいえ。うーん……このカードに収まっている感じがします。

セラピスト：なるほど。では、今の実験で、何が起こったかを教えてもらえますか。もし、これ（両手を目の前に掲げる）が完全に釣られている状態、そしてこれ（両手を膝に置く）が完全に自分を釣り針からはずした状態だとしたら、最初はどんな感じでしたか？　そして、今は、どんな感じですか？

クライエント：たぶん、最初は本当に釣られていたので、こんな感じでした（カードを目の前に掲げる）。それで今は、こんな感じです（カードを下げ、顔と膝の中間辺り――肋骨の一番低い位置辺りで止める）。

セラピスト：いいですね。実験は成功でしたね。物語を消してしまうことはできませんが――それは、脳の大手術でもしない限り、無理ですが――、そこから自分をはずす方法を学ぶことはできますよね。

クライエント：でも、ここではできましたが、他の場所でできるかはわかりません。

セラピスト：そこが、とても大事なポイントです。というのも、これはスキルなので、練習が必要なんです。前回も言ったように、もしギターがうまくなりたかったら、次のレッスンまでに練習しなくてはいけません。ですから、もしこのスキルをもっと磨きたいと感じているなら、次のセッションまでに、いくつかのことを練習してみませんか？　できそうですか？

クライエント：どんなことですか？

セラピスト：そうですね。1つ目は物語に名前をつける練習です。この物語に関係のある考えや気持ち、記憶が浮かんできたときはいつでも、それに気づいた瞬間に、心の中で「ああ、ほら！　『役立たずのジェーン』物語だ！」とか、そんな感じのことを言ってみてください。ただ、それだけです。物語の名前を言ってください。ときには、気づかないうちに釣られていることもあると思います。それが、普通です。当然、そうなります。そのときは、「あ、釣られたな」と気づいた瞬間に、心の中で「あ、『役立たずのジェーン』物語に釣られちゃった」と言ってみてください。そして、碇を下ろして、周りの世界に関わってみましょう。できそうな感じですか？

クライエント：ええ、やってみます。

セラピスト：もうひとつあります。それはちょっと「変わっている」ので、もし、やりたくないと思ったら、遠慮なく言ってください。

クライエント：わかりました。

セラピスト：では、ちょっとカードを貸していただけますか？（カードを受け取り、四つ折りにする）さて、このカードをバッグに入れて、常に持ち歩いてください。どこへ行くのにも、何をするのにも、そうですね、これから1カ月間は。そして、毎日3、4回は引っ張り出して、開いてみて、そこに書いてある、つらい考えを全部読み、それから裏返して、そこに書いてあることを読んでいただけますか？

クライエント：誰も、私のバッグの中を見ないことを祈ります。

セラピスト：（くすっと笑って）ここでの目的を確認しておきましょう。まず1つは、カードを持ち歩くことで、「つらい考えや気持ちは、どこにでも持ち歩くことができるけれど、ジェーンさんが自分の人生を生きて、大切だと思うことをするのを必ずしも邪魔しない」ということを思い出すことができます。2つ目に、カードを引っ張り出して読むことで、そういう考えに何度も釣られるかもしれないし、きっと釣られるだろう、ということを思い出すことができます。しかし、カードをもう一度折りたたむことで、そこから自分をはずすこともできる、ということも思い出すことができます。そして、カードをバッグへ戻すことで、その考えから自分をはずすというのは、考えを取り除く手段ではなく、考えから力を奪う手段である、ということを思い出すことができます。

さて、やってみようと思えてきましたか？　やりたくないと感じたら、それはそれで問題ありませんよ。その他にも提案できることは、たくさんありますから。

クライエント：いいえ、大丈夫です。

セラピスト：それでは、お願いします。

それでは、このセクションを終える前に、このやりとりについて、いくつか覚えておいてほしいことがあります。それは、以下の内容です。

1. いつもスムーズにいくとは限らない。このクライエントは、脱フュージョンをすぐに受け入れた。しかし、なかには受け入れにくいと感じたりポイントをつかめなかったりする人もいるだろう。あるいは思考を排除しようとするアジェンダに戻ってしまう人もいるかもしれない。その場合は、創造的絶望に戻るのが最善の策である。
2. このようなセッションでは、セラピストは脱フュージョン・テクニックをいくつ使ってもよい。思考をカードに書き出すことも、物語に名前をつけることも、脱フュージョンに不可欠な要素というわけではない。しかし（すでに推測されているとおり）、このセラピストは、私だ――そして、この２つの組み合わせは、私の個人的なお気に入りにすぎない。索引カード（あるいは普通の紙）を使うのがとくに好きな理由は、①セッションで利用できる素晴らしい物理的メタファーを提供してくれるから、②クライエントがカード（紙）を持ち帰れば、セッションの内容を思い出すきっかけになり、ホームワークについても記憶を刺激してくれるから、そして、③カード（紙）をバッグや財布に入れて持ち歩くことで、脱フュージョンとアクセプタンスの継続的なメタファーとなるから、である。

3. クライエントがカードを持ち帰ることを嫌がり、「いいえ、やりたくないです。余計に悪いことになりそうです」と言ったとしよう。これはフュージョンと体験の回避を示唆するので、たとえば「わかりました。そうですね、この場合、確かにやっていただくのは、○○さんのためにならないかもしれません。では、他のことを試してみましょう」と返答できるだろう。そして、別のホームワークを設定し、カードはクライエントのファイルにしまっておき、次回のセッションで再度持ち出すことができるだろう。

豊富なテクニック

ACTのテキストやセルフヘルプ本に掲載された脱フュージョン・テクニックは、軽く100個を超えるでしょうし、あなたやあなたのクライエントが新しいテクニックを作り出す機会も数多くあると思います。問題となっている思考の正体――ひと続きの言葉や映像にすぎないもの。また、戦う必要も、逃げる必要も、しがみつく必要も、従う必要もないもの――がわかるような文脈に置くことができるのなら何だってよいのです。

たとえば、思考をグリーティング・カードに印刷された文章、誕生日ケーキに砂糖で書かれた言葉、あるいは漫画の登場人物の吹き出しに書かれたセリフとして視覚化することもできるでしょう。あるいは、思考がラジオや携帯電話から流れてくる、有名な政治家やスポーツ解説者の声で聞こえてくるところを想像することもできます。自分が思考と手を取り合って街路で踊っている情景や、思考をボールのように上下に跳ねさせている情景を想像することもできます。思考を絵に描いて、そこに色を塗ってもよいし、いろいろな色を使いながら文章として書いてもよいし、粘土で彫刻にしてもよいのです。ジョギングする人のTシャツに書いてある文章、携帯電話に表示されたテキストメッセージ、コンピューターの画面のポップアップ表示として思い描いてもよいでしょう。いろいろな音楽スタイル（オペラ、ジャズ、ロックなど）で歌うこともできますし、突拍子もないアクセントをつけて言うこともできますし、ハンドパペットに大声で言わせることもできます。選択肢は無限にあります。そのため、この先を読む前に、自分でもオリジナルのテクニックをいくつか考えてみましょう。ぜひ、楽しんでください。(テキストで「楽しんでほしい」なんて聞いたことないですよね⁉)

次ページの図は、よく見られる脱フュージョン(すべてには程遠いですが)をまとめた図です。ほとんどは、この本の中で取り上げますし、いくつかの例外はExtra Bitsにまとめてあります。

豊富なメタファー

さらに、脱フュージョンを助けるためにさまざまなメタファーを使うこともできます。マインドはたとえば、以下のように喩えることができます。

- 言葉製造マシーン:終わりのない言葉の羅列を作り出す
- 「陰々滅々」ラジオ:過去に関するたくさんの憂うつ、未来に関するたくさんの悲観、現在に関するたくさんの不満を放送するのが好き
- だだっ子:あらゆるお願いをしてきて、思いどおりにいかないとだだをこねる
- 理由製造マシーン:あなたが変われない理由、変わってはいけない理由の果てしなく長いリストを大量生産する
- 独裁者:常にあれこれ指図し、あなたが何をしてよくて何をしてはいけないか言ってくる
- 評価製造工場:一日中、評価判断を下している

などなど、リストはさらに長くなります。こうしたメタファーを一度クライエントに対して使えば、その後のセッションでも繰り返し、簡易な脱フュージョン介入として再登場させることができます。たとえば、次から次へとネガティブな自己評価が口をついて出てくるクライエントには、「また評価製造工場が姿を現しましたね。今日の製造状況は順調なようですね」と言えるかもしれません。あるいは、「私はXしないといけないんです! Yする

思考

プラグマティズム
その思考に賛成し、言うことを受け入れ、その指示に従って行動すると、最終的にはどうなるでしょうか？　この思考を鵜呑みにすることで何が得られるでしょうか？　どんな方向に進んでいくでしょうか？　マインドが「効果なんてない」と言っても、試すだけ試してみませんか？

有効性
この思考があなたの行動を指図し、あなたを釣り上げることを許したら、あなたはどんな方向に連れていかれるでしょうか？：自分の生きたい人生に向かうでしょうか？　そこから逸れていくでしょうか？　この思考の先導や助言に従ったら、なりたい自分らしく行動する助けとなるでしょうか？

副次的利益
この思考が浮かんだときに、それを額面通り受け取ったら／賛成して受け入れたら／その言いなりになったら、（短期的には）どんな気持ちや思考、状況を避ける助け、あるいはそこから逃げる助けになりますか？

興味を持つ
それはおもしろい思考ですね。

瞑想的手法
思考を自由に行き来させてください：空を流れる雲のように、家の外を行き交う車のように、などなど。

形と場所
その思考はどんな形をしていますか？　どのくらいの大きさですか？　どのように聞こえますか？　あなたの声ですか？　他の人の声ですか？　目を閉じて、それがどこにあるか教えてください。動いていますか？　止まっていますか？　動いているなら、どの方向へどのくらいの速さで？

マインドを喩えると…
- 「殺されるな」マシーン
- 言葉製造マシーン
- 「陰々滅々」ラジオ
- 口のうまいセールスマン
- 世界最高の語り手
- 独裁者
- 評価製造工場

コンピューターのスクリーン
この思考がコンピューターのスクリーンに映っていると想像してください。思考のフォント、色、フォーマットを変えてみましょう。思考を跳ねるボールの中に入れてみましょう。

いじめリフレーム

その思考／信念／アイデアに小突き回されるのはどんな感じですか？　それに人生の舵を任せたいですか？　常に行動を指図されたいですか？

問題解決

これは単に、マインドが問題を解決しようとしているだけです。あなたが苦しんでいるので、マインドはそれを止める方法を見つけようとしています。マインドは問題を解決するよう進化してきました。それがマインドの仕事です。あなたのマインドに不具合があるわけではなく、そうするよう進化してきたのです。ですが、一部の解決策はあまり効果的ではありません。
あなたの仕事は、マインドの解決策が有効かどうか評価することです。そのやり方は、長期的に見て豊かで充実した生活につながっていくでしょうか？

古典的手法

私は～という思考を持っています。
それを変な声で言ってください。
メロディに乗せて歌ってください。
すごくゆっくり言ってください。
早口に何度も繰り返してください。
カードに書いてください。
「バスの乗客」のメタファー。
その思考をくれてありがとうと、マインドに感謝を伝えてください。
ここで話しているのはどちらでしょう：あなたですか？　マインドですか？
「流れに漂う葉っぱ」エクササイズ。
その物語は何年物ですか？

内省

この思考を受け入れると、あるいはこの思考に注意をすべて向けると、あなたの行動はどう変わりますか？　この思考が浮かぶとどんな行動を始めますか？　どんな行動をやめますか？

物語に名前をつける

もしこうした考えや気持ちを全部入れた本か映画を作って、「〇〇物語」というタイトルをつけるとしたら、何物語にしますか？　この物語が現れたら、そのたびに「おっと、また〇〇物語が出てきた！」とタイトルで呼んでください。

認識する／気づく

マインドが、いま何を言っているかに気づいてください。
自分が何を考えているかに気づいてください。

気づく自己

一歩下がって、「気づく自己」の視点からこの思考を眺めてください。

一般的な脱フュージョン・テクニックのまとめ

必要があるんです！」と言い続けるクライエントには、「おっと、○○さんの頭の中にいる例の小さな独裁者が、今日はかなり偉そうに命令しているようですね」と言えるかもしれません。

あなたもおそらく、すでに相当な数のマインドのメタファーを知っていると思います。例を挙げると、「おしゃべり好き（chatterbox）」や「内なる批評家（inner critic）」はどちらもよく使われています。では、次にいく前に、少し時間をとって、自分なりのメタファーをいくつか考えてみましょう。

シンプルな脱フュージョン

ここまで見てきたように、脱フュージョン・テクニックには、ありとあらゆる種類があります。オリジナルのテクニックを自分で考えたり、クライエントに考えてもらったりするのも、きっと楽しいと思います。しかし、何らかの理由で、脱フュージョンのとてもシンプルなものを使いたい場面もたくさんあります。ここで、私の知るもっともシンプルな脱フュージョン介入のいくつかを紹介しておきましょう。

「マインドが、いま何を言っているかに気づいてください」　このシンプルな投げかけ――あるいはさらに短い「その思考に気づいてください」――は、多くの場合、即座に脱フュージョンにつながります。この言葉によって、クライエントはすぐに（それに没頭する代わりに）自分の思考に気づくことができます。そう、確かに脱フュージョンの度合いは低いかもしれません。しかし、速やかに、思考との間にわずかな距離を作ってくれます。その後で、簡易な脱フュージョン・テクニックをいくつかプラスすれば、その距離をさらに広げることができるでしょう。たとえば、こんな質問が考えられます。「この思考のガイドに従ったら、どこにたどり着くでしょうか？　それは、○○さんの役に立っていますか？」「この物語との付き合いは、もう何年になりますか？」「この思考にすっかり飲み込まれていたら、どうなると思いますか？　それは、○○さんの時間やエネルギーの有効な使い方ですか？」

姿かたちを「分析」する　クライエントに、思考の姿かたちを「分析」してもらうこともできます。「それは、言葉でできていますか、音でできていますか、映像でできていますか？　それを見ていますか、聞いていますか、それとも、ただ感じていますか？」。音に焦点を当てようと思った場合は「その考えは、頭の中でどのように聞こえていますか？　自分の声ですか、誰か他の人の声ですか？　大声ですか、静かな声ですか？　その声にはどんな感情がこもっていますか？」。あるいは、場所と動きに焦点を当てようと思った場合は「目を閉じて、その思考がどこにあるように感じられるか意識してみてください。○○さんの前でしょうか、上でしょうか、後ろでしょうか、頭の中でしょうか、身体の中でしょうか？　それは動いていますか、止まっていますか？　もし動いているなら、どちらの方向にどのくらいの速さで動いていますか？」。

「それは、おもしろい考えですね」　これは、私が少々面食らったとき、あっけにとられたときに言うフレーズです。クライエントがこちらの驚くようなこと、強い反応を引き起こすようなこと、取り乱すようなことを言い、何と返すべきか困ったときは、これを口にすることで、慌てて先に進んで発言の内容に囚われてしまうのを防ぐことができます。このシンプルなフレーズは、今、クライエントが言ったことが何であれ、ここで相手にしているのはひとつの思考にすぎないことを、私とクライエントの双方に思い出させてくれます。そして、思考の内容に飛びつくのではなく、立ち止まって、その思考を眺めるよう誘（いざな）ってくれます。私は、普段、これを言った後に、長い間（ま）（少なくとも10秒）をとり、その間に、心を落ち着かせて、効果的にマインドフルに対応できるようにしています。

マインドに感謝を伝える　マインドがアドバイスをくれたことに対して、クライエントから感謝を伝えましょう（Hayes et al., 1999）。これは、おどけた調子でユーモアを込めて行う必要があります。たとえば、次のように言います。「マインドが何を言ってきても、それがどんなにひどいことでも、怖いことでも、ユーモアを込めて『おお、マインドありがとう！　意見に感謝する！』と返事ができるか試してみてください」（これをクライエントと実践するときは、遊び心とユーモアが必要であることを必ず強調しましょう。「これは、思考を深刻に受け取りすぎないようにするためのテクニックです」とはっきり説明しましょう）

短いコメント　クライエントが、とりわけネガティブな思考、批判的な思考、役に立たない思考を口にしたときは、ある種、平然とした、ユーモアのあるオープンさで、「いい考えですね！」と言うこともできます。他にも、「いいですね」「素晴らしい」「お見事」「とても創造的です」といった言葉が使えます。ひとたびクライエントが——すでに良好な治療関係が築かれており、承認されていないとか、貶(おとし)められていると感じるリスクがないことを前提として——脱フュージョンの考え方、目的、感覚を「つかんだ」ら、その後はさまざまな厳しい批判、評価判断、悲惨な思考やその他の「ひどい物語」への返答として、こうした表現を活用できるでしょう。同情的な感じで顔をしかめながら、「あいたた！」と言うのもいいかもしれません。

クライエントを忘るることなかれ

ACT を始めたばかりの頃は、こうした新奇かつ素晴らしい脱フュージョン・テクニックをあれもこれも使って実験してみることに気を取られるあまり、目の前にいる人の存在を忘れてしまうことがあります。だからこそ、私たちは、次のことを、常に心に留めておかないといけません。

「テクニックは、クライエントと共に行うものであって、クライエントに押しつけるものではない。そして、ACT で重要なのは、テクニックを実践することではなく、活力あふれる有意義な人生を築くことである」

したがって、すべてのこうしたワークでは、マインドフルで波長の合った、クライエントとのつながりが不可欠です。私たちセラピストは、クライエントに気を配り、その現状を尊重し、その反応に対してオープンでいる必要があります。そして、テクニックの実践に気を取られるあまり、クライエントとの関係をおろそかにしてしまったとしたら、それに気づいた時点で、きちんと謝りましょう。「ああ、ごめんなさい。自分がどんな状態になっていたか、いま気づきました。前のめりに没頭しすぎて、○○さんと関わっている感覚を失っていました。ここで止まって、少し時間を巻き戻して、私が○○さんに向かって、あれこれと押しつける前に戻ってもいいでしょうか」

こうしたやりとりは、クライエントとのオープンな信頼関係に寄与するだけでなく、セルフ・アウェアネス[訳注2)]とセルフ・アクセプタンスの見本を示すことにもなります。また、セラピストもクライエントと同じ立場にあることを示すことでもあります。セラピストも、頭の中に囚われて、「今、ここ」とのつながりを失ってしまうことがあります。そして、自分を「今、ここ」に引き戻して、効果的な行動をとることもできるのです！

ホームワークと次のセッション

ホームワークは不可欠です。脱フュージョンは、（他のどんなスキルもそうであるように）練習を必要とします。これは、たとえば「物語に名前をつける」のように、一日を通して事あるごとに実践できる簡単なテクニックでもよいでしょう。あるいは、「流れに漂う葉っぱ」（第15章）、似たような瞑想的エクササイズをすでに紹介していたとしたら、それを毎日、あるいは週に何回か練習するようお願いしてもよいでしょう。さらに、別のホームワークとして、「釣られる（Getting Hooked）」ワークシート（Extra Bits を参照）のようなワークシートを出すこともできます。

また、よりカジュアルなホームワークとして、次のように依頼するのもよいかもしれません。

セラピスト：次のセッションまでに、いくつかを練習していただけないかと考えています。まず、マインドが○○さんをどのように釣るのか、もっとよく知ってもらいたいのです。それは、どんな状況で起こりますか？　マインドは、どんなことを言ってくるでしょうか？　そして

訳注2）「awareness」「self-awareness」については第17章および第25章（下巻）に詳しい。

「釣られたな」と気づいたらすぐ、「おや、また釣られた！」と、ただそのことに気づいてみてください。2つ目に、今日取り上げた脱フュージョン・テクニックのなかから1つ選んで、自分でも、いろいろ試してみてください。（自分で1つ選ぶか、クライエントに選んでもらう）「釣られたな」と気づいたらすぐ、どんな考えに「釣られた」のかを確認し——このテクニックを試してみてください。そして3つ目に、マインドが「釣ろう」としたけれども○○さんは餌に食いつかなかったことがあったら、毎回そのことに気づいてみてください。

次のセッションでは、ホームワークを振り返り、何が起こったかを確認します。その結果によっては、脱フュージョンに関するワークがさらに必要かもしれませんし、クライエントが感情コントロールのアジェンダにはまってしまった場合は、創造的絶望に移る必要があるかもしれません。私はたいてい、クライエントがすでに「碇を下ろす」ことができていて、脱フュージョンについても良好な進捗を見せていたら、次は価値へと進みます——もちろん、ヘキサフレックスのどこに進んでもかまいません。

Extra Bits（おまけ）

ACT Made Simple : The Extra Bits（http://www.actmindfully.com.au の「Free Stuff」ページからダウンロードできる）の第13章に、①印刷用の「一般的な脱フュージョン・テクニックのまとめ」と本書でカバーできなかったいくつかの手法の説明、②平易な言葉での脱フュージョンの説明、③「釣られる（Getting Hooked)」ワークシート、および④脱フュージョンのための ACT Companion アプリの使い方を掲載した。（英語）

スキルアップのために

脱フュージョン・テクニックに、よく慣れ親しんでおくためには、

- いま担当しているクライエントを数人、思い浮かべ、それぞれの人について、自分なら本章のどのテクニック（1つあるいは複数）を使うだろうかと考える。
- すべてのエクササイズとメタファーを声に出して読む。あるいは少なくとも、頭の中で通して練習する。
- （本章にやりとりを載せた）カードに思考を書く介入を、想像上のクライエントと共に通して行う。セリフや動きを実際に練習するか、鮮明に思い描く。その後、実際のセッションでやってみる。

第13章のまとめ

クライエントと明示的に脱フュージョンに取り組むための道を（第11章で取り上げた原則を使って）敷くことができたら、次のステップは、①セッション内で積極的にスキルを練習する、②各エクササイズを振り返り、それがクライエントの抱える問題にどう役立ちそうか尋ねる、③ホームワークとしてさらなる練習を依頼する、ということになります。

脱フュージョン・スキルの習得に関しては、いくつかの鉄則があります。

- まずは簡単に短時間でできるテクニックから始めて、その後、第15章で紹介するようなより挑戦しがいのある瞑想的エクササイズへと移っていこう。
- クライエントが「承認されていない」と感じる可能性に注意しよう。使うテクニックに関しては、慎重になりすぎるくらい慎重になろう。
- 脱フュージョンはプロセスであって、テクニックではないことを覚えておこう。脱フュージョンのプロセスを喚起し強化するテクニックは星の数ほどあるので、そのなかからあなた自身とクライエントの双方に適したものを見つけることが目標である。

第14章

脱フュージョンへのバリア

悪い方向に転ぶ可能性のあるものは……

ACT初学者からはよく、「それ（脱フュージョン・テクニック）をするとき、クライエントが気分を害する／恥ずかしいと感じる／腹を立てる／バカバカしい気分になる／動揺する／承認されていないと感じることはないのですか？」と聞かれることがあります。私は常に、きっぱりと「あります」と答えます。「クライエントがXと思う、感じる、言う、行動する、という可能性はありますか？」と尋ねるどんな質問に対しても、これが唯一、妥当な回答です。古いことわざにあるように、「悪い方向に転ぶ可能性のあるものは、必ず悪い方向に転ぶ」ものです。あなたの最高の、一番のお気に入りで、絶対に確実で、全幅の信頼を置く、脱フュージョン介入も、遅かれ早かれ、あなたが想像もしなかった形で、失敗するときが来ます。逆効果になるときもあるかもしれません。そこで、この章では、よくある脱フュージョンに対するバリアを見ていきましょう（もちろん、この章のタイトルからすでに予想がついたと思いますが、そこは、ほら、キーポイントを繰り返して悪いということもないので）。この章を読み進めるにあたって、脱フュージョンに対するバリアの多くは、他のコアプロセスに対するバリアにもなります。そういう観点からも、覚えておいて損はないと思います。そして、ここで紹介する方略のほとんどは、そうした状況にも簡単に適用することができるものになります。まずは、非常に重要なトピックである「承認されていない（invalidation）」から始めましょう。

承認されていない

第5章で述べたように（そして、第30章でも、さらに掘り下げるように）、強固な治療関係は、ACTをうまく行うための基盤になります。セラピストの発言や行動によって、クライエントが承認されていないと感じてしまったら、効果的な治療ワーク（脱フュージョンに限らず、あらゆる種類のワーク）の妨げとなります。だからこそ、するべきことは……

まず暗闇でダンスし、それから明かりに向かって導いていく

『教えて！　ラス・ハリス先生 ACTがわかるQ＆A』（*ACT Questions & Answers*; Harris, 2018）のなかで、私は「まず暗闇でダンスし、それから明かりに向かって導いていく（First dance in the dark, then lead to the light）」という新しいフレーズを作りました。これは、強いフュージョンの状態にあるクライエントをゆっくりと脱フュージョンへと導くための、冷静で、辛抱強く、共感的なアプローチの重要さを伝える表現です。自分のクライエントが、深く、真っ暗で、光を通さないフュージョンの霧の中を手探りで歩いていれば、脱フュージョンをハイビームで点灯し、暗闇を抜け出す道筋を照らしたい衝動に駆られるのは、自然なことでしょう。しかし、セラピストが急いで脱フュージョンに飛びついてしまうと、うまくいかないことがあります。具体的に言うと、最初に、クライエントに対して深く共感し、クライエントの視点から物事を見て、その痛みと苦しみを承認することに時間を割かないと、クライエントから良い反応が得られない可能性が高くなってしまいます。むしろ、それは、クライエントを承認しないことになり、フュージョンを強めてしまいます。さらに、そうした状況にふさわしくない、遊び心のあるテクニック（思考を歌う、マインドに感謝を伝えるなど）を使ってしまうと、その可能性はさらに高まってしまいます。

たとえば、クライエントが次のように言ってきたとしましょう。「もう我慢できません。上司は、いつも私のあら探しをしているんです。いつも私の

方をのぞき込んで、行動を監視しています。私がやったことをきちんと評価してくれません。私のアイデアを自分が考えたものだと吹聴したこともあります。また、私がちょっとでも間違えたり、何かを完璧にこなせなかったりすると、ものすごい勢いで責めたてるんです。もう本当にうんざり。『あいつに、何かひどいことが起こればいいのに』と考えてばかりいます——交通事故に遭うとか、がんになるとか。ひどいことを言っているのはわかっています。でも、本当に嫌なんです」

この話を聞いて、セラピストがにっこり笑って、「おや、○○さん［クライエント名］の『ひどい上司』物語ですね」「マインドに『その思考を教えてくれてありがとう』と言ってみましょう」「ハッピー・バースデーのメロディで『私の上司は最悪』と歌ってみましょう」などと甲高い声で言ったら、どうなると思いますか。おそらく良い反応は得られないでしょう。

だからこそ、クライエントが激しくフュージョンをしていたら、まずは、少しの間「暗闇で一緒にダンスして」、それからゆっくりと、クライエントを尊重しながら、「明かりへと導く」ようにしましょう。別の言い方をすれば、少しの間、フュージョンを認めて、そのままにしておきましょう。急いで追い払おうとしないで、思いやりのある態度で、それを置いておきましょう。クライエントがどのような体験をしているかについて十分に体感できるようになるための時間だと捉えて、クライエントの視点から物事を捉え、クライエントの置かれた苦しい状況に共感し、それがどれだけつらいことかを理解できるように努めましょう。「暗闇でのダンス」には、以下のことが含まれます。

A. オープンな態度で、好奇心をもって、耳を傾ける
B. クライエントの視点から物事を見る
C. 共感し、ノーマライズし、承認する

たとえば、次のように言うのがよいでしょう。「それは、本当につらいですね。私も、怒りを感じます。○○さんがどれだけ仕事をがんばって、力を注いでいるかを考えると、さらにつらくなります。それに、自分のアイデア

を盗まれるなんて……私が同じことをされたら、本当に頭にくると思います！　それに、私も、誰かからひどい目に遭わされていたら、その人が何かひどい目に遭えばいいのにとか、痛い目に遭えばいいのにと考えてしまいます。だいたいの人は、そうだと思います。それが、マインドの働きなんです。マインドのデフォルト設定は『誰かが自分を傷つけたら、相手も同じ目に遭ってほしい』ですから」

言うまでもないことですが、この流れで、ありふれた共感の言葉を持ち出そうと思ったりしてはいけません。ここでは、正直に、思ったことを返しましょう。自分の言葉でクライエントに語りかけてください。そして、クライエントが「話を聞いてもらえている、理解されている、承認されている」と感じるように、じっくりと必要な時間をとりましょう。では「その必要な時間とは、どのくらいの長さなのか」ということですが、それほど長くはかからないでしょう。マインドフルに耳を傾け、共感的に承認すれば、たいてい、数分で大丈夫です（つまり、もし、あなたがこのワークにセッションの大半を費やしているとしたら、セラピーがACTではなくて、支持的カウンセリングになってしまっている恐れがあります。そうなると、クライエントのフュージョンをさらに強化してしまう危険があります）。

「暗闇でのダンス」に十分な時間をかけて、クライエントが「私は理解されている、承認されている」と感じ、セラピストをダンスのパートナーとして信頼してくれたら、次はクライエントをゆっくりと明るい場所へと導いていきます。言い換えると、6つのコアプロセスのいずれかをゆるやかに導入し、クライエントがもっと心理的に柔軟になることができるような場所へ動いていけるように支援するのです。

たとえば、フュージョンの「雪崩（なだれ）」の下に埋もれた重要な価値を掘り出せることも多くあります。このクライエントならば、怒り、憤慨、不公平感の下に、公平さ、正義、敬意といった重要な価値が見えてくる可能性が高いと言えます。

他方では、ダンスしながらコミットした行為へと向かうこともできます。その場合、クライエントが、どんな行動をとりたいのかを探っていきます。たとえば、もっと自己主張したいのか、正式に苦情を言いたいのか、別の仕事を探したいのか、といったことです。

あるいは、アクセプタンスとセルフ・コンパッションを掘り下げることもできます。その場合は、クライエントが自分の感情に気づき、それに名前をつけ、自分が苦しんでいることを認め、優しい気持ちでその感情に接していく、といったことです。

さらに、「碇を下ろす」へと導くこともできます。その場合、激しい感情があふれてきたときに、自分を大地につなぎ留めておく練習をしましょう。

そして、最後に忘れてはならないのが、脱フュージョンへ直接つなげることです。たとえば、マインドがすることを共感的に認めることから始めましょう。「実は、○○さんのマインドは、私のマインドによく似ています。人生がつらくて、本当に厄介な感情に苦しめられ、もがいているとき、マインドは問題の対応にはあまり役立たないこと——すでにひどいことになっている状況をさらに悪化させるようなこと——を言ってくることが多いんです。ですから、○○さんのマインドが、これについて、いま何と言っているのかを観察し、マインドが言っていることが役に立つものなのか、役に立たないものなのかを見極めていきませんか？」

そのため、極端なフュージョンの状態にあるクライエントとのセッション中に、フュージョンが弱まるどころか、さらに強くなってしまっていることに気づいたら、少しの間、今までを振り返り、軌道修正を考えてみましょう。たとえば「脱フュージョンの『ハイビームの点灯』が早すぎかな？　もしそうだとしたら、再度『ビーム』を消して、クライエントと共に、そっと『暗闇』に戻ろう。そして、しばらくの間、そこで一緒にダンスしよう。それから優しく、穏やかに、辛抱強く、一歩ずつクライエントを明かりの方へと導こう」のように振り返ってみましょう。

「承認されていない」と思わせないようにするための方法

セラピストが意図せずに、クライエントの体験を承認していないという経路には、さまざまな場合があります。意図せずに承認していないことを防ぐもっとも良い方法は、セッションにおいて、セラピストがACTを体現することです。自分の中の共感、敬意、オープンさ、誠実さという価値を実践し、マインドフルにクライエントを理解しましょう。「障害物」ではなく「虹」として、クライエントを捉えましょう。そして、以下で紹介するよくある罠にはまらないように気をつけましょう。

「物語」

「物語（story）」という言葉は、賢く適切に、思いやりと共感、敬意をもって使えば、ほとんどの場合、クライエントの脱フュージョンに非常に役立ちます。しかし、ふざけた調子で、あるいは心からの共感や配慮なしに使えば、見下している、軽んじているという印象を与えてしまう可能性があります。クライエントが「物語」という言葉にネガティブに反応しているかもしれないと思ったときは、それ以降は使わずに、その代わりに「思考」「認知」「心配」といった言葉を使っていきましょう。

もし「物語」という言葉を使ってクライエントが気分を害したり、怒ったりしたら（「物語なんかじゃありません！」）、そのときは、すぐ謝罪しましょう。「申し訳ございません。嫌な気持ちにさせるつもりはありませんでした。『物語』という言葉を使いましたが、『でっちあげだ』とか、『嘘だ』と言っているわけではありません。私が言いたかったのは『それは、言葉の連なりで、集まることで情報を伝えたり、ある物語となったりする』ということでした。この言葉を使ったのは、そう表現することが『釣り針から自分をはずす（フックをはずす）』ことに役立つと感じる人が多いからです。もし、『認知』や『考え』という言葉のほうがよいということでしたら、それを使うこともできます。そのほうが、よいでしょうか？」

遊び心のある脱フュージョン・テクニック

適切な文脈では、思考を歌う、マインドに感謝を伝える、思考を変な声で言うといった遊び心のある脱フュージョン・テクニックは、非常に強力な（そして、とても楽しい）ものです。不適切な文脈では、完全に「承認されていない」という印象を与えてしまいます。たとえば、最愛の人を亡くしたばかりで、どうしようもない悲しみを抱えるクライエントがやってきたとしましょう。そこで、セラピストが、思考をハッピー・バースデーのメロディで歌うように言ったら、どうなるでしょうか。あるいは、クライエントが、子ども時代に受けた性的虐待の痛ましい記憶を明かしてくれたときに、セラピストが「マインドに、その思考に対する感謝を伝えましょう」と言ったら、どうなるでしょうか。こうした介入が、どれだけ無神経で、不適切かを頭では理解していても、私たちの全員がいずれどこかで、うっかり良かれと思って、クライエントを承認していないようなことを言ってしまうことがあります。それが起こってしまったとき、ACTでは、すぐに、その責任を負うことを推奨しています。たとえば、自分の過ちを認め、謝罪し、関係を修復しましょう（これについては、第16章で、詳しく検討していきます）。

共感が十分ではない

フュージョンは多大な苦しみをもたらします。フュージョンによって引き起こされた痛み、困難、苦しみに、セラピストが共感しなかったら、脱フュージョン介入はクライエントを見下している、軽んじているという印象を与えてしまう危険性があります。これは、「先生には理解できないと思います」「それがどんなものか、先生にはわからない！」といったクライエントの反応の引き金となることがあります。これがよく起こるのは、セラピストが「それは単なる思考です」と言ったときです。この言い方は、ほぼ間違いなく、その思考を矮小化（わいしょうか）していると受け止められてしまいます。セラピストにとっては「単なる思考」かもしれませんが、この瞬間、クライエントにはそうは感じられないのです。だからこそ、セラピストのこうしたコメントは、クライエントに共感が不十分であることを伝えることになってしまいます（一方、クライエントが、自分の認知について自発的に「単なる思考です」と言うのは、脱フュージョンの兆候であることが多いです）。

クライエントの感情を扱わない

クライエントと脱フュージョンに取り組み始めて、つらい感情が出てきたとしましょう。たいてい、そこで脱フュージョンを保留し、出てきた感情とのワーク（碇を下ろす、アクセプタンス、セルフ・コンパッション）を行います。もし、それでも脱フュージョンにこだわり続け、顔をのぞかせた大きな感情的な痛みを無視していたら、それは効果的でないだけではなく、簡単に「思いやりがない」「承認されていない」という印象を与えることになります。

明確さの不足

脱フュージョン・スキルを積極的に学ぶためには「土台作り」が欠かせません。そのために、①「フュージョン」と「有効でない行動」とをリンクさせ、②脱フュージョンの目的を明確にし、③そのスキルがセラピーで、クライエントのゴールにどのように役立ち、どのように重要であるかを明確にする必要があります。セラピストはしばしば、このうちの①〜③のいずれかをやり損ねた状態で、脱フュージョンの積極的なワークに進んでしまいがちです。もし、そのまま進むと、当然のことながら、クライエントは混乱します。あるいは、気分を害することになります。そして、実のところ、その「土台作り」に失敗するのが、セラピスト自身のフュージョンによるものである場合も、珍しくありません。次は、その「セラピスト自身のフュージョン」について、見ていきましょう。

脱フュージョンに対するセラピストのバリア

このセクションは、セラピスト自身が持っているフュージョンを眺めることから始めましょう（思い出してください、ACTのもっとも良い練習相手は自分自身だということを）。

自己不信や失敗への恐怖とのフュージョン

ACTを始めて間もない頃は、たいてい誰もが自分自身の助けにならない物語に釣られてしまいます。たとえば、「私には、無理！」「ヘマした」「失敗した」「うまくいかない」「クライエントを不快にさせた」「逆効果になった」「ラポールが壊れた」などです。そしてもちろん、このように考えてしまうのは、完全にノーマルで、自然なことです。これは、私たちの「原始人のマインド」が過剰にお節介を焼き、私たちが傷つかないよう守ろうとしているのです。だからこそ、こうした思考を完全に締め出さないほうがよいでしょう。というのも、これが有効なリマインダーとなって、①新しいセラピー・スキルを練習して上達する必要があること、②クライエントの用意ができていないのに一足飛びにACTに押し込むのではなく、クライエントに波長を合わせ、思いやりと敬意を持つ必要があること、③導入するスキルの目的とそれが具体的にどのようなクライエントの問題に役立つかを常に明確にする必要があることを、思い出させてくれるからです。

しかし、自分の抱く恐れや疑いから「知恵を引き出す」ことを目指す一方で、そうした気持ちとのフュージョンは避けなければなりません。というのも、もしフュージョンしてしまうと、セラピストは、快適ゾーンに留まってしまい、共感的に耳を傾ける、支持的な態度を示す、クライエントの問題や気持ちについて共感的に話すなど、安全だと感じられるようなことに専念してしまうからです。そして、新しいスキルの獲得を促すような体験的なワークを積極的に避けてしまうことになるからです。言い方を変えると、私たちは、次のようなことをする羽目になります……

ACTについて話すばかりで実践しない

これは、ACT初学者に見られる唯一にして、もっとも一般的なミスです（私自身も、何度も犯した間違いです）。ACTについて話すのは簡単です。なぜならACTにはクールなメタファーやおもしろい心理教育のネタが、山ほどあるからです。それに比べ、ACTを積極的に「行う」、つまり、セッションのなかで新しいACTスキルを導入し練習するのは、はるかに難しいものです。スーパービジョンをしていると、セラピストがACTについて話すばかりで、実際にはACTを行っていないときは、すぐにわかります。「脱フュージョンについて話しました」「両手を思考や感情に見立てるメタファーをしました」といった発言があるからです。脱フュージョンが何であるか、それがどのように役立つのかを話すのは問題ありませんし、メタファーを使って、それがどのようなものであるかを説明するのも問題ありません。しかし、脱フュージョン・スキル（たとえば、「私は～という考えを持っている」、「流れに漂う葉っぱ」、物語に名前をつける、思考を歌う、マインドに感謝を伝える）を説明することと、実際にそれらを積極的に練習してみることは、まったく別のことなのです。

メタファーが多すぎる？

セラピストが「ACT について話す」モードにはまったときは、ユーモアを込めて「メタファー乱用」と呼んでいる行動をとっていることが多いものです。つまり、クライエントがセラピーにやってくると、（自己不信や不安、不確かさに釣られた状態の）セラピストは、自分の本棚に行って、メタファーを入れた「大きな箱」を取り出します。そして、ふたを開け、ひとつかみのメタファーを引っ張り出し、クライエントに向かって、次から次へと、どれか１つくらいは刺さってくれないかと願いながら、投げ続けるのです。セッションが終わって、部屋を出ていくクライエントは「メタファーまみれ」になっています。

ACT でメタファーを使う主な理由は、①短時間で多くの情報を伝えられるから、②自明の理を伝えているので、クライエントはそれを受け入れやすいから、③セッション後もクライエントの記憶に残りやすいから、というものです。しかし、メタファーを乱用するということは、よくやってしまうミスです。とくに、そのメタファーの目的を十分理解していないときやセッションでの積極的なスキル構築を避けているときに、そうなってしまうことが多いものです。

だから……釣り針から自分をはずし、話を減らし、行動を増やす！

ここでの重要なポイントは、次のようなことです。それは、自分の抱く恐れや疑いに釣られたときは（セラピストも、クライエントと同じ立場にあります。そうですよね？）、そのことに気づき、自分に対して脱フュージョンを実践する、ということです。自分を尻込みさせている恐ろしい物語に名前をつけ、そこから自分をはずすことをしましょう。脱フュージョンについて話すのを減らし、セッションのなかでの積極的な練習を増やしましょう。

クライエントの脱フュージョンへのバリア

セラピストが自分の抱える脱フュージョンへのバリアに気づき、そこから自分をはずすことができるようになったとしても、それは、ゴールまでの道のりの半分でしかありません。残る半分で気をつけなければならないことは、クライエントが抱えるバリアです。そして、そのバリアを優しく取り除く必要があります。もっともよく見られるクライエントが抱えるバリアのいくつかを紹介しましょう。

この思考を消さないとダメなんです！

クライエントはとても頻繁に、自分の思考――とくに、厳しい自己評価、心の傷や失敗のつらい記憶、未来に対する不安といった不快な思考――を避けよう、あるいは取り除こうと必死に努力します。この「体験の回避」の傾向は一般的に、そうした思考を、①悪いもの（例：精神病のサイン、人格上の欠陥、心の弱さ、人間性の悪さ）、②危険なもの（例：健康を脅かす、正気を失わせる）、あるいは③とにかくノーマルではないもの（他の人は誰もこんな思考を持たない）とみなすことが原因です。さらに、自分の思考が行動を支配すると信じているため、自分の行動を変える（例：依存をやめる、悪い癖を直す）には、そうした思考をなくすしかないと信じている可能性もあります（簡単に復習しておくと、過剰な体験の回避の原因は、①評価判断とのフュージョン（例：「こういう考えや気持ちは悪いものである」）、②ルールとのフュージョン（例：「こういう考えを消してしまわないといけない」「こういう考えが消えるまで楽しく生きることはできない」）です。

第11章で述べたように、私たちはこうした問題に対して、クライエントのつらい思考を繰り返しノーマライズし、承認し（例：自己開示、原始人のマインドのメタファー）、そして思考が行動をコントロールするという幻想を打ち砕くことで、対応していきます。しかし、クライエントが思考を回避することに固執し続けていると、真の脱フュージョンに関心を持つ可能性は低いでしょう。クライエントがしがちなのは、疑似・脱フュージョンです。

疑似・脱フュージョン（*pseudo-defusion*）という用語（公式のACT用語ではありません）は、クライエントが脱フュージョン・テクニックを誤用して、（たいてい、気持ちが楽になることを期待して）望まない思考を回避・排除するために、それを使うことを指します。そのような誤用は珍しいことではありません。疑似・脱フュージョンが起こっているときは、すぐに気づきます。というのも、クライエントが「効果がありません！」と言ってくるからです。そう言われたら「効果がないというのをもう少し説明していただけますか？」と応えてください。おそらく「気持ちが全然、楽になりません」「考えが消えていく気配がありません」といった答えが返ってくるはずです。

クライエントが望まない思考を避けたい、消してしまいたいと思っているときは、創造的絶望（第８章）に取り組む必要があります。これが初めての導入かもしれませんし、すでに触れたことがあるなら、再び扱ってください。どちらの場合でも、クライエントが思考を取り除くために試してきた方法をすべて振り返り、それがうまくいったか、その代償は何だったのかを探りましょう。クライエントがどのような反応をしたとしても、深い思いやりをもって受け止めましょう。そして、クライエントが新しい方法を学ぶことに関心があるかも確かめてください。もし関心がありそうなら、「両手を思考や感情に見立てる」メタファーを再度、はじめから行い、その最後の部分（両手は、今もそこにあり、膝の上に置かれている）というくだりをしっかり強調してください。

でも、それはリアルな問題なんです！

脱フュージョンを紹介すると、クライエントのなかには、誤った理解をする人がいます。セラピストから「すべては、あなたの頭の中だけで起きていること」と言われているように受け止めるのです。その場合、クライエントは「それは、単なる考えなんかじゃありません。リアルな問題なんです！」

と訴えてきます。これが起こる理由はほとんどの場合、セラピストが、①クライエントが直面しているのは、リアルな問題や困難であることを承認していない、そして②フュージョンがそのような問題を悪化させるだけで改善に役に立たないということを明確にしていないからです。こうした誤解を未然に防ぐには、私の知る限りでは「両手を思考や感情に見立る」メタファー（拡大版）が、もっとも良い手段です。その理由は、以下のとおりです。

- クライエントの問題と課題をはっきりと認め、列挙するから（例：「○○さんの目の前には、対応すべきあらゆる問題、直面すべきあらゆる課題が転がっています。たとえば……（健康、人間関係、社交、仕事、財政などクライエントの抱える大きな問題を挙げる）」）
- クライエントの問題を、問題に関する思考や感情と区別するから
- 問題に直面しているとき、思考や感情とフュージョンすることもできるし、脱フュージョンすることもできる、という点を明確にするから
- 脱フュージョンすると、問題に効果的に対応するのがずっと楽になることを明確にするから

（ここで一度読むのをやめ、第11章にある拡大版の「両手を思考や感情に見立てる」メタファーに戻り、はじめから練習してみることを強くお勧めします。すべての重要なポイントを忘れずに含めることができたかを確認しましょう。あるいは、このエクササイズが好きでなければ、自分なりのやり方で重要なポイントを伝える練習をしましょう）

もし最善の努力をしたにもかかわらず、クライエントがこうした反応（「でも、それはリアルな問題なんです！」）を示した場合、一般的に一番良いのは、すぐに謝罪して、こちらの意図はどのようなものだったのかを説明することです。「すみません。そういうつもりではありませんでした。○○さんは確かに、リアルに問題を抱えていらっしゃいます。たとえば……（主要な問題のいくつかを挙げ、もしそれがチョイスポイントに書いてあれば、同時にそこを指さす）。ここで、私がやりたいと思っているのは、○○さんが、そうした問題に対応するための行動を起こすお手伝いです。つらい考え

に釣られているときは、ほとんどの人にとって行動を起こすことが難しくなります。ですから、そこから自分をはずすスキルに取り組むのが有益だと考えていました。ですが、必ずしも、そうする必要があるわけではありません。もし、問題への対応策として、問題解決と行動の実行に取り組みたいということでしたら、そちらでも問題ありません」。もしクライエントが後者のほうがよいと言った場合は、「大切なことをする」——価値、ゴール、行動計画、スキルトレーニング——へと移り、その後で、フュージョンが価値やコミットされた行為に対するバリアとして現れたら、そのとき脱フュージョンに戻ればよいのです。

ちゃんとフックがはずれていないんです！

クライエントもセラピストも、「完全に釣り針からはずれていないとダメだ」——100% 脱フュージョンしないといけない——と考えがちです。しかし、それは違います！　ほんのわずかでもはずれただけで、動き出すのには十分です。自動操縦のスイッチを切り、自分がどこにいるか、何をしているか、この瞬間まで何が自分を釣り上げていたかを、先ほどまでよりも、少しだけ自覚することができれば、たいてい、それで十分に動き出せます。そして、少しでも「はずれた」という気づきが増えれば、進(すすむ)ムーブを選択して、そこに自ら飛び込むことができるようになります。そうなると、価値に導かれた新たな行動にさらに集中できるようになり、それに伴ってつらい思考や感情からはずれる度合いがさらに増していきます。

クライエントは（そしてセラピストも）、ある思考から脱フュージョンできるのは、もうその思考を信じなくなったときだけ、あるいはその思考に動揺させられることがなくなったときだけ、と考えがちです。どちらの捉え方も正しくはありません。脱フュージョンは確かに、その思考の信憑性や感情的な不快度を下げることが多い（しかし、いつも起こるわけではない）ものです。そういう効果は、ボーナスか、副産物のようなものです。そうなったときは、ぜひとも享受してください。しかし、そういう効果を追い求めたり、期待したりするのはやめましょう。脱フュージョンの目的は、認知による顕在的および潜在的な行動の支配を弱めることです。まだその思考を信じていたとしても、その思考に動揺していたとしても、実現可能です。

絶望と理由づけに対する方略――7つの方法

多くのクライエント（とくに、うつで苦しんでいる人たち）は、絶望を感じながら、セラピーにやってきます。そして、彼らは、セラピーがなぜ効かないのかという、さまざまな理由とフュージョンしていることが多いものです。さらに、その理由づけは、多くの場合、他のさまざまなフュージョンのカテゴリーと重なっています。つまり、過去（以前に試したが、効果がなかった)、未来（絶対に、うまくいかない)、自己概念（たとえば、私は改善する見込みがないケースだ、私は改善する見込みのない価値のない人間だ、私はずっとこうだった、これが私だ、気分が落ち込みすぎる、不安すぎる、私は依存症だ、私には意志の力／自制心／動機づけが欠けている、私はＷと診断されてきた、私はＸによって修復不可能な傷を受けた)、評価判断（大変すぎる、こんなのバカげている、私の人生はＹだ、他の人はＺだ、私はＡすぎる、私にはＢが足りない、セラピーなんて役に立たない)、そしてルール（こんなひどい気分では難しいことはできない、まず気持ちが楽にならないと行動できない、これは自分でやらないといけないことだ）です。

セラピーを始めたまさにそのときに、こうしたフュージョンが生じると、たいていのセラピストはたじろいでしまいます。なにしろ、自分は単にヒストリーを聴き取り、ラポールを築こうとしているだけだからです。それでは、いったいどうすれば、クライエントにこうした思考から脱フュージョンしてもらえるのでしょうか？　脱フュージョンが良いところは、このようなセラピーの初期段階においてでも、詳しい説明なしで導入することができるところです。このセクションでは、そのやり方をいくつか紹介しましょう。これから紹介する７つの方法のうち、いくつかを使うだけでもよいですし、全部を使ってもかまいません。組み合わせも、順序も自由にしてよいですし、ニーズに合わせていろいろと改変してもらって問題ありません。

方法１：気づき、名前をつける

ありがたいことにACTでは、認知の内容や妥当性を疑って異議を唱えることはしません（つまり、認知が真か偽か、妥当か妥当でないか、ポジティブかネガティブか、正しいか間違っているか、適切か不適切か、正当な根拠があるかないかを評価判断しません）。もし「あなたがセラピーに対して抱く不信感は間違っている／妥当でない／根拠がない」とクライエントを説得しなければならないとしたら、セラピストはピンチな状態にあります！

セラピーに疑いを感じるのはまったく自然なことです。それは、あくまで想定内のことです。しかし、クライエント（あるいはセラピスト）が不信感とフュージョンすれば、効果的なワークの妨げとなるでしょう。そのため、そうした認知は、セラピーを開始した時点からすでに、有望な脱フュージョン対象の候補になります。ここでは、できるだけ迅速に脱フュージョンの文脈、つまり、助けにならない認知を脇に置いておき、その本来の姿を眺めるためのスペースを築くことを目指しましょう。また、アクセプタンスの文脈——思考とケンカしない、思考に異議を申し立てない、思考を否定・排除しようとしない文脈——も促進したいところです。

最初の一歩としては、**気づき、名前をつける**（*noticing and naming*）ことが、シンプルかつ有効な方法です。つまり、認知の存在に気づいて、評価判断抜きに、それに名前をつけるのです。たとえば、「今、○○さんのなかに『たぶん、セラピーはうまくいかない』という理由に関して、たくさんの考えが頭の中に湧いてきているみたいですね」といった言い方ができます（繰り返しますが、どんなセリフや表現も、自分とクライエントのニーズに合わせて、変更・修正してください。たとえば、「考え」の代わりに、懸念、心配、疑い、怖さ、異論といった言葉を使うこともできます）。

方法２：承認し、ノーマライズする

セラピストとして、クライエントのこうした認知を承認することは非常に重要です。それは、ごくノーマルなものだからです（セラピーを開始したばかりのクライエントにとっても、セラピーをたくさん経験してきたクライエントにとっても）。そして、まったくノーマルであるばかりでなく、自然な思考でもあります。そのため、私は、次のように伝えることが多くあります。「それはどれも、ごく当然の考え（あるいは懸念、心配、疑い、恐れ、異議など）だと思います。他のクライエントさんもセラピーを始めたときは、同じような考えを持たれている方が多いです。そのように考えるのはまったく自然なことだと思います。そして正直に言えば、そういう考えは、これからも繰り返し、突然現れると思います」

ACTにおける脱フュージョンとアクセプタンスというプロセスでは、セラピストの仕事として大きな割合を占めるのは、クライエントが「自分のマインドは非合理的なわけでも、おかしいわけでも、欠陥があるわけでもなく、基本的には自分の力になろうとしているだけだ」と理解するのを助けることです。これは、クライエントに対してノーマライズすることであり、承認することでもあります。次のように話すことができます。「こうした考えが姿を現すのは、マインドがただ、○○さんのために目を配っているからなんです。○○さんの役に立とうとしているからなんです。マインドはただ、失敗するかもしれないこと、うまくいかなかったり不快な思いをしたりするかもしれないことから、○○さんを守ろうとしています。マインドが言っているのはつまり、『ちょっと、本当に、これがやりたいの？　時間とお金、エネルギーの無駄かもしれないよ？　君にとって物事がさらにひどい方向に転ぶかもしれないよ？』ということなんです。そして確かに、本当のことを言うと、私が何を言っても、マインドがこういうことを言って、世話を焼くのを止められないと思います。マインドは自分の仕事をしているだけ、つまり○○さんを守ろうとしているだけなんです」

このように伝えることによって、後に出てくるかもしれない「原始人のマインド」のメタファーのための下準備をしていることになっています。気づいていましたか？

方法３:「保証の限りではありません」と宣言する

方法２の後は、次のように続けることができます。

「もちろん、私としては、○○さんを安心させたいと思っています。『これは、必ず効果があります！』と言いたい気持ちもあります。しかし、正直に言うと、必ずしも、うまくいく保証はないのです。もし、精神保健に関わる専門家に相談したときに、その人が『これは、必ず効果があります！』と宣言するような人だったら、『もう、そこには行かないほうがいいですよ』と、私ならアドバイスします。なぜなら、その人は嘘をついているか、妄想的だからです。誰も、絶対に、そんな保証はできないからです」

「もちろん『こんな研究がありますよ』とお見せすることはできます。ACTモデルに関する研究は千本以上公刊されていますし、世界中で何十万人という人の助けにもなってきました。しかし、だからといって、そのことが『ACTが○○さんの役に立つ』という保証にはなりません。私が担当してACTが有効だった他のクライエントさんの話をすることもできます。それでも、やはり、そのことだって、○○さんにもACTが有効だという保証にはなりません。ですが、ここで保証できることが、２つあります。まず、私が○○さんの力になれるようベストを尽くすことを保証します。そして、もし私たちが『マインドが不信感を抱いているから』という理由で諦めたら、どこにもたどり着くことができないことを保証します。ですから、こうだからきっとうまくいかない、ああだからきっとうまくいかないとマインドが理由を並べ続けたとしても――とにかくそのまま進んでみましょう」

ここまでくると、多くのクライエントはセラピーに対する疑いや懸念、反対意見、その他のバリアから、自分を**はずす**ことができかけていることでしょう。しかし、もしそうなっていなかったら、どうしたらいいでしょうか？　もしクライエントが、セラピーは役に立たない、きっと効果がないと主張し続けたら、どうしますか？　その場合についても、すぐ検討していきます。しかし、その前にまず、覚えておくべき重要な注意点を２つ確認しておきましょう。

- 1つ目に、どんなセラピー・モデルのどんなタイプの介入でも、セラピストはクライエントの体験に対して、思いやりと敬意を持ち、承認的でなくてはならない。もしその後に続いて導入されるテクニックが、否定的な、思いやりに欠ける、せっかちな、またはその他の不承認的なやり方で行われたら、クライエントはもちろん気分を害するか、腹を立てるだろう。
- 2つ目に、どんなセラピーモデルにおいても、あるひとつの介入がすべてのクライエントに対して、予想通りに良い方向に作用するということはない。それゆえ、この本から（あるいは、他のACTのテキストやトレーニングからでも）何かを実際に使ってみて、意図した効果が得られなかったときは、柔軟になろう。考えるべきは「今やっていることを何らかの形で変更・修正できるだろうか？」あるいは「これをやめて代わりに別の何かをしたほうがよいだろうか？」ということだ。

方法4：思考を書き留める

もし、これまでに挙げた3つの方法では、クライエントがセラピーに対する反対意見や疑い、懸念、その他バリアとなる認知から自分をはずすことができなかった場合、次のステップとして良いのは、そうした「思考を書き留める」ことです。この作業によって、どんな人でもたいてい、思考に「埋没する」代わりに、そこから「一歩下がって、眺める」ことが、かなり楽にできるようになります。

このとき、思考を書き留めてもよいかどうかについてクライエントに確認して、許可を得てください。「○○さんは、このセラピーに効果があるかどうか、現実的で妥当な懸念を持っていらっしゃるんですね。そうだとすると、今すぐ、その懸念に対応する必要があると思います。そうでなければ、私たちはどこにたどり着くのか、わからなくなってしまうからです。それでは、その対応の第一歩として、先ほどおっしゃっていたことをすべて書き留めてもよろしいでしょうか？　そうすれば、すべての懸念に対応できたかどうかを確認できると思います」

そして、セラピストはクライエントの思考、つまりセラピーがうまくいかない理由として考えているあらゆる反論と懸念（「もう以前に、それは試した」「私にはできない」など）を書き出すのです。

理想的には、書きながら、以前の自分の発言を一部でも繰り返せるとよいでしょう。「ここで、もう一度お伝えしたいのですが、こうした考えは決して珍しくありません……他のクライエントさんの多くも、セラピーを始めた当初は同じような考えを持っていらっしゃいました……まったく、ノーマルなことです――○○さんのマインドは、○○さんの力になろうとしています。不快な結果になるかもしれないことから○○さんを守ろうとしています……ですからやはり、こういった考えは、これからも繰り返し、しかも突然、生じてくると思います」

方法５：説得しようとしない

多くの場合、次のようなことを伝えるのに役に立ちます。「ええと、私が○○さんを説得できるとか、このアプローチが○○さんにぴったりだと納得させることができるとは思っていません。実際に、私が○○さんを説得しようと必死になればなるほど、○○さんの中に、そういう考えがたくさん浮かんでくると思います。そうではありませんか？」

ここでクライエントは、おそらく「ええ、そうだと思います」と返事をするでしょう。そこにはしばしば、おもしろがるような雰囲気が見られ、多くの場合、いくらか脱フュージョンできた証ともなります。今や、有効性の概念を導入するためのドアは、大きく開かれたと言えるでしょう。クライエントは「そうした思考に、どのように反応するか」ということを選べますし、ある選択肢は他のものよりも有効性が高いからです。

方法６：「３つの選択肢」作戦

セラピストは、ここで次のように言います。

「つまり、こんな感じかなと思うのです。こういう考え（紙に書かれた思考を指しながら）は、一緒にセラピーに取り組むなかで、何度も、何度も、何度も、湧いてくると思います。それをどうしたら止めることができるのか、私にもわかりません。ですが、こうした考えが一度湧いてくるそのたびに、私たちは、それに対して、どのように反応するかを決めることができます。選択肢の１つ目は、私たちが『諦める』ことです。私たちは、○○さんのマインドが言ってくることを聞き入れて言いなりになります。○○さんのマインドは『こんなこと、効果がない』と言っていますから、それに従います。今日は『ここで終わり』にして、帰り支度に取りかかります」

「２つ目の選択肢は、私たちが『議論する』ことです。私は、○○さんのマインドがこのように考えるのをやめるようにと、必死に説得します。私は、○○さんの考えが間違っていることを証明しようとし、このアプローチに効果があることを納得させようとします。問題は、こうした議論は、貴重なセッションの時間をどんどん消費してしまうということです。それに、結局のところ、最後に勝つのは○○さんのマインドだと保証してもいいくらいです。ですから、何かマシになるとは言えません」

「３つ目の選択肢は、マインドには言わせておいて、私たちはとにかくセッションを続ける、というものです……とにかくチームとして一緒にワークを続けます……○○さんがより良い人生を築けるよう、ただひたすら取り組み続けます……たとえマインドが何かを繰り返し言ってきたとしても（紙に書かれた思考を指しながら）、とにかく取り組み続けます」

最後にセラピストは、次のように尋ねます。「それでは、この３つのなかで、○○さんは、どれを選びますか？」

クライエントが選択肢の３つ目に同意すれば、それこそが、まさに脱フュージョンなのです。思考はあいかわらず、そこにあります。しかし、もう自己破滅的に、クライエントの行動を支配してはいません。そしてクライエントは、自覚的に思考がそこにあることを許しています。つまり、クライエントはアクセプタンスに向けての第一歩をそっと踏み出したのです。もしクライエントが、後からセラピーを疑う別の理由を思いついたら、それもリストに書き加え、３つの選択肢の話を繰り返しましょう。

クライエントが議論しようとしたら、それに気づき、名前をつけることができるでしょう。「なるほど、○○さんは、私と議論されたいようですね。しかし、議論しても仕方ありません。私に勝ち目はないからです。私に、○○さんのマインドを納得させることはできません。○○さんの抱く疑念や懸念を取り除くことはできません。ですから、実際の選択肢は２つしかありません。マインドがうまくいかないと言っているから諦めて終わりにするか、マインドには好きに言わせておいてセッションを続けるか。そのどちらかになります」。そこで、クライエントが選択肢の３つ目に同意したら、それこそが、まさに脱フュージョンなのです！

私の経験では、選択肢の１つ目を選んだクライエントは、これまでに２人しかいません。どちらの場合も、私は次のように応えました。「わかりました。それが、○○さんの選びたい選択肢なんですね。ですが、すでに、こうしてセラピーに来ていることを考えると、いま諦めるのは、残念なような気がします。せっかくここにいるのですから、このセッションだけは、最後まで続けてみませんか？　そして、今このセッションの間だけは、こうした考えについて議論しないでおく、というのは、どうでしょうか？　マインドにはこうしたことを言わせておいて、私たちは、そのままセッションを続けるのです」。どちらの場合も、クライエントは同意してくれました（もちろん、この方法は、セラピーを強制されているクライエントには効果がないかもしれません。しかし、それはまた別の問題です。この本がカバーする範囲を超えています。強制されてセラピーに来るクライエントとの取り組み方については、上級レベルのテキスト、『使いこなす ACT』〔*Getting Unstuck in ACT*; Harris, 2013〕で触れています）。

方法７：繰り返し現れる思考に気づく

ここまで来れば、今まで紹介してきた方法をセッションを通して使いながら、継続的な脱フュージョンとアクセプタンスに取り組むことができます。たとえば、新しい反対意見が現れたら、それを書き出し、再びクライエントにどのように反応したいか尋ねることができます。しかし、すでに書き留めた意見がもう一度、姿を現したときは、敬意と思いやりをもってそれに気づき、リストを指して伝えましょう。「先ほど書いたものですね。繰り返しになりますが、ここでは選択ができます……」

代わりの方法として（そして個人的な意見では、より強力な方法として）、クライエントにリストを書いた紙とペンを渡し、考えが再登場するたびに、該当するものに印をつけるようお願いするのもよいでしょう。セラピストは、その一つひとつに敬意と思いやりをもって気づいていきます。「何度も現れますね。では、ここで諦めるのと、議論して時間を無駄にするのと、いま浮かんだ考えに気づくだけにして、そのままセッションを続けるのと、どれがよろしいですか？」

この方法を使っているときは、紙を取っておき、次のセッションでクライエントに見せるのも効果的です。「今日も、これが全部、姿を見せると思います。今、すでに姿を見せているものがありますか？　ほとんど？　それはすごい。それでは、全部そのままにして、進めていきましょう。大丈夫ですか？　素晴らしい。では、今日はマインドが新作の考えも思いつくか、それも見ていきましょう」

脱フュージョンという観点から言えば、ここで、いかにたくさんの内容をカバーしていたかが理解できただろうと思います。私たちの手には今、繰り返し利用することができ、さらに今後のセッションで発展させることもできる、たくさんの方法があるのです。そして、そのすべてに「3つのN」、つまり、認識する／気づく（noticing）、名前をつける／名詞化する（naming）、ニュートラル化する／中和する（neutralizing）のいずれかの組み合わせが関係しています（思い出してください。ニュートラル化の一番簡単なステップは、思考を有効性の点から眺めることです。たとえば「その考えの指図に従って行動すると、あなたは、どこに行き着くでしょう？」）。また、どの方法も、必要ならば、最初のセッションで導入できます。そう、クライエントのことを知ろうとして、ヒストリーの聴き取りを行いながら、それを導入できるのです（お気づきでしたよね？）。

セラピストは、絶望や理由づけとフュージョンしている状態をセラピーに対するバリアと捉えてしまうことが多々あります。しかし、私としては、それをリフレームしてもらいたいのです。つまり、絶望や理由づけとのフュージョンは、セラピーに対するバリアではなく、積極的にセラピーを行う絶好の機会なのです。セッションのなかで、脱フュージョン・スキルについて話すばかりではなく、積極的にスキルを構築するチャンスをくれるのです。

7つの方法を他の認知プロセスにも応用する

少し想像力を働かせれば、上記7つのうち「方法1、2、4、7」は簡単に応用ができます。そして、セッションの進捗を阻害する多くの認知プロセス(責める、繰り返し思い悩む、執着する、復讐を空想する、心配する、破局的に捉えるなど)にも対応できます。

たとえば、クライエントが自分の問題を他人のせいにしてばかりいるとしましょう。方法1は「気づき、名前をつける」なので、次のように言えるでしょう。「今、マインドが何をしているかに気づけますか？　○○さんの人生には、思いどおりに動いてくれない人が大勢いて――それは○○さんにとって、とても腹立たしいことですよね？――そして、マインドは、○○さんに、そのことを繰り返し思い出させています」。こうした言い方にすると、「他人を責めている」という言葉を使わずに済みます（気づきましたよね？）。なお、「責めている」という表現では、承認していない感じになる危険性があります。

方法2は「承認し、ノーマライズする」でした。たとえば、次のように言えると思います。「それはまったく自然なことです。人生において、腹立たしいことが次々に起こっていたら、マインドは私たちにそれを忘れさせまいとします。というのも、私たちに、なんとかしてほしいからです。○○さんのマインドの仕事は、○○さんのために気を配ることです。○○さんの人生の助けになることです。ですから、マインドは、対応が必要な問題に、○○さんの注意を向けようとしているんです」

この後に、行動のゴール（第6章）を設定（あるいは再設定）できるでしょう。その場合は、次のように言えると思います。「では、マインドは、この件を○○さんにどうにかしてほしいと思っているようなので、ここで少し時間をとって、○○さんが、私とのセッションから何を得たいと願っていらっしゃるかを整理してもよろしいでしょうか？　周囲の人が、こういう行動をとったとき、自分の感情にどのように対応すればよいかを知りたいですか？　あるいは、健全な人間関係を築く助けとなるよう、どうすれば周囲の人の行動に建設的な影響を与えられるかを知りたいですか？　それとも、マインドがこうしたことを考えさせようと、○○さんを釣ろうとしたとき、自分を「その釣り針」からはずして集中し直す方法を知りたいですか？」

クライエントが、もっとうまく自分の思考や感情に対応する方法を知りたいと答えた場合は、まずマインドが他者を責め始めると何が起こるかを一緒に考え、その後、自分を「はずす」方法の習得を支援します。その一部として、方法4「思考を書き留める」を組み込むととても有効かもしれません。クライエントの「他人を責める」思考を（「責める」という言葉は絶対に使わずに）すべて書き出し、掘り下げていきましょう。「こうした考えに釣られると、どうなりますか？　どんなことを言いますか？　どんなことをしますか？　自分の注意は、どこを向きますか？　それは、○○さんがなりたい自分になるのを助けてくれるでしょうか？　あるいは、周囲の人に効果的に影響を与えるのに役立つでしょうか？」

クライエントがもっと効果的に他者に影響を与える方法を知りたいと答えた場合は、アサーティブネス・スキル、コミュニケーション・スキル、正の強化、行動のシェイピング（「第29章：柔軟な人間関係」を参照）を通して、そのやり方を考えていくことができます。さらに、方法7「繰り返し現れる思考に気づく」を持ち込むこともできます。そのときは、セッション中に、他者を責める思考が再び出現するたびに、「なるほど、マインドがまた○○さんに、いま抱えている人間関係の難しさを思い出させていますね」といった言葉をかけましょう。一つひとつ思考をマーキングするこの方略は、こうした場面で、たいてい、とてもうまく機能します。再出現した思考をマーキングした後は、「ではXYZ（XYZ＝先ほど設定した行動のゴール）を続けますか？　それとも、この考えに引っ張られて、いま進んでいる道から逸れますか？」

実践のためのヒント　方法7を成功させるには、セラピーにおける行動のゴールを明確に設定しておく必要がある。それができていないと、クライエントは「釣り針から自分をはずすモチベーションを持てない。クライエントが「釣り針からはずれることに関心を持てるのは、釣られた状態だと行動のゴールをうまく達成できないと理解できたときだけだ。

スキルアップのために

さて「とにかく練習、練習、また練習だ」と再度、伝える時間が来ました。あなたは、フュージョンと問題行動とをはっきり「リンクさせる／つなげる」ことができますか？　脱フュージョンの目的を明瞭に説明することができますか？　絶望と理由づけに対応する7つの方法のスクリプトを読んで、通して練習してください。その7つとは、次のとおりです。

- 気づき、名前をつける
- 承認し、ノーマライズする
- 「保証の限りではありません」と宣言する
- 思考を書き留める
- 説得しようとしない
- 「3つの選択肢」作戦
- 繰り返し現れる思考に気づく

自分のスキルレベル向上のために、頭の中で練習しましょう。あるいは、想像上のクライエントや協力してくれる友人、同僚、職場の人、ACT グループのメンバーに向かって、声に出して練習しましょう。

第14章のまとめ

あなたの手には今、脱フュージョンに対するバリアを乗り越えるためのたくさんのアイデアが握られていることでしょう。そうであると信じています。ここで覚えていてほしい4つの主なメッセージは、次のとおりです。1つ目として、脱フュージョンを自分に対しても行いましょう。自分の中の恐れや疑念から、自分をはずし、ACTについて話すだけでなく、積極的に実践しましょう。2つ目として、クライエントにとってのACTのモデルになりましょう。毎回のセッションで、自分の価値に従って行動し、マインドフルでいましょう。自分の仕事に共感、敬意、思いやりを注ぎましょう。そして、クライエントを「障害物」としてではなく「虹」として見ましょう。3つ目として、「まずは暗闇でダンスして、そして明かりへと導いて」いきましょう。そして最後に「承認、承認、また承認！」。ある介入において、クライエントから承認されていないと思われてしまったときは、それを使うのをやめましょう。選択肢は常にたくさんあります。そして、もし、偶発的に（意図せずに）承認されていないとクライエントに思われてしまったときは、すぐに謝罪して、本来の意図は何だったのかを明確に説明しましょう。

第15章

木の葉、小川、雲、そして空

瞑想的・脱フュージョン

「そういうスピリチュアルなものは、ちょっと……」と、クライエントから言われた経験はありませんか？　私は、もちろん、あります。それも、何度も……。そのようにコメントした人たちは、決まって「瞑想」という言葉に反応していました。問題なのは「瞑想」という言葉にバイアスがかかっていることです。瞑想と聞くと、お経みたいなものを集団で唱えているとか、お香と火のついたロウソクとか、お坊さんといったイメージが湧いてくるのではないでしょうか。あるいは、「退屈」とか「難解」とかといった言葉も浮かんでくるかもしれません。私が「マインドフルな瞑想」ではなく「自分をはずすスキル」という表現を使ってきた理由は、そこにあります。

第3章で述べたとおり、ACTの視点から見れば、フォーマルな瞑想もコアなマインドフルネス・スキル（脱フュージョン、アクセプタンス、柔軟な注意、文脈としての自己）を学ぶために何百とある方法のひとつにすぎません。もしクライエントが、瞑想やその他のフォーマルなマインドフルネスの実践（たとえば、ヨガや太極拳）をしたいと言ったのなら、それはそれで素晴らしいことです。なぜなら、新しいスキルの習得には、できるだけ多くの練習が必要だからです。しかし、フォーマルなマインドフルネスの実践というのは、決して私たちがクライエントに期待するものでも、依頼するものでもありません。

とはいえ、脱フュージョン・テクニックのなかには、明らかに瞑想的な性質を持つものがあります。そうしたエクササイズでは、かなり長い時間をかけて、オープンになって、好奇心をもって、自分の思考に気づくことをします。思考に対して評価判断を下すことなく、しがみついたり、遠くへ押しやろうとしたりすることもなく、思考が勝手に浮かんでは消えるのに気づくのです。瞑想スタイルの脱フュージョンは、ほとんどの人にとって、これまで紹介した簡易な介入よりもはるかに難しいものです。そのため、クライエントに練習してほしいときは、次のことを明確にしておく必要があります。

これは、どのように役立つのか？

クライエントの問題に対して、このような、より長く、より難しい瞑想的エクササイズは、どのように役立つのでしょうか？　私は、多くの場合、次のように説明します。

セラピスト：○○さん［クライエント名］は、自分の頭に浮かんだ言葉に囚われて、心配することに（あるいは、繰り返しあれこれ考えること、気になって頭がいっぱいになること、過去について思い悩むことなど、何であれクライエントが苦労している認知プロセスに）長い時間を費やしていらっしゃいます。そして、こうした考えはどうやら、現れた次の瞬間には、もう○○さんを釣り上げてしまうようですね。そして、こうした考えに、すぽっとはまり込み、すっかり没頭した状態になると、GHI に注意を向けたり、JKL に取り組んだり、MNO に集中したりすることができなくなります（GHI、JKL、MNO には、クライエントが心配しているとき、思い悩んでいるとき、あるいはある思考で頭がいっぱいになっているとき、集中したり、何かに取り組んだりすることが困難となる具体的な活動を入れる。たとえば、子どもと共に「今、ここ」に存在すること、職場での仕事に集中することなど）。では、もし、こうした考えが現れても、ただふわふわとその辺りに漂わせておけるようになったとしたら、どうでしょうか。考えに引っ張り込まれたり、考えを強くつかんで離せなくなったりするのではなく、GHI や JKL に注意を向けるだけにとどめるようになるとしたら？

クライエント：それは、いいですね。

セラピスト：実は、このエクササイズの目的は、○○さんがまさにそうできるようになること、つまり、考えに引っ張り込まれたり、考えを強くつかんで離せなくなったりしないよう、一歩下がって距離を置いた状態で、考えに気づいて、それがただ浮かんでは消えるのを眺められるようになるのをお手伝いすることなんです。

クライエント：なるほど、そういうことなんですね。納得です。

セラピスト：また、このエクササイズは、これまで一緒に練習してきた「自分をはずす」スキルの強化にもつながり、これまで覚えたスキルがより効果的になったり、より簡単にできるようになったりもします。ジムでの筋トレにちょっと似ていますよね。これまでやってきたエクササイズは「軽め」の筋トレ。これは「重め」の筋トレになります。

「文脈としての自己」のための「種蒔き」

文脈としての自己（*self-as-context*：SAC）、**気づく自己**（*noticing self*）、あるいは**観察する自己**（*observing self*）は、脱フュージョンと密接なつながりがあります。脱フュージョンにおける最初のステップは常に、自分の思考に気づくことです。それでは、あなたの中で、気づく作業を行っている側面や部分は、いったい何でしょうか？　この「気づく部分」は、脱フュージョンに限らず、あらゆるマインドフルネス・エクササイズに重要です（しかし、あまり明確になっていないこともあります）。なぜなら、どのエクササイズの根幹にも、必ず気づくことが関わっているからです。そのため、明示的な「文脈としての自己（SAC）」のワークに向けた「種蒔（たねま）き」（つまり、その準備）は、大々的に扱わなくても、セラピーの初期段階から開始することができます。種に芽吹いてほしいときは、その後のセッションを重ねるなかで水やりをすればよいのです。

早めに種を植える方法のひとつは、何か他の介入の一部として、何気ないコメントとしてSACについて話すことです。たとえば、私はクライエントと初めての「碇を下ろす」エクササイズをしているとき、「Xに気づいてください、Yに気づいてください、Zにも気づいてください」とお願いした後で、さりげなく「つまり、それが○○さんの中のすべてに気づくことができる部分ですね」と言ったりします。

そこでさらに、「これから一緒にセラピーに取り組むなかで、○○さんのその部分を繰り返し利用することになると思います……その部分が利用できるようになると、さまざまな形で、○○さんの助けになると思いますよ」と付け加えることも多くあります。

そのように言われたクライエントは、たいていうなずくか、「なるほど」と言います。ときにはポカンとする人もいますし、困惑する人もいますが、気にする必要はありません。ここで、SACを深く掘り下げたいわけではなく、あくまで後のワークに備えて種を植えているだけなのです。そのため「言っている意味がわかりません！」などとクライエントが言わない限り、それ以上説明しようとしません。そのとき行っているエクササイズを先に進めるだけでよいのです。

SACの種は、どんなタイプのマインドフルネス・エクササイズを行っているときでも（脱フュージョンでも、アクセプタンスでも、「今、この瞬間」との接触でも）、次のような表現を使えば、簡単に蒔くことができます。

- 「Xに気づきながら、自分が意識していることにも気づいてみてください」
- 「そこにXがあり、さらに○○さんの中のXに気づいている部分があります」

この話題については、この章以降でさらに話すつもりです。今は、ひとつだけお願いしておきます。この章とその後の章に登場するスクリプトの多くには、こうした「SACの種」が植え込まれています。それを見逃さないように注意してください。

「流れに漂う葉っぱ」のためのセットアップ（準備）

「流れに漂う葉っぱ（Leaves on a Stream）」エクササイズは、見た目にはシンプルです。ゆっくりと流れる小川を思い描き、その川面に葉っぱを浮かべ、さらにその葉っぱの上に、自分の思考を乗せ、その思考が「川面」に浮かんで、漂うに任せます。しかし、実は、このエクササイズには難所がいくつかあるので、より効果的に行うためのポイントを紹介します。

「視覚」を使わないオプションを用意する

まず、このエクササイズには「視覚化」が必要です。そのため、クライエントに視覚化するのが得意かどうかを直接聞いてみるのがよいでしょう。10人に1人くらいは「まったく無理」とは言わないまでも、非常に難しいと感じる人がいます（私自身も、そのグループに属します）。その場合は、視覚化のいらない代替案を提供する必要があります。良いオプションのひとつは、ただ目を閉じて、小川や葉っぱを思い浮かべる代わりに、まぶたの裏の「黒いスペース」をそのまま使ってもらう方法です（また別のオプションとして、「思考に耳を傾ける（Hearing Your Thoughts）」エクササイズを行うというやり方もあります。こちらについては、この章の後半で触れます）。

自由に行ったり来たり、留まったりさせておく

「自由にさせる（let it go）」という表現は、（クライエントからもセラピストからも）「自由に立ち去らせる（let it go *away*）」という意味だと誤解されることが多くあります。そこには、その思考はいずれ通り過ぎる、消えてなくなるということが想定されています。確かに、思考が消えてしまうことはよくあります。ほとんどの思考は、さっと現れては、さっと消えていきます。しかし、ときには、かなり長期にわたって、その辺りをウロウロしていることもあります。脱フュージョンとは、思考が消えるということではありません。思考が、私たちを支配していないということです。このような理由から、「思考を自由にさせる」という表現ではなく、「思考を、思考自身のペ

ースで、自由気ままに、行ったり来たり、留まったりさせておく」といった言い方をすることをお勧めします。

注意してほしいのは「このエクササイズの目的は、思考を消し去ることではなく、思考から一歩下がって、その流れを眺める方法を学ぶこと」であるという点です。そのため、もしクライエントが小川の流れるスピードを上げ、思考を流してしまおうとし始めたら、このエクササイズはマインドフルネスから体験の回避に「姿を変える」ことになります。このようなことがあるため、私は「葉っぱが、その辺りに滞留して、たまってきても、大丈夫です。小川の流れが止まってしまっても問題ありません。ただ、そのまま眺めていてください」というコメントを好んで付け加えることをします。

ポジティブもネガティブも含める

このエクササイズの間は、あらゆる思考を「葉っぱ」あるいは「まぶたの裏の黒いスペース」に乗せようとすることを強調しましょう。つまり、ポジティブであれ、ネガティブであれ、楽観的であれ、悲観的であれ、楽しいものであれ、悲しいものであれ、ありとあらゆる思考を乗せようとするのです。クライエントには、次のように言います。「いま学んでいるスキルは、考えに引っ張り込まれずに、その流れを観察する方法です。考えをしっかりつかんで離さないのではなく、それが自由に行き来する様子を眺める方法です。ですから、もしポジティブな考えや楽しい思考が現れたときに、『あっ、この考えは葉っぱに乗せるのをやめよう。この考えが流れていってしまうのは嫌だ』となってしまうと、考えを眺めるスキルを本当に学んでいるとは言えません」

創造性を「招き入れる」

クライエントが、このエクササイズに創造的な工夫を加えるように勧めましょう。たとえば、人によっては、ベルトコンベアの上のスーツケース、空の雲、回転寿司のお皿、列車上の荷物といったイメージのほうがよいかもしれません。私のクライエントに、『スターウォーズ』のファンがいました。皆さんは、『スターウォーズ』の映画の最初に出てくる、文字が次々と現れて手前から奥へと流れていくシーンを知っていますよね？　そう、彼は自分の思考に、あのイメージを使ったのです。また、別のクライエントは、あまりにも多くの思考が頭を駆け抜けるので、葉っぱではとても間に合わず、なんと小川に浮かぶ丸太に変えました！

会議中には、やらないでください！

どのような瞑想的エクササイズをするにしても、次のような注意を伝えておくほうがよいでしょう。「言うまでもありませんが、仕事上での会議や社交イベントをしている最中、あるいは職場や家庭での難しい状況で、このエクササイズをやっても、うまくいかないでしょう。このエクササイズは、そういった困難な状況以外で練習しておいて、思考の釣り針から自分をはずすスキルを磨いておくためのものです。そして、いざ困難な状況に置かれたときは、素早く自分を釣り針からはずし、グラウンディングし、目の前の課題に集中し直す、という流れになります。より簡単に実行できるようになるためには、難しい状況以外で練習しておくほうがよいのです」

「碇を下ろす」と「種を蒔く」も検討する

どのフォーマルな瞑想的エクササイズの最初や最後にも「碇を下ろす」エクササイズを簡単に組み込むことができます。同時に「文脈としての自己」に向けて「種を蒔く」こともできます。もちろん、組み込むかどうかは自由です。しかし、私としては、実際に組み込むことを試してみて、どうなるかを確かめてみてほしいと思っています。以下のスクリプトは、そのやり方の一例です。この後に、メインのエクササイズへと入っていきます。セリフ中の省略記号（……）は、3～5秒間を意味しています。さらに長い間（ま）を空けるときは、カッコ内に具体的な時間が示されています（注意：すべての「間」は、大まかな目安にすぎません。考え方としては、柔軟に、そして必要に応じて「間」を短くしたり長くしたりしてください）。

セラピスト：それでは、姿勢を正して座ってください……では、肩の力を抜いてください……背筋を伸ばして……椅子のやや前の方に座り、骨盤で上半身を支えるようにしてください……目は閉じるか、視線を前方の一点に固定させてください……そして、自分の好奇心をうまく引き出してみてください……やったことのないことを試そうとしている好奇心の強い子どものように、冒険に乗り出して、何を発見できるだろうかと思いを巡らせてみてください……。

そして、好奇心とともに、少し時間をとって、今、どんな考えや気持ちが湧き上がっているのかを意識してみてください……そうした考えや気持ちが、そこにあることを確認するだけで大丈夫です。ただし、それを変えようとはしないでください……そしてもう一度、好奇心をもって、自分がどのように座っているかを意識してください……次は、自分の身体に意識を向けます……どこに足がありますか……手はどこですか……肩は？……首は？……次は、背筋を意識してください。まっすぐ伸びていますか……目は開いていますか？　今、何が見えますか……何が聞こえますか……鼻や口にどんな感覚がありますか……自分の手がどこにあり、何を触っていますか……そして自分のマインドが何をしているかにも注意を向けてみてください。……マインドは静かにしていますか、おしゃべりしていますか？……そして、自分が何を感じているかも意識してみてください……自分が何をしているかも意識してみてください……。

（「文脈としての自己」に向けた「種蒔き」）では、それが、○○さんの中の、すべてに気づくことができる部分です……○○さんが、見るもの、聞くもの、触るもの、味わうもの、匂いを嗅ぐもの、考えること、感じること、行うことも、そのすべてを意識できる部分です……このエクササイズでは、○○さんのその部分を使って、一歩下がって、マインドが活動している様子を眺めてもらいますね……自分の考えが行ったり来たり、留まったりする様子を眺めるのです……それをやりやすくするために、ゆったりと流れる小川を頭の中に思い描いてみてください……。

＊＊＊

もし、ここで「文脈としての自己」の「種を蒔く」ことをしたくなければ「意識する部分」に関する内容は省略してかまいません。

いざ、本題のエクササイズへ……（代替エクササイズも）

ここまでお伝えした導入──「『流れに漂う葉っぱ』のためのセットアップ（準備）」の項──を使う、使わないにかかわらず、メインとなるエクササイズは、以下のようになります。

「流れに漂う葉っぱ」エクササイズ

1. 楽な姿勢をとり、目は閉じるか、一点に固定してください。
2. 穏やかに流れる小川のほとりに自分が座っているところを想像してください。川面には葉っぱが何枚も浮かんでいて、それが流れています。○○さんが思い描くように想像してみてください──これは、○○さんの想像の世界です（10秒置く）。
3. では、これから数分間、何かの考えが浮かんできたら、それを意識してみてください……そして、その考えを「葉っぱ」の上に置いてみてください。その「葉っぱ」は、川面をゆらゆらと漂い、ときに留まることがあるかもしれません……決して、それを「水に流して」しまおうとはしないでください……浮かんだまま、ゆっくりと流れていってしまうかもしれませんし、ゆらゆらと漂っているかもしれません。その辺りに、留まってぷかぷか浮いたままになっているかもしれません……ポジティブな考えでも、ネガティブな考えでも、心地良い考えでも、不快でつらい考えでも、同じように、「葉っぱ」に置いてみてください……たとえ、その考えがこのうえなく素晴らしいものだったとしても、「葉っぱ」の上に置いてください……そして、その「葉っぱ」の思うままにしておいてください。ゆっくりと流れていってしまうかもしれませんし、ゆらゆらと漂っているかもしれません。その辺りに、留まってぷかぷか浮いたままになっているかもしれません……何かを変えようとはしないでください。ただ、起きていることに気づくだけでよいのです（10秒置く）。

4. もし、考えが浮かばなくなったら、ただ小川を眺めていてください。遅かれ早かれ、考えはまた浮かんできます（20秒置く）。
5. 小川が自由に流れるままにしてください。流れを速めようとはしないでください。今、〇〇さんは「葉っぱ」を押し流そうとしているわけではありません――「葉っぱ」の動きに任せておけばよいのです（20秒置く）。
6. もし、マインドが「こんなの、バカバカしい」とか「自分には無理！」と言ってきたら、その考えも「葉っぱ」の上に乗せましょう（20秒置く）。
7. もし「葉っぱ」がどこかに引っかかっても、そのままにしておきましょう。無理に流そうとはしないでください（20秒置く）。
8.（任意のオプション：アクセプタンスの導入）もし、退屈やイライラなど、その扱いが難しい気持ちが出てきたら、ただ、その存在に気づいてください。心の中で、「退屈な気持ちが出てきた」とか「イライラする気持ちが出てきた」と言ってください。そして、その言葉も「葉っぱ」の上に乗せてください。
9. ときどき、考えに釣り針を引っかけられて、このエクササイズから引きずり出され、自分が何をしているのかわからなくなることがあると思います。それはノーマルで、自然なことです。そして、そういうことは繰り返し起こると思います。「あ、今、それが起こったな」と思ったら、そっと、それに気づいて、エクササイズを再開してください。

「9」の後は、エクササイズを数分間続けます。その間は、ときどき沈黙を破って、クライエントに次のことを思い出してもらいましょう。たとえば「何度も、何度も、考えは〇〇さんを釣り上げると思います。それはノーマルなことです。『あ、釣られたな』と気づいたら、そのたびに、エクササイズを再開してください」

エクササイズの最後は、再び「碇を下ろす」で締めてもよいし、シンプルに、次のような教示を出すのでもよいでしょう。「では、このエクササイズを終わりにしましょう……椅子にちゃんと腰かけて……目を開いてください。部屋を見渡して……何が見えて、何が聞こえるかに気づいてください……そして、少し身体を伸ばしてください。おかえりなさい！」

「流れに漂う葉っぱ」を行った後は、クライエントと共に、エクササイズを振り返りましょう。どのような思考がクライエントを釣り上げたでしょうか？　思考を握りしめるのではなく、思考の好きにさせておくのは、どんな感じだったでしょうか？　自分をはずすのが、とくに難しい思考がありましたか？　小川の流れを速めて、思考を流してしまおうとすることはありましたか？（もしそうなら、再度、次のことを明確にしておく必要があります。「私たちは、思考を消そうとしているのではない。単に、思考のすることを眺めようとしているだけである」）。こうすることは、繰り返し思い悩む状態、ずっと心配し続ける状態、そして、気にして頭がいっぱいになる状態とは、まるで逆のことであるということを、だからこそ、そうしたクセを止めるのに役立つ可能性があることを、クライエントに理解してもらえたでしょうか？

「『流れに漂う葉っぱ』よりも短くてシンプルな、何か別のエクササイズがないか？」ですか……ありますよ、それは……

自分の考えていることを観察する

このエクササイズは、先述したような、短い「碇を下ろす」エクササイズ、そして好奇心旺盛な子どものメタファーから始まります（さらに、もし必要なら「種を蒔く」ためのコメントも含めてもよいでしょう）。クライエントが、グラウンディングでき、好奇心をもって注意を向けることができたら、以下のように進めていきます。

1. では、そのまま好奇心を持った状態で、自分のさまざまな考えに注意を向けて、それに気づくことができるかどうか見てみましょう。考えは、どこにあるでしょうか？……場所で言うと、どの辺りにありますか？（10秒置く）もし、考えが声のようなものだったら、その考えはどこにあるでしょうか？……頭の中心か、てっぺんか、底の方か、左右どちらかに寄っているでしょうか？（10秒置く）

2. 考えのカタチを意識してみてください。考えは写真や絵のようでしょうか、言葉のようなものでしょうか、音のようなものでしょうか？（10秒置く）
3. 考えは、動いているでしょうか、止まっているでしょうか？……もし、動いているなら、どれくらいのスピードで、どちらの方向に向かっていますか？……もし、止まっているなら、どの辺りで止まっていますか？
4. その考えの「上や下」は、どうなっていますか？……考えと考えの間には、隙間がありますか？
5. これから数分間、好奇心旺盛な子どもになったつもりで「今までに、こんなもの見たことがない」という気持ちで、自分の考えが浮かんだり消えたりするのを観察してみましょう。

なお、その後の手続きやエクササイズ後の振り返りは、基本的に「流れに漂う葉っぱ」の部分で紹介した内容と同じです。

＊＊＊

エクササイズに創造性を

どんな瞑想的エクササイズや練習においても、自分が強調したいコアなマインドフルネス・プロセス——脱フュージョン、アクセプタンス、「今、この瞬間」との接触、気づく自己——を際立たせることができます。たとえば、脱フュージョンであれば、どんなマインドフルネス・エクササイズにおいても、次の２つの方法で強調することができます。①「マインドが自分を釣り上げた感覚に注目してください」「釣り上げられたと気づいたら、すぐにそれに気づき、自分を釣り針からはずし、集中し直してください」といったコメントを加える、②以下の例にあるように、「考えを自由に行ったり来たり、留まったりさせておく」ことに関するメタファーを加える、です。

自分の考えを自由に行ったり来たり、留まったりさせましょう。喩えるなら、このように。

- 家の外を通り過ぎる車
- 空を漂う雲
- 通りの反対側を行き交う人々
- 優しく砂浜に寄せては返す波
- 空を飛んでいる鳥
- 駅に出入りする電車

瞑想的エクササイズの長さは？

ACTのエクササイズは、①その状況における要請を満たす限り、また、②クライエントの力に合わせて調整する限り、どれだけ短くしても長くしてもかまいません。クライエントがエクササイズに、どのくらい対応できるか予想がつかない場合は、試しに4～5分バージョンで始め、その後クライエントの反応に応じて調整していきましょう。この長さのエクササイズでもクライエントは苦労しそうだと思ったら、もっと短くしましょう。もっと長いエクササイズでも問題なくできそうだと思ったら、長くしていきましょう。ACTの瞑想的エクササイズはどれも、2～3分まで短縮することもできますし、20～30分まで延長することもできます。

Extra Bits（おまけ）

もし、あなた自身やクライエントにとって思考を「視覚化する」ことや「見る」ことが難しければ、代替案のひとつは思考を「聴く」ことである。誰かの声を聴いているようなつもりで思考を意識したり、好奇心をもって音量や音の高低、音の調子、そこに含まれる感情といった聴覚的性質に注意を向けたりすることができる。*ACT Made Simple : The Extra Bits*（http://www.actmindfully.com.au）の第 15 章には、「思考に耳を傾ける（Hearing Your Thoughts）」エクササイズ用の音声データを無料でダウンロードできるリンクを掲載した。（英語）

スキルアップのために

またホームワークの時間がやってきました。本章で紹介したエクササイズを実際にクライエントとやってみる前に、あなた自身がそれを隅から隅まで完全に理解しておくことが重要です。そのため、あなたのミッションは（もし受諾してくれるのなら）次のとおりです。

- スクリプトを通して練習すること（少なくとも頭の中で。だが理想的には声に出して）。練習を通して言葉の感じをつかみ、自分のスタイルに合うよう変更・修正を加えよう。
- エクササイズを自分自身で試してみて、どんなものであるか確かめよう――というのも、エクササイズを行うなかで、あなたが感じる難しさは、おそらくクライエントが感じる難しさと共通する部分があるからだ。

第 15 章のまとめ

クライエントに「思考を観察する」（あるいは「思考を傾聴する」）の要素を含む瞑想的エクササイズをしてもらうことは、思い悩む、心配するといった行動への解毒剤として、多くの場合有効です。しかし、目的は、常に明確にしておく必要があります——このエクササイズは、具体的に、どのようにクライエントの問題に役立つのでしょうか？　また、エクササイズがクライエントに合うよう、常に変更・修正する必要もあります。短くしたり、長くしたり、メタファーを変えたり、思考を見ることから聞くことへと焦点を移したり、といったことです。さらに、エクササイズが終わったら、常に慎重に振り返りを行い、クライエントがエクササイズと自分の問題とを確実につなげられるようにする必要があります。そして最後に、クライエントがエクササイズの潜在的なメリットを理解してくれたとしたら、次のセッションまでに、自分でも練習してもらえるよう促してください（具体的なやり方には第16章で触れます）。

（第16章より下巻に続く）

文　献

American Psychiatric Association. (2013). Diagnostic and statistical manual of mental disorders (5th ed.). Washington, DC: Author.

Arch, J. J., & Craske, M. G. (2011). Addressing relapse in cognitive behavioral therapy for panic disorder: Methods for optimizing long-term treatment outcomes. *Cognitive and Behavioral Practice*, *18*, 306–315.

Bach, P., & Hayes, S. C. (2002). The use of acceptance and commitment therapy to prevent the rehospitalization of psychotic patients: A randomized controlled trial. *Journal of Consulting and Clinical Psychology*, *70*, 1129–1139.

Bach, P., & Moran, D. J. (2008). *ACT in practice*. Oakland, CA: New Harbinger.

Bond, F. W., & Bunce, D. (2000). Mediators of change in emotion-focused and problem-focused worksite stress management interventions. *Journal of Occupational Health Psychology*, *5*(1), 156–163.

Bond, F. W., Hayes, S. C., Baer, R. A., Carpenter, K. M., Guenole, N., Orcutt, H. K.,...Zettle, R. D. (2011). Preliminary psychometric properties of the Acceptance and Action Questionnaire—II: A revised measure of psychological flexibility and experiential avoidance. *Behavior Therapy*, *42*, 676–688.

Brann, P., Gopold, M., Guymer, E., Morton, J., & Snowdon, S. (2007–09). Forty-session acceptance and commitment therapy group for public-sector mental health service clients with four or more criteria of borderline personality disorder. A program of Spectrum: The Borderline Personality Disorder Service for Victoria (Melbourne, Victoria, Australia).

Branstetter, A. D., Wilson, K. G., Hildebrandt, M., & Mutch, D. (2004, November). Improving psychological adjustment among cancer patients: ACT and CBT. Paper presented at the meeting of the Association for Advancement of Behavior Therapy, New Orleans, LA.

Brown, R. A., Palm, K. M., Strong, D. R., Lejuez, C. W., Kahler, C. W., Zvolensky, M. J.,...Gifford, E. V. (2008). Distress tolerance treatment for early-lapse smokers: Rationale, program description, and preliminary findings. *Behavior Modification*, *32*(3), 302–332.

Ciarrochi, J., Bailey, A., & Harris, R. (2014). *The weight escape: How to stop dieting and start living*. Boston, MA: Shambhala Publications.

Craske, M, G., Kircanski, K. Zelikowsky, M., Mystkowski, J., Chowdhury, N., & Baker, A. (2008). Optimizing inhibitory learning during exposure therapy. *Behaviour Research and Therapy*, *46*, 5–27.

Craske, M. G., Treanor, M., Conway, C. C., Zbozinek, T., & Vervliet, B. (2014). Maximizing exposure therapy: An inhibitory learning approach. *Behaviour Research and Therapy*, *58*, 10–23.

Dahl, J., Wilson, K. G., & Nilsson, A. (2004). Acceptance and commitment therapy and the treatment of persons at risk for long-term disability resulting from stress and pain symptoms: A preliminary randomized trial. *Behavior Therapy*, *35*(4), 785–801.

Dalrymple, K. L., & Herbert, J. D. (2007). Acceptance and commitment therapy for generalized social anxiety disorder: A pilot study. *Behavior Modification*, *31*, 543–568.

Eifert, G., & Forsyth, J. P. (2005). *Acceptance and commitment therapy for anxiety disorders*. Oakland, CA: New Harbinger.

Epping-Jordan, J. E., Harris, R., Brown, F., Carswell, K., Foley, C., García-Moreno, C.,...van Ommeren, M. (2016). Self-Help Plus (SH+): A new WHO stress management package. *World Psychiatry*, *15*(3), 295–296.

Feldner, M., Zvolensky, M., Eifert, G., & Spira, A. (2003). Emotional avoidance: An experimental test of individual differences and response suppression using biological challenge. *Behaviour Research and Therapy*, *41*(4), 403–411.

Gaudiano, B. A., & Herbert, J. D. (2006). Acute treatment of inpatients with psychotic symptoms using acceptance and commitment therapy: Pilot results. *Behaviour Research and Therapy*, *44*(3), 415–437.

Gifford, E. V., Kohlenberg, B. S., Hayes, S. C., Antonuccio, D. O., Piasecki, M. M., Rasmussen-Hall, M. L., & Palm, K. M. (2004). Acceptance theory–based treatment for smoking cessation: An initial trial of acceptance and commitment therapy. *Behavior Therapy*, *35*, 689–706.

Gratz, K. L., & Gunderson, J. G. (2006). Preliminary data on an acceptance-based emotion regulation group intervention for deliberate self-harm among women with borderline personality disorder. *Behavior Therapy, 37*(1), 25–35.

Gregg, J. A., Callaghan, G. M., Hayes, S. C., & Glenn-Lawson, J. L. (2007). Improving diabetes self-management through acceptance, mindfulness, and values: A randomized controlled trial. *Journal of Consulting and Clinical Psychology, 75*(2), 336–343.

Harris, R. (2007). *The happiness trap: Stop struggling, start living.* Wollombi, NSW, Australia: Exisle Publishing.

Harris, R. (2009a). ACT made simple: *An easy-to-read primer on acceptance and commitment therapy.* Oakland, CA: New Harbinger.

Harris, R. (2009b). *ACT with love: Stop struggling, reconcile differences, and strengthen your relationship with acceptance and commitment therapy.* Oakland, CA: New Harbinger.

Harris, R. (2011). *The confidence gap: A guide to overcoming fear and self-doubt.* Sydney, NSW, Australia: Penguin Books Australia.

Harris, R. (2012). *The reality slap: Finding peace and fulfillment when life hurts.* Wollombi, NSW, Australia: Exisle Publishing.

Harris, R. (2013). *Getting unstuck in ACT: A clinician's guide to overcoming common obstacles in acceptance and commitment therapy.* Oakland, CA: New Harbinger.

Harris, R. (2018). *ACT questions and answers: A practitioner's guide to 150 common sticking points in acceptance and commitment therapy.* Oakland, CA: New Harbinger.

Harris, R., & Aisbett, B. (2014). *The illustrated happiness trap: How to stop struggling and start living.* Boston, MA: Shambhala Publications.

Hayes, S. C., Bissett, R., Roget, N., Padilla, M., Kohlenberg, B. S., Fisher, G.,…Niccolls, R.. (2004). The impact of acceptance and commitment training and multicultural training on the stigmatizing attitudes and professional burnout of substance abuse counselors. *Behavior Therapy, 35*(4), 821–835.

Hayes, S. C., Bond, F. W., Barnes-Holmes, D., & Austin, J. (2006). *Acceptance and mindfulness at work.* New York, NY: The Haworth Press.

Hayes, S. C., Masuda, A., Bissett, R., Luoma, J., & Guerrero, L. F. (2004). DBT, FAP, and ACT: How empirically oriented are the new behavior therapy technologies? *Behavior Therapy, 35,* 35–54.

Hayes, S. C., Strosahl, K. D., & Wilson, K. G. (1999). *Acceptance and commitment therapy: An experiential approach to behavior change.* New York, NY: Guilford Press.

Lindsley, O. R. (1968). Training parents and teachers to precisely manage children's behavior. Paper presented at the C. S. Mott Foundation Children's Health Center, Flint, MI.

Lundgren, T., Dahl, J., Yardi, N., & Melin, J. (2008). Acceptance and commitment therapy and yoga for drug refractory epilepsy: A randomized controlled trial. *Epilepsy and Behavior, 13*(1), 102–108.

Luoma, J., Hayes, S., & Walser, R. (2017). *Learning ACT: An acceptance and commitment therapy training skills manual for therapists.* Oakland, CA: Context Press–New Harbinger.

Neff, K. (2003). The development and validation of a scale to measure self-compassion. *Journal of Self and Identity, 2*(3), 223–250.

Ossman, W. A., Wilson, K. G., Storaasli, R. D., & McNeill, J. W. (2006). A preliminary investigation of the use of acceptance and commitment therapy in group treatment for social phobia. *International Journal of Psychology and Psychological Therapy,* 6, 397–416.

Polk, K. L., & Schoendorff, B. (Eds.). (2014). *The ACT matrix: A new approach to building psychological flexibility across settings and populations.* Oakland, CA: New Harbinger.

Ramnerö, J., & N. Törneke. (2008). *The ABCs of human behavior: Behavioral principles for the practicing clinician.* Oakland, CA: New Harbinger.

Robinson, P. (2008). Integrating acceptance and commitment therapy into primary pediatric care. In L. A. Greco & S. C. Hayes (Eds.), *Acceptance and mindfulness treatments for children and adolescents* (pp. 237–261). Oakland, CA: New Harbinger.

Strosahl, K. D. (2004). ACT with the multi-problem client. In S. C. Hayes & K. D. Strosahl (Eds.), *A practical guide to acceptance and commitment therapy* (pp. 209–244). Oakland, CA: New Harbinger.

Strosahl, K. D. (2005, July). Workshop on ACT as a brief therapy. Presented at the ACT Summer Institute, Philadelphia, PA.

Strosahl, K. D., Hayes, S. C., Wilson, K. G., & Gifford, E.V. (2004). An ACT primer. In S. C. Hayes & K. D. Strosahl (Eds.), *A practical guide to acceptance and commitment therapy* (pp. 31–58). Oakland, CA: New Harbinger.

Tapper, K., Shaw, C., Ilsley, J., Hill, A. J., Bond, F. W., & Moore, L. (2009). Exploratory randomised controlled trial of a mindfulness-based weight loss intervention for women. *Appetite, 52*, 396–404.

Tirch, D., Schoendorff, B., & Silberstein, L. R. (2014). *The ACT practitioner's guide to the science of compassion: Tools for fostering psychological flexibility.* Oakland, CA: New Harbinger.

Törneke, N. (2010). *Learning RFT: An introduction to relational frame theory and its clinical application.* Oakland, CA: New Harbinger.

Twohig, M. P., Hayes, S. C., & Masuda, A. (2006). Increasing willingness to experience obsessions: Acceptance and commitment therapy as a treatment for obsessive-compulsive disorder. *Behavior Therapy, 37*(1), 3–13.

Wegner, D. M., Erber, R., & Zanakos, S. (1993). Ironic processes in the mental control of mood and mood-related thought. *Journal of Personality and Social Psychology, 65*(6), 1093–1104.

Wenzlaff, R. M., & Wegner, D. M. (2000). Thought suppression. *Annual Review of Psychology, 51*, 59–91.

Zettle, R. D. (2003). Acceptance and commitment therapy vs. systematic desensitization in treatment of mathematics anxiety. *The Psychological Record, 53*(2), 197–215.

Zettle, R. D. (2007). *ACT for depression.* Oakland, CA: New Harbinger.

索　引

た行

な行

は行

ま行

や行

ら行

わ行

■著者

ラス・ハリス (Russ Harris)

国際的に高い評価を得ているアクセプタンス&コミットメント・セラピー（ACT）のトレーナーであり，30の言語に翻訳されて60万部以上を売り上げた，ACTベースのベストセラー・セルフヘルプ本，『幸福になりたいなら幸福になろうとしてはいけない：マインドフルネスから生まれた心理療法ACT入門（原題：*The Happiness Trap*)』の著者でもある。ハリスの指導は，シンプルでわかりやすく，そして楽しい――しかし同時にきわめて実用的なことで広く知られている。

〈序文〉

スティーブン・C・ヘイズ (Steven C. Hayes, PhD)

ネバダ大学リノ校の心理学Foundation Professorであり，ACTの創始者である。また，成功を収めたACTワークブック，『ACTをはじめる：セルフヘルプのためのワークブック（原題：*Get Out of Your Mind and Into Your Life*)』を含む，多数の書籍および科学論文の著者でもある。

■監訳者・訳者

武藤 崇（むとう　たかし）

同志社大学心理学部教授。公認心理師，臨床心理士。1992年に筑波大学第二学群人間学類を卒業，1998年に筑波大学大学院心身障害学研究科修了（博士〔心身障害学〕；筑波大学）。筑波大学心身障害学系技官・助手（1998〜2001年），立命館大学文学部助教授・准教授（2001〜2010年）を経て，2010年より現職。ACBS（The Association for Contextual Behavioral Science）の日本支部である「ACT Japan」の初代代表（2010〜2014年）を務めた。また，ネバダ大学リノ校客員研究教授として，S・C・ヘイズ博士の研究室に所属（2007〜2008年）。2016年にACBSのフェロー（特別会員）となる。『アクセプタンス＆コミットメント・セラピー（ACT）第2版』（共監訳，星和書店，2014），『ACTをはじめる：セルフヘルプのためのワークブック』（共訳，星和書店，2010）などアクセプタンス＆コミットメント・セラピー（ACT）に関する著訳書多数。

嶋 大樹（しま　たいき）

追手門学院大学心理学部講師。公認心理師，臨床心理士。2013年に早稲田大学人間科学部卒業，2018年に早稲田大学大学院人間科学研究科修了（博士〔人間科学〕；早稲田大学）。日本学術振興会特別研究員，綾瀬駅前診療所非常勤臨床心理士，同志社大学心理学部助教（2019〜2022年）等を経て，2022年より現職。訳書に『精神科医のためのアクセプタンス＆コミットメント・セラピー（ACT）実践ガイド』（共監訳，星和書店，2022），『教えて！ ラス・ハリス先生 ACTがわかるQ＆A』（共監訳，星和書店，2020），『ACTにおける価値とは』（共監訳，星和書店，2020）などがある。

坂野 朝子（さかの　あさこ）

同志社大学実証に基づく心理・社会的トリートメント研究センター嘱託研究員。公認心理師，臨床心理士。2011年に立命館大学文学部人文学科卒業，2017年に同志社大学大学院心理学研究科修了（博士〔心理学〕；同志社大学）。2013年より滋賀医科大学医学部附属病院ペインクリニック科非常勤カウンセラー（2013〜2017年）。2017年より宮崎県スクールカウンセラー，九州保健福祉大学非常勤講師（2017〜2019年）。2018年，宮崎県被害者支援事業，教職員復職支援事業嘱託カウンセラー。2019年より都内の産業保健領域にて心理相談・予防教育に従事。訳書に『メタファー：心理療法に「ことばの科学」を取り入れる』（共監訳，星和書店，2021）がある。

川島 寛子（かわしま　ひろこ）

翻訳家。ラ・トローブ大学博士課程修了。

よくわかるACT（アクセプタンス＆コミットメント・セラピー）
〈改訂第2版〉上
明日から使えるACT入門

2024年1月16日　初版第1刷発行

著　者　ラス・ハリス
監訳者　武藤 崇，嶋 大樹，坂野 朝子
訳　者　武藤 崇，嶋 大樹，川島 寛子
発行者　石 澤 雄 司
発行所　株式会社 星 和 書 店
〒168-0074　東京都杉並区上高井戸1-2-5
電 話　03（3329）0031（営業部）／03（3329）0033（編集部）
FAX　03（5374）7186（営業部）／03（5374）7185（編集部）
http://www.seiwa-pb.co.jp

印刷・製本　中央精版印刷株式会社

Printed in Japan　　ISBN978-4-7911-1124-4

ACT（アクセプタンス＆コミットメント・セラピー）をはじめる

セルフヘルプのためのワークブック

スティーブン・C・ヘイズ，
スペンサー・スミス 著
武藤 崇，原井宏明，吉岡昌子，岡嶋美代 訳

B5判　344p　定価：本体2,400円＋税

ACT は、新次元の認知行動療法といわれる最新の科学的な心理療法。本書により、うつや否定的思考をスルリとかわし、よりよく生きる方法を身につけることができる。楽しい練習課題満載。

アクセプタンス＆コミットメント・セラピー（ACT）第2版

マインドフルな変化のためのプロセスと実践

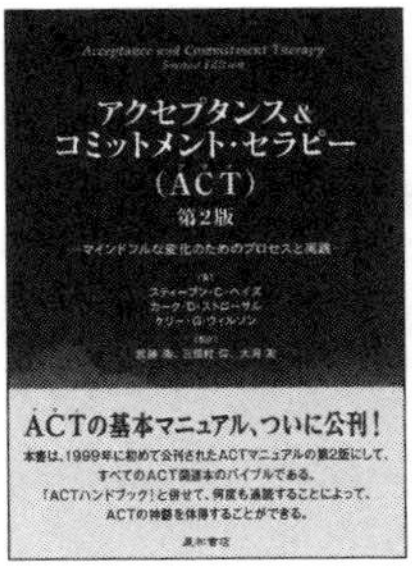

スティーブン・C・ヘイズ，
カーク・D・ストローサル，
ケリー・G・ウィルソン 著
武藤 崇，三田村仰，大月 友 監訳

A5判　640p　定価：本体4,800円＋税

1999 年にヘイズらにより ACT に関する初めての書が出版された。2012 年に大幅に内容が改訂された第 2 版が出版。本書は、その第 2 版の翻訳である。ACT の神髄を体得できる基本マニュアルである。

発行：星和書店　http://www.seiwa-pb.co.jp